中醫的科學原理

陳華編著

商務印書館

中醫的科學原理

編　　著：陳華
責任編輯：黃港生
封面設計：楊啟業
出　　版：商務印書館（香港）有限公司
香港筲箕灣耀興道 3 號東滙廣場 8 樓
http://www.commercialpress.com.hk
印　　刷：美雅印刷製本有限公司
九龍官塘榮業街 6 號海濱工業大廈 4 樓 A
版　　次：2003 年 6 月第 6 次印刷

ISBN 962 07 3065 8
Printed in Hong Kong

目　錄

前言

在東方古老文化的寶庫中有一顆燦爛的明珠——中醫學。她以博大精深的理論，種類繁多的藥物，神奇絕妙的醫術著稱於世，經久不衰。她將是二十一世紀醫學的希望所在。

然而，玄妙神秘的中醫理論曾使多少人如墜煙海，茫然無緒，知其然不知其所以然，不知如何採摘明珠。

本書旨在揭開中醫的神秘面紗，展示其科學原理，讓世人穿越迷宮，去獲取奇異的珍寶。

編　者

1989年2月於羊城康樂園爪哇堂

第1章 緒論

世界上的醫學可分爲三大體系——擬人論（Personalistic）醫學體系、自然論（Naturalistic）醫學體系和科學（Scientific）醫學體系。擬人論醫學體系認爲疾病是由超自然物（神靈）、非人存在物（鬼、祖先）和人（巫師）等媒介引起；自然論醫學體系認爲疾病是由於外界因素擾亂身體內的平衡所致；而科學醫學體系則是以科學實驗方法驗證的醫學，它强調微生物致病因素。傳統的中醫學基本上屬於自然論醫學體系。

中醫學有兩個基本特徵，一是整體觀念，二是辨證論治。中醫學的基本特徵與它的發展歷史有關。當科學技術水平還未發展到對事物進行微觀分析的時代，中醫學通過對大量的臨牀觀察經驗進行總結，從宏觀上把握住人體的生命活動規律以及疾病的產生、診斷和治療的規律。

中醫學以陰陽學說和五行學說作指導，以藏象學說和經絡學說爲依據，闡明人體的生理功能。陰陽學說揭示了自然界和人體結構功能的矛盾運動規律。五行學說揭示了自然界的週期循環和人體五臟的反饋控制規律。藏象學說和經絡學說揭示了人體內臟器官的功能活動及其相互間的聯繫途徑。

辨證論治是中醫學診斷和治療的指導思想。中醫的「證」是人體異常的機能狀態。它表現在兩個方面。一是整體機能失去平衡，體現爲植物性神經系統、內分泌系統、免疫系統功能失調；二是局部相對於整體的機能異常，體現爲局部結構機能障礙，血流分佈異常。中醫在辨證的基礎上，用藥物、針灸和氣功等療法使人體的機能狀態恢復正常。

中醫學還强調人與自然的關係，强調養生保健的重要性。

主要參考文獻

1. G. M. Foster et al：Medical Anthropology， New York, John Wiley & Sons， Inc. 1978.
2. 全國中等衛生學校試用教材《中醫學》編寫組：中醫學，河北人民出版社，1980。

第2章 陰陽學說

陰陽學說最早見於《周易》，是中國古代自發的、樸素的辯證法哲學。陰陽學說經過發展，逐漸成爲中國古代闡明整個宇宙結構的總綱領。

中醫學將陰陽學說應用於解釋人體的生理功能和病理變化，指導臨牀的診斷和治療。因此，陰陽學說是中醫學理論的重要組成部分。

一、陰陽的基本概念

古人在對各種自然現象進行觀察的基礎上，認識到一切事物都具有相互對立的兩個方面，這兩個方面既相互對立，又相互聯繫。古人用陰和陽來概括這兩個方面，以陰陽的相互作用、運動和化生作爲解釋事物變化的綱領。

陰陽是自然界的基本規律，是一切事物的綱領，是變化發生的根據，是事物自發生至消亡的本源。因此，一切事物均由陰陽兩個對立面構成，一切事物的發生、發展和變化，都是陰陽這兩個對立面相互運動的結果。

一般來說，動的、熱的、上方的、外面的、明亮的、亢進的、興奮的、强壯的……爲陽；靜的、寒的、下方的、內面的、晦暗的、衰退的、抑制的、虛弱的……爲陰。

事物的陰陽屬性是相對的。一方面，在一定條件下，陰可以轉化爲陽，陽可以轉化爲陰。另一方面，陰陽之中可以再分陰陽。就是說，陰中有陰陽，陽中也有陰陽。任何事物都可分爲陰陽兩類，任何一種事物的內部又可分爲陰陽兩個方面，而且在一種事物中的陰或陽任何一方面都還可以再分陰陽，以至無窮。

陰陽的運動規律表現在以下四個方面：

⑴陰陽互根　陰陽雙方各以對方爲自己存在的前提條件，任何一方都不能脫離對立着的另一方而單獨存在。

⑵陰陽消長　陰陽雙方不是處於靜止不變的狀態，而是處於「陽消陰長」或「陰消陽長」的互爲消長的運動變化之中。

⑶陰陽協調　在正常狀態下，陰陽消長是協調的，形成同步互補關係。若陰陽消長不協調，就會導致疾病。（圖2－1）。

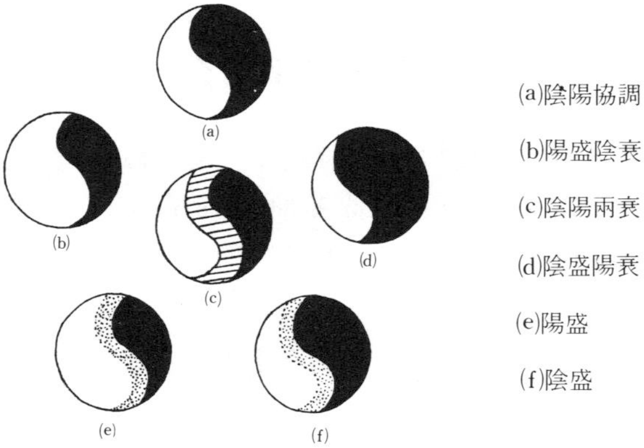

圖2－1　陰陽消長示意圖

⑷陰陽轉化　事物的陰陽兩個方面，在一定條件下可以各自向相反的方向轉化，陰可以轉化爲陽，陽也可以轉化爲陰。

二、陰陽概念的應用

中醫學將陰陽概念應用於解剖生理、病理、診斷和治療等幾個方面。

㈠解剖生理方面

人體的結構和功能可以用陰陽來概括。從人的整體來看。上部爲陽，下部爲陰；體表爲陽，體內爲陰；背部爲陽，腹部爲陰；外側爲陽，內側爲陰。以臟腑來分，則肝、心、脾、肺、腎五臟爲陰，膽、胃、大腸、小腸、膀胱、三焦六腑爲陽。五臟當中，屬於背的，心爲陽中之陽，肺爲陽中之陰；屬於腹的，肝爲陰中之陽，腎爲陰中之陰，脾爲陰中之至陰。

人體正常的生命活動是陰陽保持對立統一協調關係的結果，是「陰成形」的同化作用和「陽化氣」的異化作用協調統一的過程。

㈡病理方面

疾病的發生是體內陰陽協調異常所造成的。病理變化雖然很複雜，但可用陰陽的概念進行概括。一般來說，疾病在發病過程中表現爲慢性的、寒的、虛的、功能低下的多屬陰證；表現爲急性的、熱的、實的、功能亢進的多屬陽證。

㈢診斷方面

疾病發生發展的根本原因是陰陽協調失常。因此，正確的診斷，首先要分淸陰陽，才能把握疾病的本質。在望診中，色澤鮮明者屬陽，晦暗者屬陰；在聞診中，聲音洪亮者屬陽，低微者屬陰；在切診中，脈浮、數、大屬陽，沉、遲、小屬陰。

㈣治療方面

疾病是陰陽協調失常造成的。因此，治療疾病的總原則就是使陰陽協調恢復正常。根據陰陽的盛衰，補其不足，瀉其有餘，使陰陽偏盛偏衰的現象得到糾正，使陰陽恢復正常的協調關係。

三、陰陽的實質

近年來，醫學界對陰陽的實質進行了廣泛的探討，取得了一定的進展。我們將在這一基礎上，根據中醫學陰陽歸類的原則，從整體水平、細胞水平和分子水平等角度對人體結構和功能進行分析，以揭示陰陽的實質。我們還將討論陰陽的變化規律、特點和相互關係。

㈠人體的陰陽

1. 整體結構和功能的陰陽

⑴方位與陰陽

上下：上爲陽，下爲陰。人體的上部屬陽，下部屬陰。心臟將血液運送至上部器官，消耗較多的能量用於克服重力做功，因此，身體上部屬陽；心臟將血液運送至下部器官，由於趁勢利用重力，因此，消耗較少的能量，故身體下部屬陰。丘腦下部背內側核爲口渴中樞，位置靠上，屬陽；丘腦下部腹內側核爲口渴抑制中樞，位置靠下，屬陰。

左右：左爲陽，右爲陰。大腦左半球主管語言思維，支配人體右側的活動，屬陰；大腦右半球主管空間識別，支配人體左側的活動，屬陽。男性大腦右半球活動佔優勢，空間識別能力較强，屬陽；女性大腦左半球活動佔優勢，語言思維能力較强，屬陰。

大腦兩半球的性別差異是在胚胎發育時期由於胎兒分泌的性激素的影響造成的。《脈訣》指出：「左疾爲男，右疾爲女。」據報道，根據脈診判斷胎兒的性別，中醫切脈符合率爲51.4%，脈象儀測定符合率爲77.7%。懷男胎左脈疾可能是胎兒分泌的雄性激素作用於母親大腦右半球，使母親左半身血流量增加所致，懷女胎右脈疾可能是胎兒分泌的雌性激素作用於母親大腦左半球，使母親右半身血流量增加所致。

前後：後，或背側為陽；前，或腹側為陰。扣帶回中部或後部受刺激導致呼吸運動加速，屬陽；扣帶回前部受刺激導致呼吸運動抑制，屬陰。丘腦下部後部為交感神經中樞，屬陽；丘腦下部前部為副交感神經中樞，屬陰。交感幹位於胸、腹、盆腔的後壁，屬陽；迷走神經位於交感幹前方，屬陰。軀幹的背面有諸陽經和伸肌分佈，由交感神經支配的汗腺和體毛較發達，屬陽；軀幹的腹面有諸陰經和屈肌分佈，由交感神經支配的汗腺和體毛較不發達，屬陰。

內外：外為陽；內為陰。丘腦下部外側部是「攝食中樞」，屬陽；丘腦下部腹內側核是「飽中樞」，屬陰。丘腦下部背側部受刺激，軟腦膜血管收縮，屬陽；丘腦下部中央部受刺激，軟腦膜血管擴張，屬陰。中腦上丘水平的副交感核位於腦幹深部，屬陰。延髓外側網狀結構存在促使血壓升高的加壓區，屬陽；延髓內側網狀結構存在促使血壓下降的減壓區，屬陰。脊髓第1胸節至第3腰節側角中間帶外側核為交感中樞，屬陽；脊髓第2～4骶節側角中間帶內側核為副交感中樞，屬陰。在脊髓中，支配肢體伸肌的細胞沿前角週緣排列，屬陽；支配肢體屈肌的細胞排列在深方，屬陰（圖2－2）。

內側與外側：肢體外側面有手足三陽經和伸肌分佈，由交感神經支配的汗腺和體毛較發達，屬陽；肢體內側面有手足三陰經和屈肌分佈，由交感神經支配的汗腺和體毛較不發達，屬陰。

⑵器官與陰陽　臟為陰；腑為陽。心、肺、肝、脾和腎屬陰。一般來說，交感神經興奮可使這些器官的功能加強，副交感神經興奮可使這些器官的功能減弱。膽、胃、大腸、小腸和膀胱屬陽。一般來說，交感神經興奮可使這些器官的功能減弱，副交感神經興奮

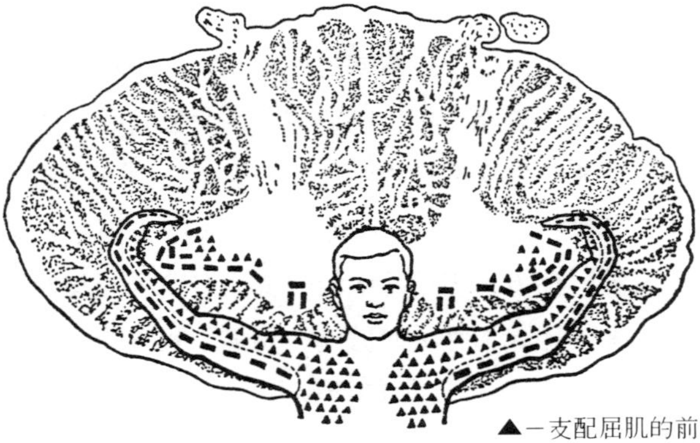

▲－支配屈肌的前角運動細胞，屬陰

■－支配伸肌的前角運動細胞，屬陽

圖2－2　脊髓前角運動細胞排列位置與陰陽

可使這些器官的功能加強。在五臟當中，心（心臟、甲狀腺、甲狀旁腺和腦）和肺（氣管、支氣管和肺）在膈肌之上，爲陽臟；肝、脾（脾臟、胰腺和十二指腸）和腎（腎上腺、腎和性腺）在膈肌之下，爲陰臟。在陽臟當中，支配心（心臟、甲狀腺、甲狀旁腺和腦）的動脈最先從主動脈分出，在血液供應方面的優勢最强，因此，心爲陽中之陽；支配肺（氣管、支氣管和肺）的營養血管較後從主動脈分出，在血液供應方面的優勢稍弱，因此，肺爲陽中之陰。在陰臟當中，肝緊貼膈肌，位置最高，代謝率和溫度也最高，因此，爲陰中之陽；腎（腎上腺、腎和性腺）與脾（脾臟、胰腺和十二指腸）相比，前者的動脈血流量很大，並能分泌多種陽性激素；後者的動脈血流量較小，但只能分泌一種陽性激素。因此，腎爲陰中之陰，脾爲陰中之至陰。對於生殖器官來說。男性的睪丸位於腹腔外，陰莖外突，屬陽；女性的卵巢位於腹腔內，陰道內陷，屬陰。

(3)肌肉與陰陽　全身骨骼肌可分爲屈肌和伸肌兩大類。分佈於軀幹腹面和肢體內側面的屈肌羣屬陰；分佈於軀幹背面和肢體外側面的伸肌羣屬陽。陰陽的盛衰體現爲肌緊張性的變化。陰盛陽衰時，屈肌羣緊張性增加，伸肌羣緊張性降低；陽盛陰衰時，伸肌羣緊張性增加，屈肌羣緊張性降低。

⑷血液與陰陽

血漿的陰陽：一般來說，血清總蛋白升高，白蛋白升高，A/G增大，纖維蛋白原升高爲陽；血淸總蛋白下降，白蛋白下降，A/G減少，纖維蛋白原下降爲陰。非蛋白氮（NPN）升高爲陽，下降爲陰。血漿中的糖類和脂類升高爲陽，下降爲陰。血漿中的Na^{+}、K^{+}、Ca^{++}、Mg^{++}等正離子爲陰，Cl^{-}、HCO_3^{-}、HPO_4^{--}、SO_4^{--}等負離子爲陽。血漿總滲透壓、晶體滲透壓和膠體滲透壓升高爲陽，下降爲陰。血漿酸性增大，pH值下降爲陽；血漿碱性增大，pH值上升爲陰。當血漿酸性超過一定範圍時，出現酸中毒。酸中毒屬於亡陰證的範疇。當血漿碱性超過一定範圍時，出現碱中毒。碱中毒屬於亡陽證的範疇。

紅細胞的陰陽：紅細胞數量增加爲陽，減少爲陰。紅細胞產生ATP增多爲陽，減少爲陰。在紅細胞數量正常的情况下，紅細胞壓積和平均體積減小爲陽，增大爲陰。血沉率升高爲陽，下降爲陰。

白細胞的陰陽：一般來說，中性粒細胞、單核細胞屬陽；嗜酸性粒細胞、嗜碱性粒細胞、T淋巴細胞和B淋巴細胞屬陰。

血小板的陰陽：一般來說，血小板數量增加爲陰，減少爲陽。cAMP使血小板聚集受抑制，爲陽；cGMP使血小板聚集加强，爲陰。

凝血系統和纖溶系統的陰陽：凝血系統活性增强爲陰；減弱爲陽。纖溶系統活性增强爲陽；減弱爲陰。

⑸血液循環與陰陽　動脈中的血液離開心臟，屬陽；靜脈中的血液和淋巴管中的淋巴液流回心臟，屬陰。

心臟是血液循環的動力。凡是使心臟興奮性增强，收縮力加强；血管緊張性增加；血容量增加；血壓升高的因素均爲陽，反之爲陰。

在微循環方面，凡能使微動脈和微靜脈舒張、毛細血管充盈、流速加快、開放數增加的因素屬陽；凡能使微動脈和微靜脈收縮、毛細血管灌流不足、流速減慢、開放數減少的因素屬陰。

對於血液流變性來說，紅細胞壓積下降爲陽，上升爲陰。全血黏度下降爲陽，上升爲陰。纖維蛋白原上升爲陽，下降爲陰。紅細胞電泳時間縮短爲陽，增長爲陰。血沉升高爲陽，下降爲陰。

對於組織液的生成來說，凡能使組織液生成增多的因素爲陰；凡能使組織液生成減少的因素爲陽。

對於淋巴的生成和回流來說，凡能促進淋巴的生成和回流的因素爲陽；凡能抑制淋巴的生成和回流的因素爲陰。

⑹呼吸與陰陽　對於呼吸運動來說，吸氣運動爲陽；呼氣運動爲陰。

在大腦皮質、腦橋、延髓和脊髓存在調節呼吸運動的呼吸中樞。促進吸氣的中樞爲陽，促進呼氣的中樞爲陰。

血液中〔H^+〕、CO_2的升高使呼吸加强，屬陽；血液中O_2的升高使呼吸減弱，屬陰。

⑺消化與陰陽　消化系統具有運動、分泌和吸收的功能。一般來說，促進消化管的運動和消化腺的分泌的因素屬陰；促進消化道對營養物質和水的吸收的因素屬陽。

⑻能量代謝和體溫調節與陰陽　一般來說，促進體內物質分解，釋放能量的因素屬陽；抑制體內物質分解，或促進體內物質合

成，貯存能量的因素屬陰。

調節體溫的主要中樞在丘腦下部。視交叉後方丘腦下部較靠前側的區域主要促進散熱，屬陰；丘腦下部較靠後側的區域主要促進產熱，屬陽。

肌肉活動，交感神經興奮，甲狀腺素、腎上腺素和腎上腺皮質激素分泌都可使產熱量增加，屬陽。

汗腺受交感神經支配，分佈到汗腺的交感神經節後纖維一般是膽碱能纖維，屬陽中之陰；但是，面部、手、足部的汗腺有些受腎上腺素能纖維的支配，屬陽中之陽。因此，當情緒激動，交感神經系統的腎上腺素能纖維興奮時可出現手、足和額等部位發汗。

丘腦下部有發汗中樞。刺激貓丘腦下部前部，可引起爪蹠部發汗，屬陰；刺激丘腦下部後部，汗腺分泌減少，屬陽。

⑼泌尿與陰陽　一般來說，腎血流量增大，腎小球濾過壓升高屬陽；腎小球濾過面積由於腎小球的纖維化和萎縮而減小屬陰；腎小球濾過面積由於腎小球毛細血管內皮細胞增生而減小屬陽。腎小球毛細血管通透性增加，紅細胞、白細胞及血漿蛋白可濾出，形成蛋白尿或血尿，屬陽。腎小管和集合管對水、無機鹽和有機物的重吸收增加屬陽；減少屬陰。腎小管和集合管分泌K^+、H^+和NH_3增加屬陰；減少屬陽。

⑽神經系統與陰陽　神經系統興奮性提高屬陽；抑制性提高屬陰。

中樞興奮性遞質屬陽；中樞抑制性遞質屬陰。

去甲腎上腺素和5－羥色胺含量與性格和精神病有關。去甲腎上腺素增多者脾氣暴躁，具挑釁性；5－羥色胺增多者性格溫和。狂躁症與去甲腎上腺素增多有關，屬陽；抑鬱症與5－羥色胺增多有關，屬陰。

對於控制軀體運動的中樞神經系統和周圍神經系統來說，支配伸肌羣的中樞部位和纖維成分屬陽；支配屈肌羣的中樞部位和纖維成分屬陰。

對於植物性神經系統來說，交感神經系統屬陽；副交感神經系統屬陰。對於交感神經節後纖維來說，交感腎上腺素能纖維爲陽中之陽；交感膽硷能纖維爲陽中之陰。

⑾內分泌與陰陽　內分泌腺所分泌的激素可分爲兩大類：一類爲含氮激素，另一類爲類固醇激素。含氮激素作用於細胞膜表面的受體，通過cAMP和cGMP作爲第二信使對細胞起調節作用。一般來說，凡使cAMP升高，cGMP降低的激素屬陽；凡使cAMP降低，cGMP升高的激素屬陰。但是，有些激素還要結合其它因素進行分析才能確定其陰陽屬性。類固醇激素直接進入細胞核，調節DNA的轉錄，從而發揮生理作用。類固醇激素可根據其晝夜節律和生理功能來確定其陰陽屬性。

因此，我們可將屬於陽性的激素稱爲**陽性激素**；屬於陰性的激素稱爲**陰性激素**（表2－1）。

⑿免疫與陰陽　機體的免疫作用可分爲特異性免疫和非特異性免疫。

對於非特異性免疫作用來說，cAMP升高，cGMP降低可促進嗜中性粒細胞、巨噬細胞和單核細胞的吞噬作用，屬陽；cAMP降低，cGMP升高可抑制嗜中性粒細胞、巨噬細胞和單核細胞的吞噬作用，屬陰。

對於特異性免疫作用來說，在免疫反應過程中，與淋巴細胞發生轉化有關的一切代謝活動，均與cGMP和cAMP有密切關係。

淋巴細胞的轉化過程需要陰陽消長的協調作用。當淋巴細胞受刺激時，陰佔優勢，起着啓動免疫反應的作用。接着，陽的優勢增

<table>
<tr><th colspan="2">內分泌腺</th><th>陽性激素</th><th>陰性激素</th></tr>
<tr><td rowspan="2">垂體</td><td>神經部</td><td>抗利尿激素</td><td>催產素</td></tr>
<tr><td>腺體部</td><td>促甲狀腺激素
促腎上腺皮質激素
卵泡刺激素
黃體生成素
黑色細胞刺激素（使皮膚顏色變深）</td><td>生長素
催乳素
黑色細胞刺激素（使皮膚顏色變淺）</td></tr>
<tr><td colspan="2">甲狀腺</td><td>甲狀腺素（T_4）
三碘甲腺原氨酸（T3）
降鈣素</td><td></td></tr>
<tr><td colspan="2">甲狀旁腺</td><td></td><td>甲狀旁腺素</td></tr>
<tr><td colspan="2">胰　島</td><td>胰高血糖素</td><td>胰島素</td></tr>
<tr><td rowspan="2">腎上腺</td><td>皮質</td><td>鹽皮質激素（正常或過少）
糖皮質激素
雄性激素（在男女性體內）
雌性激素（在女性體內）</td><td>鹽皮質激素（過多）
雌性激素（在男性體內）</td></tr>
<tr><td>髓質</td><td>腎上腺素
去甲腎上腺素</td><td></td></tr>
<tr><td colspan="2">睾丸</td><td>睾丸酮</td><td></td></tr>
<tr><td colspan="2">卵巢</td><td>雌性激素</td><td>孕激素</td></tr>
</table>

表2－1　主要激素的陰陽分類

强，其作用是使DNA上的基因暴露，並促進多核苷酸進入細胞內。然後，陽的優勢下降，陰的優勢增强，此時，進行DNA、RNA和蛋白質的合成，並出現細胞分裂。

免疫反應受植物性神經系統和內分泌系統的調節。丘腦下部對免疫反應的調節是通過植物性神經和內分泌的作用來實現的。淋巴細胞膜和胞漿中有皮質醇、胰島素、生長激素、雌激素、雄激素、甲狀腺激素、β－腎上腺素和乙酰膽碱的受體。一般情況下，皮質醇、性激素、兒茶酚胺和交感腎上腺素能纖維引起免疫抑制；生長激素、甲狀腺素、胰島素和副交感膽碱能纖維引起免疫增强。在這裏，丘腦下部前葉爲副交感中樞，屬陰；丘腦下部後葉爲交感中樞，屬陽。引起免疫抑制的皮質醇、性激素、兒茶酚胺和交感腎上腺素能纖維的作用屬陽；引起免疫增强的生長激素、胰島素和副交感膽碱能纖維的作用屬陰，而甲狀腺素的作用屬陽。

對於結締組織中與免疫作用有關的細胞來說，巨噬細胞屬陽；漿細胞和肥大細胞屬陰。

綜上所述，非特異性免疫功能屬陽；特異性免疫反應以陰爲主，陽爲輔。因此，陽虛可使非特異性免疫功能下降；陰虛和陽虛均使特異性免疫功能下降。陰虛時，T細胞和B細胞的功能均減弱，即細胞免疫和體液免疫功能均減弱，陽虛時，以B細胞的體液免疫功能減弱爲主。陰虛是副交感神經系統功能下降，陰性激素分泌減少的表現；陽虛是交感神經系統功能下降，陽性激素分泌減少的表現。由此可見，陽性體質者的非特異性免疫功能較强，受細菌感染時出現急性炎症反應；陰性體質者的特異性免疫功能較强，受病毒感染時出現免疫反應，並容易發生變態反應性疾病。因此，只有機體的陰陽協調，免疫功能才能處於最佳狀態。

2. 細胞與分子水平的陰陽

⑴細胞的陰陽　從細胞整體來看，細胞核位於細胞中央，含有DNA，屬陰。細胞質和細胞膜位於外圍。細胞質中含有RNA，可翻譯合成蛋白質；各種細胞器執行不同的功能，維持着細胞的生命活動；細胞膜具有物質交換、調節和保護等作用。因此，細胞質和細胞膜屬陽。激素和神經遞質通過細胞膜上的受體，以cAMP和cGMP作爲第二信使調節細胞的功能，或者直接進入細胞核，作用於DNA，來實現這種調節。一般來說，DNA、RNA和功能蛋白質的合成和更新率升高，表明細胞的功能活躍，屬陽；相反，DNA、RNA和功能蛋白質的合成和更新率降低，表明細胞的功能低下，屬陰。另一方面，DNA、RNA和結構蛋白質的合成和複製加快，細胞分裂加速則屬陰。因此，以DNA、RNA和蛋白質爲指標研究細胞的陰陽狀態時，應辨明細胞是處於功能活躍狀態，還是處於分裂活躍狀態，前者爲陽，後者爲陰。陽盛時，細胞功能活躍，DNA、RNA和功能蛋白質的合成和更新率提高；陰盛時，細胞分裂活躍，DNA、RNA和結構蛋白質的合成和複製加快。陽虛時，細胞功能低下，DNA、RNA和功能蛋白質的合成和更新率降低，陰虛時，細胞分裂能力下降，DNA、RNA和結構蛋白質的合成和複製減慢。

⑵無機元素的陰陽　對於人體必需的宏量元素來說，鈉、鉀、鈣、鎂在體內呈碱性，屬陰；磷、硫、氯在體內呈酸性，屬陽。對於鈉、鉀、鈣、鎂來說，它們又可再分陰陽。碱性越强的離子，陰性越强；酸性越强的離子，陽性越强。因此，磷、硫、氯的陽性依次遞增，陰性依次遞減。對於微量元素來說，鐵、鈷、鉬、氟、溴屬陽；銅、錳、鉻屬陰；鋅和硒屬平。無機碘一般屬陰，缺乏時爲陽亢；構成甲狀腺激素的碘屬陽。

3. 生物熱力學意義上的陰陽

人體是一個生物熱力學系統。在這個系統中，熵值的增大爲陽，熵值的減小爲陰。

㈡陰陽的節律

地球繞太陽運行一週爲一年；月球繞地球運行一週爲一個月；地球自轉一週爲一天。人體在長期的進化過程中，爲了適應自然界的變化，逐漸形成了年節律、月節律和日節律的變化。

1. 年節律

⑴自然界陰陽的年節律　地球繞太陽運行一週經歷春夏秋冬四季和二十四節氣。在一年當中，春夏兩季氣溫呈上升趨勢，屬陽；秋冬兩季氣溫呈下降趨勢，屬陰。立秋，氣溫達到峯值之後開始下降；立春，氣溫達到最低值之後開始上升。這與實際測定結果相符（圖2－3）。相對濕度的年變化，一般是夏季最小，冬季最大。氣壓的年變化，一般是夏季最低，冬季最高。

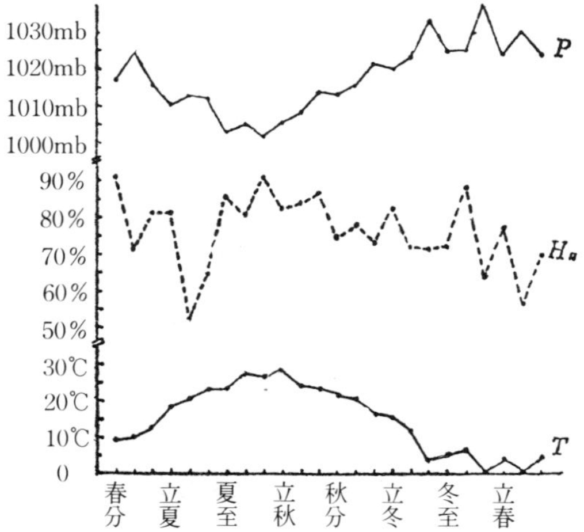

圖2－3　氣溫（T）、氣壓（P）和相對濕度（Hu）的四季變化

⑵人體陰陽的年節律　腦中去甲腎上腺素有年節律變化，1～7月濃度最高，8～10月濃度最低。而腦中5－羥色胺的週期與去甲腎上腺素相反。在這裏，去甲腎上腺素屬陽，春夏上升，秋冬下降；5－羥色胺屬陰，春夏下降，秋冬上升。

尿兒茶酚胺24小時排量夏季最低，冬季最高。兒茶酚胺屬陽，在外界陽氣最盛的夏季降低，在陰氣最盛的冬季升高，以協調身體的平衡。

男性7～9月睾丸酮分泌量最高。睾丸酮屬陽，在夏秋陽氣旺盛時達到峯值，與自然節律相應。

脈象有年節律變化。脈率冬季比夏季快。冬春脈偏沉，夏秋脈偏浮。脈象圖波幅各參數以夏季最高，冬季最低。脈快、浮、波幅高屬陽，反之屬陰。冬季陰氣盛，脈搏加快；夏季陽氣盛，脈搏減慢，是為了協調身體的陰陽。冬春脈偏沉，夏秋脈偏浮；夏季脈象圖波幅各參數最高，冬季則最低，這些都與自然的陰陽節律相應。

2. 月節律

⑴自然界陰陽的月節律　月球繞地球運行一周經歷一次朔望變化，為一個朔望月。

月球和太陽對地球的引力分別形成太陰潮和太陽潮。太陰潮比太陽潮要大。每逢朔和望時，太陰潮和太陽潮同時發生，兩者迭加，形成大潮。每逢上弦和下弦時，太陰潮的漲潮和太陽潮的落潮同時發生，兩者互相抵消，形成小潮。

月為陰。從新月、上弦至望的時期為陰中之陽；望以後，經下弦、殘月至朔的時期為陰中之陰。

⑵人體陰陽的月節律　人體的大部分是由液體組成。月球引力能象引起海洋潮汐那樣對人體中的液體發生作用，這稱為生物潮。它隨着月相的盈虧，對人體產生不同影響。滿月時，人的頭部和胸

部電位差比較大，氣血最充實，內分泌最旺盛，很容易激動。人們喜歡在月光下練武術、練氣功；年輕人愛在月光下談情說愛；酗酒者和精神病人常在滿月之夜發病，出血病人的病情常在滿月之夜加劇。朔之夜，人體氣血最虛，因此，休克和衰竭的病人常在月黑之夜死亡。

張介賓在《類經》中指出：「月屬陰，水之精也，故潮汐之消長應月。人之形體屬陰，血脈屬水，故其虛實浮沉，亦應於月。」婦女月經的主要成分是血，其節律與陰血消長的節律相一致。婦女月經週期平均為28天左右，與恒星月週期27.321661天和朔望月週期29.530588天很接近，介於二者之間。對月經來潮時間分佈的研究表明，朔日附近月經來潮人數特別多。將此結果與月經週期中卵泡發育、子宮內膜變化以及血中激素水平變化進行比較，可以得出這樣的推論：婦女月經週期的總趨勢符合朔望月的週期，朔日前後月經來潮，子宮內膜脫落。從新月開始，卵泡刺激素（FSH）和雌激素分泌逐漸增多，卵泡發育，子宮內膜增厚。在上弦日之後，卵泡刺激素達到峯值，黃體生成素開始分泌，子宮內膜繼續增厚。在望日（滿月）前後，卵泡刺激素分泌下降，孕激素開始分泌，卵泡破裂，排出卵子。望日之後，卵泡刺激素繼續下降，黃體生成素、雌激素、孕激素繼續上升，黃體開始形成，子宮內膜繼續增厚。在下弦日前後，黃體生成素、雌激素和孕激素達到峯值，黃體發育到頂峯。下弦日之後，黃體生成素下降，黃體開始萎縮，卵泡刺激素、雌激素和孕激素繼續下降，在朔日前後到達最低值，子宮內膜脫落，月經又來潮。因此，婦女月經來潮時間趨於朔日前後，排卵時間趨於滿月的望日（圖2－4）。在月圓時，男女兩性的性慾均較强烈。這時性交，正值排卵，較容易受孕，因此，懷孕多在滿月，嬰兒的出生則多在下弦月。

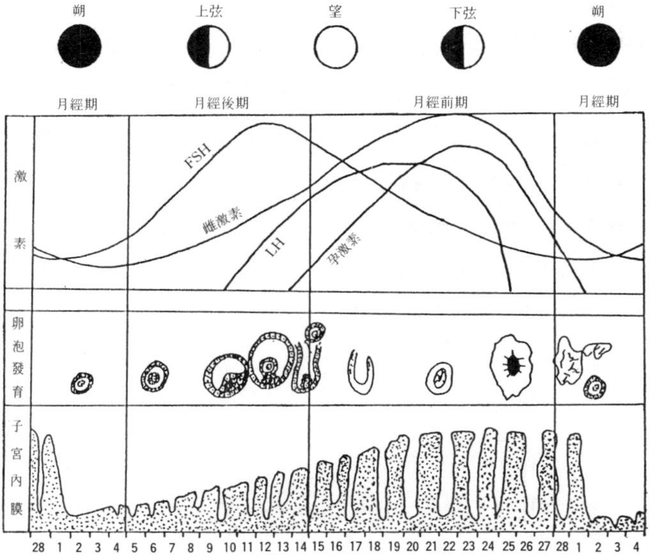

圖2－4　月經週期生理變化與月象的關係

由於從新月、上弦至望的時期爲陰中之陽，望以後，經下弦、殘月至朔的時期爲陰中之陰，因此，在滿月時，人體生物電活動加强，血壓增高，內分泌旺盛，而在朔日血壓最低。對於女性來說，FSH、LH和雌激素屬陽，所以在新月後開始上升；孕激素屬陰，在望日後開始上升。由於催產素屬陰，因此，嬰兒多在下弦月的夜間出生。就是說，人體的陰陽節律與自然界的陰陽節律相應。

3. 日節律

⑴自然界陰陽的日節律　地球自轉一週爲一天。由於太陽輻射的强弱變化，氣溫也呈現日節律變化。《素問·金匱眞言論》指出：「平旦至日中，天之陽，陽中之陽也；日中至黃昏，天之陽，陽中之陰也；合夜至鷄鳴，天之陰，陰中之陰也；鷄鳴至平旦，天之陰，陰中之陽也。故人亦應之。」平旦至日中爲6～12時；日中至

黃昏爲12～18時；合夜至鷄鳴爲18～24時；鷄鳴至平旦爲0～6時。由於《內經》所描述的是中原一帶的情況，因此，以上論述與實際基本上相符。6～12時，太陽輻射逐漸增强，並達到最大值，爲陽中之陽；12～18時，太陽輻射逐漸減弱，並最後消失，爲陽中之陰；18～24時，地面長波輻射逐漸減弱，氣溫逐漸下降，爲陰中之陰；0～6時，地面長波輻射繼續減弱，氣溫繼續下降，並達到最低值，但不久將迎來日出，因此，爲陰中之陽（圖2－5）。相對濕度也有日節律變化，一般最高值出現在淸晨，最低值出現在午後（圖2－6）。

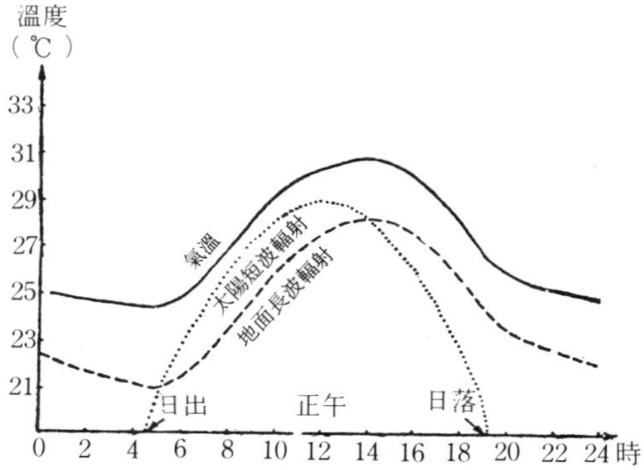

圖2－5　太陽輻射、地面輻射和氣溫的日節律（上海7月份）

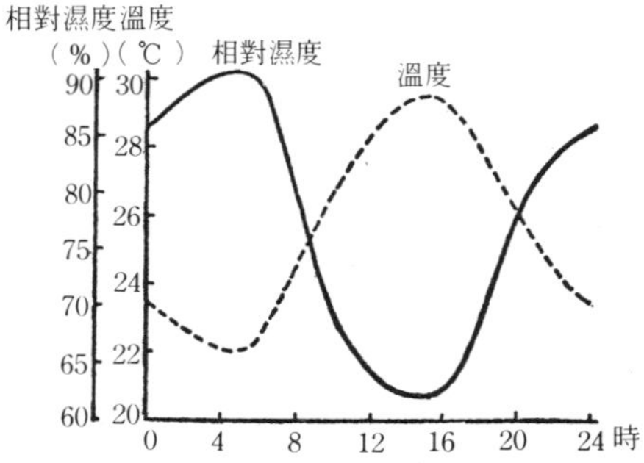

圖2－6　相對濕度的日節律

(2)人體陰陽的日節律　人體生理活動具有日節律變化，現分述如下。

①激素陰陽的日節律

甲狀腺素、降鈣素、胰高血糖素、促腎上腺皮質激素（圖2－7）、糖皮質激素（圖2－8、9）、腎素（圖2－10）、醛固酮、兒茶酚胺、促性腺激素、睾酮及女性體內的雌二醇等陽性激素白天分泌增加，晚上分泌降低，與自然的陰陽節律相應。

甲狀旁腺素、孕酮、生長激素、催乳素等陰性激素白天分泌降低，晚上分泌增加，亦與自然的陰陽節律相應。

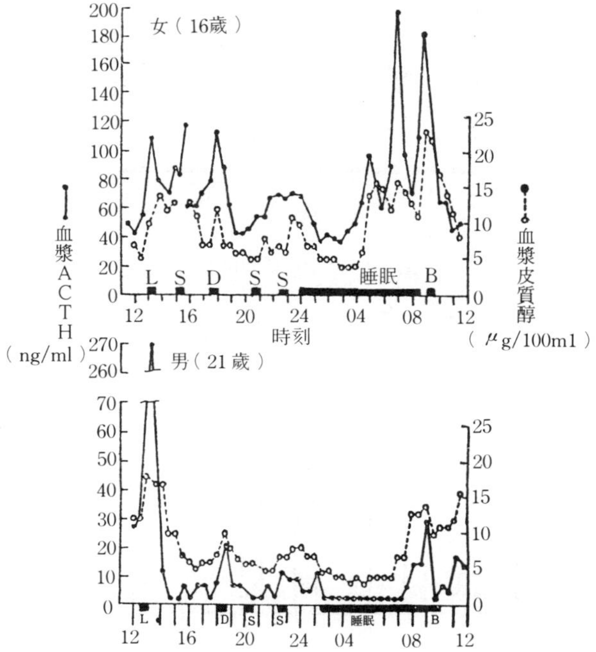

B:早餐　L:午餐　D:晚餐　S:快餐

圖2－7　促腎上腺皮質激素（ACTH）的日節律

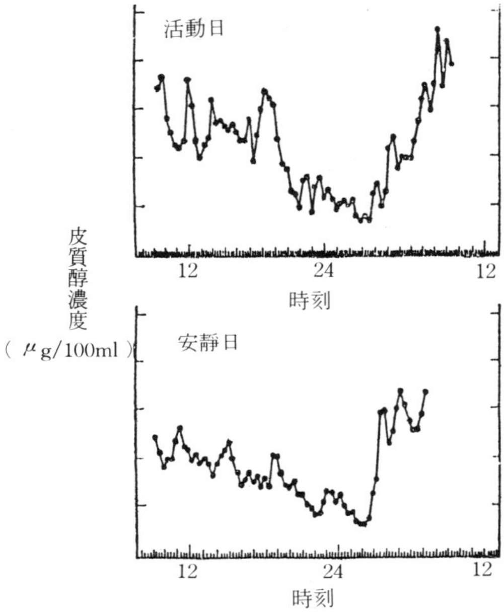

圖2-8　血漿皮質醇的日節律

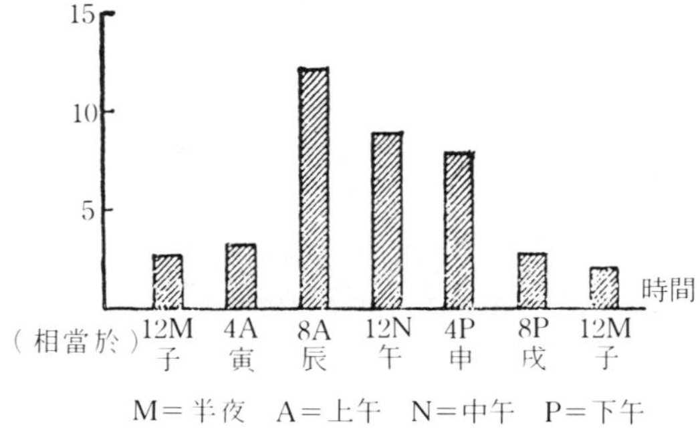

圖2－9　正常人血中Cortison濃度的日節律

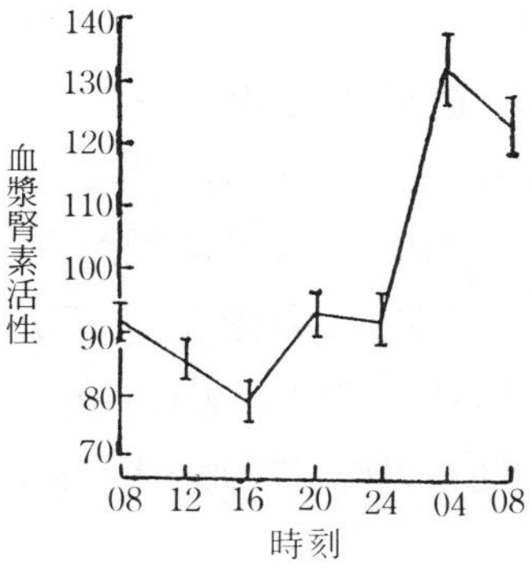

以24小時的平均值的%表示

圖2－10　血漿腎素活性的日節律

促甲狀腺素（圖2－11）、抗利尿激素等陽性激素白天分泌降低，晚上分泌增加，起着協調體內陰陽的作用。

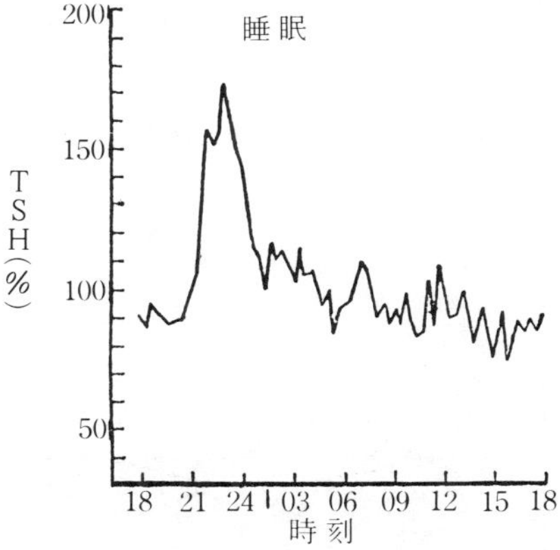

圖2－11　促甲狀腺素（TSH）的日節律

胰島素爲陰性激素，白天分泌增加，晚上分泌降低，亦起着協調體內陰陽的作用。

②環核苷酸的陰陽日節律

cAMP: cAMP屬陽。血漿中cAMP濃度的最高值在下午16時左右，最低值在早上6時左右。尿中cAMP濃度的最高值在下午15～17時（圖2－12）。cAMP的節律與自然的陰陽節律相應。

cGMP: cGMP屬陰。血漿中cGMP濃度的最高值在早上2時，最低值在中午前後。尿中cGMP濃度的最高值在晚上20時至早上2時（圖2－13）。cGMP的節律與自然的陰陽節律相應。

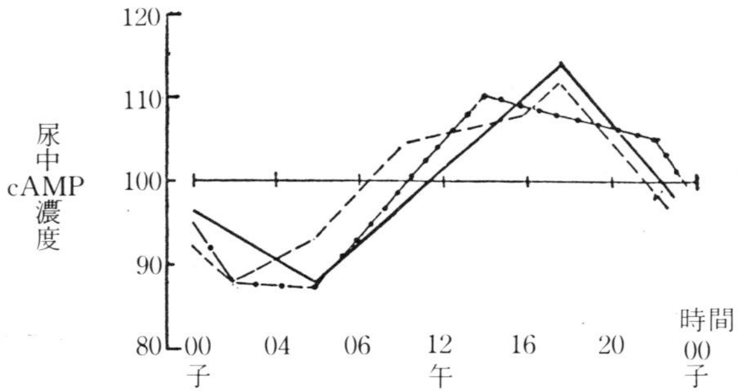

圖2－12　三個正常人cAMP的日節律

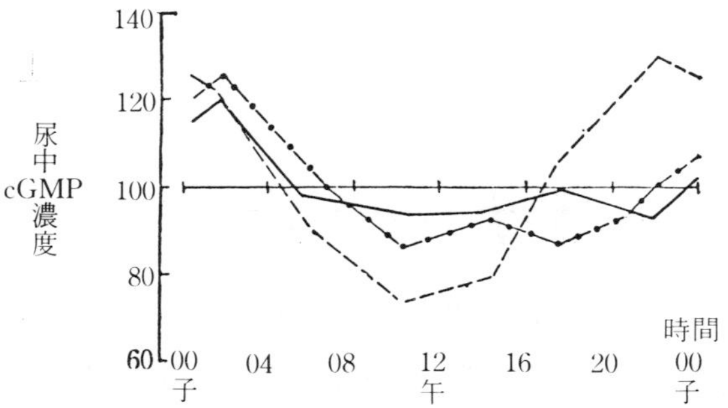

圖2－13　三個正常人cGMP的日節律

③體溫的陰陽日節律

體溫升高爲陽，下降爲陰。體溫的最高值在下午16時左右，最低值在早上2～3時（圖2－14）。體溫的節律與自然的陰陽節律相應。

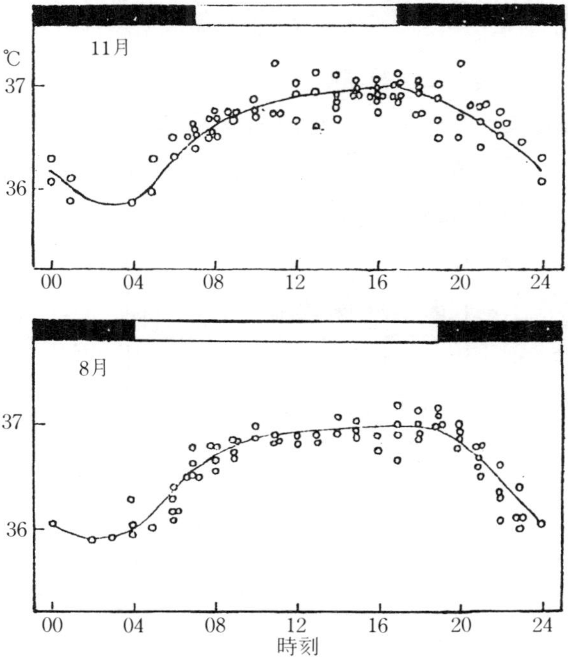

圖上欄黑和白表示夜和晝

圖2－14　體溫的日節律

④代謝率的陰陽日節律

代謝率可以從耗氧量反映出來。耗氧量上升屬陽，下降屬陰。耗氧量白天高，晚上低，並與睡眠有關（圖2－15）。代謝率的節律與自然的陰陽節律相應。

⑤血液成分的陰陽日節律

血漿中的鈉、碳酸氫鹽和磷酸:鈉和碳酸氫鹽陰性較強，它們的濃度在早上高，以後下降，午夜24時達到最低值。磷酸的陽性較強，其濃度變化正好相反，早上低，午後上升，夜間最高（圖2－16）。血漿中鈉、碳酸氫鹽和磷酸的節律變化在於協調體內的陰陽。

血漿氨基酸濃度：血漿氨基酸濃度上升爲陽，下降爲陰。正常人血漿氨基酸濃度在中午至午後20時最高，早上4～8時最低。血漿中酪氨酸、苯丙氨酸和色氨酸的濃度在上午10時半稍晚最高，深夜2時最低。血漿氨基酸濃度的節律與自然的陰陽節律相應。

白細胞：B、T淋巴細胞和嗜酸性粒細胞屬陰。血中B、T淋巴細胞數和嗜酸性粒細胞數的最高值出現在深夜24

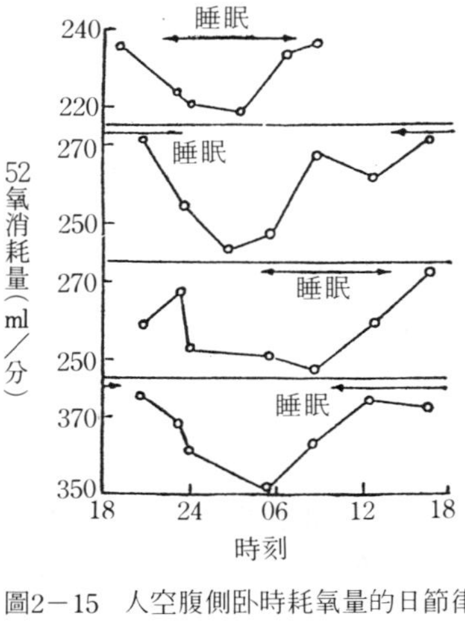

圖2－15　人空腹側卧時耗氧量的日節律

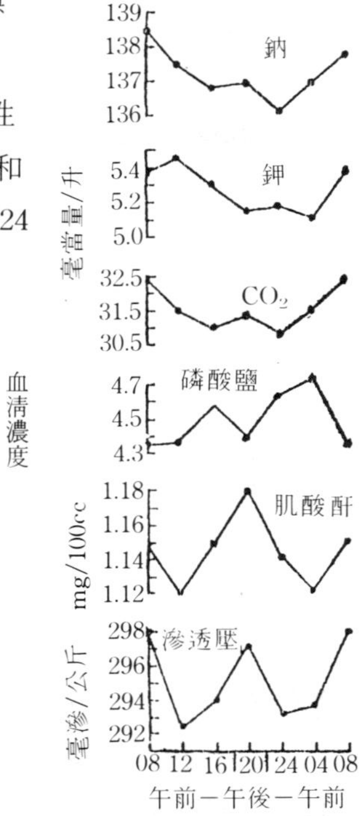

圖2－16　血漿電解質的日節律

時至4時，最低值在白天12～16時。白細胞數的節律與自然的陰陽節律相應。

⑥其它生理指標的陰陽日節律

松果體的5－羥色胺和組氨酸：松果體的5－羥色胺屬陽，組氨酸屬陰。松果體5－羥色胺濃度的最高值在正午，最低值在晚上22時左右（圖2－17）；組氨酸濃度白天低，黑夜迅速升高達二倍。

鎂依賴性ATP酶的活性：這種酶的活性升高屬陽，降低屬陰。人紅細胞膜依賴性ATP酶的活性在上午8時最高，與自然的陰陽節律相應。

另外，五更瀉發生在卯時，即早上3～5時，此時的相對濕度最大（參見圖2－6）。

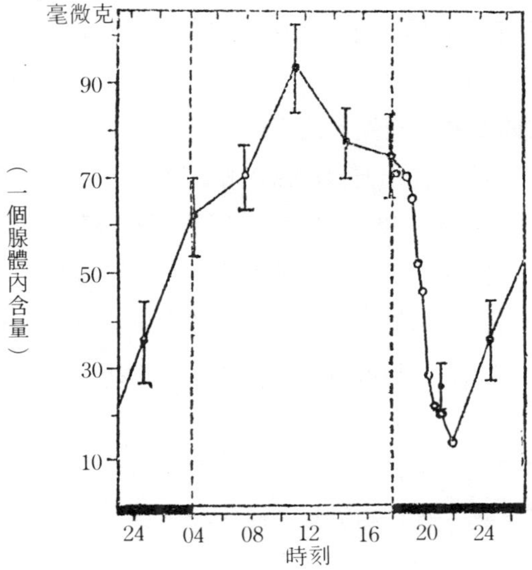

圖2－17　大鼠松果體5－羥色胺含量的日節律。

㈢陰陽的特點和相互關係

從以上的分析可以看出，陰陽具有幾個主要特點。

首先，陰陽具有可分性。自然界和人體的各種因素均可分成陰陽兩類。而每一類當中又可再分陰陽。如此類推，以至無窮。例如，無機元素當中的金屬元素鉀、鈉、鈣、鎂在體內呈碱性，屬陰；而非金屬元素氯、硫、磷在體內呈酸性，屬陽。但是，對於屬陰的金屬元素來說，又可再分陰陽。就鉀和鈉來說，則鉀屬陰，鈉屬陽。其它元素也有類似情況。另外，在植物性神經系統當中，交感神經屬陽，副交感神經屬陰。而交感神經節後纖維有兩種，則腎上腺素能纖維屬陽，膽碱能纖維屬陰。

其次，陰陽具有層次性。就自然界來說，地球繞太陽運行導致陰陽的年節律變化；月球繞地球運行導致陰陽的月節律變化，地球自轉導致陰陽的日節律變化。對於人體來說，有整體水平的陰陽，系統和器官水平的陰陽，組織和細胞水平的陰陽，分子水平的陰陽。

第三，陰陽具有多樣性。人體的激素可分爲陰陽兩類，但其作用方式是不相同的。其中有以cAMP和cGMP作爲第二信使起作用的，也有不依賴cAMP和cGMP而作用於細胞核DNA的。因此，有些陰虛陽亢的高血壓，cAMP並不升高。引起高血壓的主要原因可能是醛固酮升高。由於醛固酮屬陽，但它並不以cAMP作爲第二信使起作用。因此，單以cAMP和cGMP作爲陰陽的指標是不全面的。

第四，陰陽具有相對性。某些因素的陰陽屬性是相對而言的。例如，鉀、鈉、鈣、鎂相對於氯、硫、磷爲陰。但是，鈉相對於鉀則爲陽。在陰虛時，血中的鈉升高，鉀下降。

第五，陰陽具有轉化性。某些因素的陰陽屬性在一定條件下可向相反方面轉化。例如，醛固酮在一般情況下使血容量增加，血壓上升，屬陽。但是，當醛固酮過高時則導致碱中毒和水腫、轉變爲陰。

第六，陰陽具有節律性。天體的運行使自然界出現陰陽的年節律、月節律和日節律的變化。人體的陰陽與自然界的陰陽相適應，也呈現節律性變化。人體陰陽的節律變化有兩種情況。一種是與自然界相一致，另一種是與自然界相反。一般來說，陽性激素在白天增多，晚上減少，這與白晝爲陽，黑夜爲陰相一致。但是，也有相反的情形。例如，促甲狀腺素屬陽，但其濃度晚上升高，白天下降。這是爲了協調體內陰陽的平衡的一種適應。晚上，陽性激素都下降，促甲狀腺素上升的作用在於使甲狀腺的功能不致於過度下降，使得機體新陳代謝維持在一定的水平。

陰陽各自所包含的因素之間以及陰與陽之間存在着複雜的關係。

從整體來看，不同系統，不同器官，以及不同水平的陰陽具有相關性。例如，當陽盛陰衰時，可出現交感神經興奮，副交感神經抑制；伸肌緊張性增强，屈肌緊張性減弱，呼吸運動表現爲吸多呼少；體液酸性增大；血中糖類、氨基酸和脂類含量升高；細胞ATP產量增加，代謝活躍；cAMP升高；cGMP下降；非特異性免疫功能提高，特異性免疫功能下降等等相關現象。我們稱之爲同類相關性。這是中醫診斷治療疾病的根據。

另外，陰陽同類的各因素之間有時呈現互補性。例如，甲狀腺機能亢進時，交感神經活動稍低，而甲狀腺機能低下時，交感神經活動則明顯增强。在這裏，甲狀腺和交感神經的活動均屬陽，兩者的這種互補變化使得機體不致於過分偏盛偏衰。

在評價整體或某器官的陰陽狀態時，要根據其總體效應來判斷。例如，腎上腺、腎和性腺構成了「腎」的實質，在評價腎的陰陽狀態時，既要考慮植物性神經系統對這些器官的作用，也要考慮垂體分泌的促激素對這些器官的作用，還要考慮這些器官的微循環狀態以及無機元素、微量元素等其它因素對這些器官的作用。

陰與陽之間一般具有協調關係。當陽上升時，陰則消退；當陰上升時，陽則消退。陰陽的協調關係維持着人體的正常機能。當陰陽的協調關係出現異常時，人體就會患病。

四、小結

陰陽學說是中國古代自發的、樸素的辯證法哲學。中醫學將陰陽學說應用於解釋人體的生理功能和病理變化，指導臨牀的診斷和治療。

本章在總結國內外對陰陽實質的實驗研究的基礎上，根據中醫學的陰陽分類原則，從不同的角度和不同的水平，對自然界和人體結構功能進行全面的分析。我們認爲，陰陽學說的基本原則是有物質基礎的，基本上是正確的。對陰陽實質的闡明使我們能夠更深刻地認識中醫學的基本原理，同時，對於推動現代生命科學的發展也具有重要意義。

主要參考文獻

1. 李向中主編：中醫學基礎（第二版），人民衛生出版社，1986。
2. 劉亞光：理論醫學概論，陝西科學技術出版社，1982。
3. 中國醫科大學主編：人體解剖學，人民衛生出版社，1978。
4. 王明禮等編著：植物神經疾病，黑龍江科學技術出版社，1983。
5. 北京大學生物系生理學教研室編：基礎生理學，人民教育出版社，1979。

6. 湖南醫學院主編：生理學，人民衛生出版社，1978。
7. 程治平主編：內分泌生理學，人民衛生出版社，1984。
8. 李煥章主編：診斷學基礎，人民衛生出版社，1986。
9. 上海中醫學院主編：中醫年鑒（1983），人民衛生出版社，1984。
10. 上海中醫學院主編：中醫年鑒（1984），人民衛生出版社，1985。
11. 上海中醫學院主編：中醫年鑒（1985），人民衛生出版社，1986。
12. 武漢醫學院主編：病理學（病理生理學分册），人民衛生出版社，1979。
13. 濟寧醫學專科學校主編：病理學，人民衛生出版社，1981。
14. 白榮德編著：免疫學，山東科學技術出版社，1984。
15. 【美】 H·A·施羅德著（陳榮三等譯）：痕量元素與人，科學出版社，1979。
16. 【日】飯野節夫著（顧時光編譯）：益智新探——談智力與營養，吉林人民出版社，1982。
17. 周淑貞主編：氣象學與氣候學，人民教育出版社，1979。
18. 【日】伊藤眞次著（吳今義譯）：人體晝夜節律，重慶出版社，1983。
19. 【美】C·帕納蒂著（許步曾等譯）：突破，知識出版社，1983。
20. 王琦等：中西醫結合雜誌，5(7)：440－443，1985。
21. 周銅等：生理科學進展，16(2)：121－124，1985。
22. 曾昭儉等：四川醫學，2(5)：264－267，1981。
23. 趙偉康等：上海中醫藥雜誌，7：43－45，1982。
24. 章育正等：上海中醫藥雜誌，6：44－45，1984。
25. 丁鈺熊等：上海中醫藥雜誌，2：45－46，1984。
26. 周冶萍等：上海中醫藥雜誌，3：46－48，1983。
27. 萬叔援等：上海中醫藥雜誌，1：44－46，1983。
28. 丁偉璜等：上海中醫藥雜誌，4：46－48，1983。
29. 毛艮等：上海中醫藥雜誌，8：46－49，1982。
30. 吳敦序：上海中醫藥雜誌，6：36－37，1981。

31. 黃松章等：上海中醫藥雜誌，10：46－48，1982。
32. 趙承筠等：上海中醫藥雜誌，11：47－48，1981。
33. 馮菡芳等：上海中醫藥雜誌，8：4－6，1985。
34. 劉銳等：上海中醫藥雜誌，8：6－7，1985。
35. 錢永益等：上海中醫藥雜誌，5：15－17，1980。
36. 張伯訥等：上海中醫藥雜誌，10：42－45，1984。
37. 陳漢平：上海中醫藥雜誌，10：46－48，1984。
38. 羅頌平：上海中醫藥雜誌，12：42－44，1984。
39. 趙祥林：健康報，1986年3月15日。

第3章　五行學說

五行學說是以木、火、土、金、水五種物質爲素材，根據其抽象化的特性，從五者之間的相互關係，借以說明不同事物之間關係的一種學說。

五行學說認爲，木、火、土、金、水這五種物質相互資生、相互制約，在不斷的運動和變化之中。五行學說是一種說理工具，可以普遍地運用。中醫學用五行學說來解釋自然界和人體方面的問題。

一、五行學說的基本概念

五行學說的基本概念包括五行歸類、五行制化和五行乘侮等內容。

㈠五行歸類

五行學說運用取類比象的方法，根據事物和現象的屬性、功能和表現形態等，將其歸入木、火、土、金、水中相應的一行，以便從比較複雜的事物中，找出共同點和發展規律，從而推測、判別事物發展的趨勢。中醫學所涉及的五行歸類包括自然界事物的歸類和人體內臟組織情志的歸類（表3－1）。

1. 自然界的五行歸類

宇宙間萬物的變化有一定的程序和規律。春、夏、長夏、秋、冬爲一年中的季節；東、西、南、北、中爲天之五方；寒、暑、燥、濕、風爲天之五氣；青、赤、黃、白、黑爲萬物之五色；酸、苦、甘、辛、鹹爲萬物之五味；生、長、化、收、藏爲萬物生化過

五行		木	火	土	金	水
自然界	方向	東	南	中	西	北
	時序	春	夏	長夏	秋	冬
	五氣	風	暑	濕	燥	寒
	五色	青	赤	黃	白	黑
	五味	酸	苦	甘	辛	鹹
	生化過程	生	長	化	收	藏
人體	五臟	肝	心	脾	肺	腎
	六腑	膽	小腸	胃	大腸	膀胱
	五體	筋	脈	肉	皮毛	骨
	五竅	目	舌	口	鼻	耳
	五志	怒	喜	思	憂	恐

表3－1　五行歸類簡表

程。所有這些都可用五行歸類來說明。

2. 人體的五行歸類

人是自然界的生物之一。人體的器官組織以及生理、病理變化，必須與自然界的運動變化規律相一致。中醫學根據天人相應的觀點，按照五行的屬性，將人體的五臟和其它器官組織歸入與自然相應的五行系統，以說明它們之間的相互連鎖關係。

人體的五行歸類以五臟爲中心。五行配五臟，是根據五臟的功能特性，配合取類比象的歸納方法，再經過醫療實踐的反覆論證來歸類的。五行與五臟的關係經歷了從戰國末的《呂氏春秋》至西漢末的《太玄》，最後定型於《內經》的演變過程。在《呂氏春秋》中，四臟配四行，即腎配水、肺配火、脾配木、肝配金。在《太玄》一書中，五臟配五行，即腎配水、肺配火、脾配木、肝配金、心配土，與後來《內經》的歸類不同。《內經》對五行與五臟的關係作了進一步的調整，使其更眞實地反映人體五臟關係的客觀規律。由於這種規律後來被醫療實踐所證實，因此，《內經》中所確立的五行與五臟的關係便成爲指導醫療實踐的準則。

五行學說對自然界和人體的因素進行歸類，闡明天人相應的整體觀念，成爲中醫理論的指導原則。

㈡五行制化

制化就是制約與化生。制有約束的作用，以防止其發展太過；化有資助的作用，以扶持其發展的不及。這兩種關係緊密聯繫，化中有制，制中有化。這兩種關係一般稱爲相生和相克（圖3－1）。

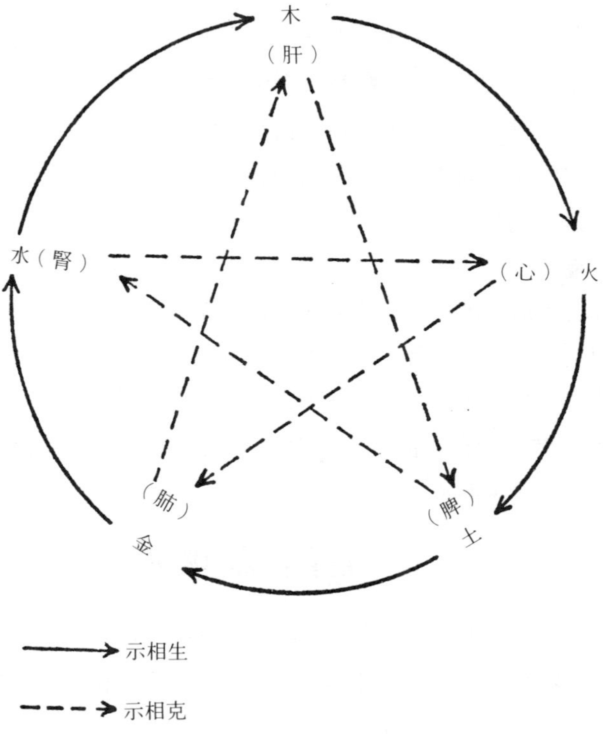

圖3－1　五行制化生克示意圖

1. 相生

生，含有資生、助長的意義，即推動發展的作用。五行之間的相互資長，形成一個循環，即木生火，火生土，土生金，金生水，水生木。這種相生關係也稱爲「母子關係」。對土生金來說，則土爲金之母，金爲土之子。如此類推。五行中的任何一行都有「生我」和「我生」兩個方面。

2. 相克

克，含有克服、抑制的意義，即制約發展的作用。五行之間的相互克制，也形成一個循環，即火克金，金克木，木克土，土克水，水克火。對於火來說，火被水克，火克金。因此，五行中的任何一行都有「克我」和「我克」兩個方面。

五行的制化包括相生和相克兩個方面，兩者緊密聯繫。因此，五行之間既相互推動，又相互制約。事物必須生中有制，制中有生，才能運行不息。

㈢五行乘侮

五行乘侮，即相乘和相侮，屬於反常現象。乘爲乘襲之意，侮爲欺侮之意。換句話說，過度的相克稱爲相乘，如木氣偏亢，而金又不能對木加以正常的克制時，太過的木便去乘土，使土更虛。反克稱爲相侮，如正常的情況下是金克木，但金氣不足或木氣偏亢時，木便反過來侮金。

二、五行學說的應用

五行學說在中醫學的應用主要是將五臟與五行相配合，建立以臟爲主，聯繫有關器官組織的分類系統，應用制化乘侮的規律，以解釋生理、病理和治療等問題。

㈠生理方面

中醫學在對五臟進行五行歸類的基礎上，根據五行的關係來解釋五臟的生理活動。五行相生關係可以解釋五臟之間的相互資助。相反，五行相克的關係可以解釋五臟之間的相互制約。

㈡病理方面

一個臟腑的發病，除自身發病之外，還可以由其它臟腑傳來，而某一臟腑發病，也可以傳給其它臟腑。病的傳變可用五行的生克乘侮規律來解釋。

㈢治療方面

疾病的發生和發展，有時與臟腑的制化異常有關。在治療上，除了對有病的本臟腑進行治療外，還要考慮其它有關的臟腑，從調整臟腑的關係着手，控制其傳變，以達到治療的目的。治療上常用的培土生金，滋水涵木，扶土抑木，壯水制火，補火生土，崇土制水等原則，都是根據五行的生克乘侮關係制訂出來的。

三、五行學說的實質

五行學說的核心是木、火、土、金、水五行的生克乘侮關係。自然界的事物和人體的器官組織情志等與五行相配的根據是取類比象。但是，取類比象只是在五行學說成型後，在闡述五行學說時的論證依據。從五行與五臟相配的演變過程中我們可以看到，將五臟配五行，只是爲了使五臟的關係符合五行的生克乘侮關係。《內經》中五臟與五行的配合在一定程度上反映了五臟關係的本質，並爲醫療實踐所證實，因此，這種配合關係一直沿用至今。至於自然界的事物和人體其它器官組織與五行的配合，也是從取類比象着手，通過實踐不斷進行調整，力求使這些事物和器官組織的關係符合五行的生克乘侮關係。中國古代醫學家就是通過這種方法建立龐大的五行系統。由於五行系統的確立是經過實踐檢驗的，因此，五行學說在一定程度上反映了自然界不同事物之間以及人體不同器官功能之間的關係。下面，我們將用現代科學知識來分析五行學說的內涵和實質。

㈠自然五行系統的實質

1. 自然五行歸類的實質

自然五行歸類反映了自然有序的本質。同一行的事物和現象具有相關性，它們的運動是同步協調的。

2. 自然五行相生的實質

自然五行相生反映了自然事物發展的次序。對於五方來說，則東生南，南生中，中生西，西生北，北生東。這反映了每天太陽從東方升起，經過天頂，從西方落下，同時，隨着季節的變化，太陽升起的地方從南向北移的過程。對於時序來說，則春生夏，夏生長夏，長夏生秋，秋生冬，冬生春，這反映了季節更替的次序。對於五氣來說，則風生暑，暑生濕，濕生燥，燥生寒，寒生風，這反映了一年當中氣候變化的次序。對於生化過程來說，則有生、長、化、收、藏的變化，這反映了自然界生物的生長過程。

3. 自然五行相克的實質

自然五行相克反映了自然界事物之間的制約關係。

對於四時來說，則春勝長夏，長夏勝冬，冬勝夏，夏勝秋，秋勝春。這可能反映了氣候變更的制約關係，即在一年當中，春天風較大時，長夏則濕度較小；長夏濕度較大時，冬天則溫度較高；冬天氣溫較低時，夏天氣溫則較低；夏天氣溫較高時，秋天則濕度較大；秋天濕度較小時，春天則風較小。

對於五味來說，則酸勝甘，甘勝鹹，鹹勝苦，苦勝辛，辛勝酸。這可能反映了飲食和藥物治療的規律。食甘過多傷脾時，可用酸的食物或藥物來治療；食鹹過多傷腎時，可用甘的食物或藥物來治療；食苦過多傷心時，可用鹹的食物或藥物來治療；食辛過多傷肺時，可用苦的食物或藥物來治療；食酸過多傷肝時，可用辛的食物或藥物來治療。

㈡人體五行系統的實質

1. 人體五行歸類的實質

人體五行歸類反映了人體有序的本質。同一行的器官組織情志具有相關性，它們的運動是同步協調的。人體五行的關鍵是五臟之間的相互關係。

2. 人體五行相生的實質

人體五行相生反映了各器官之間正反饋的調節作用。這種作用可以從構成五臟的器官集合之間的關係體現出來（五臟的實質詳見第四章）。我們現在來討論五臟之間正反饋調節作用的原理。

⑴木（肝）生火（心）　肝臟具有調節血容量的作用。肝血竇收縮，可使循環血量增加，血壓升高。肝臟是合成血漿蛋白的主要器官。肝糖原分解並釋放入血可提高血糖水平。肝臟有解毒功能，當肝臟解毒功能發生障礙時，血中氨和假性神經遞質增多，導致肝性腦病。在病理情況下，肝臟可恢復部分造血功能。在病理方面，肝血虛可導致心血虛，就是說，肝臟合成血漿蛋白的功能下降，肝糖原分解減少，肝血竇擴張，可導致循環血量減少，心臟、甲狀腺，甲狀旁腺和大腦的營養供應不良，出現心慌、心悸、頭暈和面色不華等心血不足的證候。由此可見，肝臟功能對心臟、腦、甲狀腺和甲狀旁腺的功能有正反饋調節作用。

⑵火（心）生土（脾）　心臟是血液循環的動力。心臟功能正常，則脾臟、胰腺和十二指腸的血液供應良好，脾臟調節血量的功能，胰腺的內外分泌功能，十二指腸的消化吸收功能皆旺盛。甲狀

腺分泌的甲狀腺素可以使十二指腸上皮細胞產生ATP增加，鈉泵的活性提高，吸收能力加强。在病理方面，當心臟功能減弱，甲狀腺素分泌減少時，胰腺和十二指腸的血流量減少，十二指腸上皮細胞產生ATP減少，鈉泵活性降低，因此，消化吸收功能減弱，出現納差、腹脹等脾虛的證候。治療上常採用補火生土的方法，補心火以壯脾土。就是說，通過加强心臟和甲狀腺的功能來促進脾臟、胰腺和十二指腸的功能。由此可見，心臟和甲狀腺的功能對脾臟、胰腺和十二指腸的功能有正反饋調節作用。

(3)土（脾）生金（肺）　脾臟有調節循環血量的功能，對肺循環和氣體交換有影響。胰腺和十二指腸互相配合，完成消化吸收功能。胰腺和十二指腸功能正常，消化吸收機能旺盛，胰高血糖素分泌增加，血液中所含營養物質的量增加，呼吸肌能够得到充足的能量供應，因此，肺的呼吸功能加强。在病理上，當支配脾臟、胰腺和十二指腸的交感神經興奮性降低，即脾氣虛時，脾臟擴張導致循環血量減少；十二指腸吸收功能下降，胰高血糖素分泌減少，胰島素分泌增多，導致血液中營養物質含量減少；胰島素分泌增多能促進K^+進入肌細胞，使呼吸肌細胞興奮性降低。由於肺的血流量減少，呼吸肌供能不足，呼吸肌細胞興奮性降低，因此，肺的呼吸功能減弱，出現呼吸短促，語聲低微的肺氣虛證候。在治療上常採用培土生金的方法，通過補益脾胃而達到補肺的目的。另外，當支配十二指腸的副交感神經活動佔優勢時，十二指腸分泌的5－羥色胺增多。5－羥色胺可使支氣管平滑肌收縮，黏膜水腫，黏液分泌增多，肺功能下降，出現喘咳等證候。這就是「脾爲生痰之源，肺爲貯痰之器」的實質。治療痰飲喘咳時，常用健脾燥濕治本，肅肺化痰治標的方法。就是說，一方面使支配十二指腸的副交感神經興奮性下降，使5－羥色胺分泌減少，另一方面提高肺淸除5－羥色胺的能力，從而使機體恢復正常。由此可見，脾臟、胰腺和十二指腸的功能對肺的功能有正反饋調節作用。

⑷金（肺）生水（腎）　肺的呼吸運動與抗利尿激素和腎素的分泌有相關性。當吸氣運動佔優勢時，抗利尿激素和腎素分泌增多，腎的重吸收作用加强，血容量增加，尿量減少。當呼氣運動佔優勢時，結果相反。另外，肺的呼吸運動與植物性神經系統的活動有相關性。當吸氣運動佔優勢時，交感神經興奮性提高，腎上腺髓質分泌兒茶酚胺增加。當呼氣運動佔優勢時，結果相反。血管緊張素Ⅰ在肺內可降解成爲活性較高的血管緊張素Ⅱ。血管緊張素Ⅱ可促進腎上腺皮質分泌醛固酮，加强腎的重吸收功能。肺可合成前列腺素，其中PGA可使腎血流量增加，從尿中排出鈉和鉀的量增加，尿量也增加。在病理上，呼吸衰竭可導致腎功能障礙，甚至發生急性腎功能不全，出現少尿、氮質血症和代謝性酸中毒等機能障礙。由此可見，肺的功能對腎上腺和腎的功能有正反饋調節作用。

⑸水（腎）生木（肝）　腎上腺髓質分泌的兒茶酚胺可使肝血竇收縮，並促進肝臟的糖、脂肪和蛋白質的分解。腎上腺皮質分泌的醛固酮促進腎臟對鈉和水的重吸收，使血容量增加，肝臟血流量也會隨之增加。腎上腺皮質分泌的糖皮質激素促進肝內糖原異生作用，抑制葡萄糖的分解利用，提高血糖水平。腎是泌尿器官，對血容量有調節作用，因而對肝臟血流量有影響。腎球旁細胞分泌的促紅細胞生成因子作用於肝細胞所產生的促紅素原，使之轉變成爲有活性的促紅細胞生成素，加速紅細胞的發生。腎上腺和睾丸分泌的雄性激素促進肝臟蛋白質的合成，產生氮的正平衡。腎上腺皮質和性腺分泌的雄性激素、雌性激素和孕激素均在肝臟滅活。在病理上，當腎陰虛，腎上腺分泌的兒茶酚胺和糖皮質激素增多時，肝血竇收縮，肝臟的滅活功能增强，出現肝陰虛火旺的證候。治療上常

採用滋水涵木的方法，滋腎陰以抑肝火。當腎陽虛，腎上腺和性腺功能低下時，肝臟功能亦減弱。由此可見，腎上腺、腎和性腺的功能對肝臟的功能有正反饋調節作用。

3. 人體五行相克的實質

人體五行相克反映了構成五臟的器官集合之間的負反饋調節作用。下面我們將從動脈支配和其它生理功能方面來論證五臟的負反饋調節作用。

⑴動脈支配方面　體循環動脈的主幹爲主動脈，支配各器官的動脈均爲主動脈的分支。支配各器官的動脈的動脈壓與該動脈至心臟的距離成反比，即離心臟越遠，動脈壓越低。

支配心臟的左右冠狀動脈，支配腦、甲狀腺和甲狀旁腺的無名動脈、左頸總動脈和右頸總動脈最先從主動脈分出，接着，支配肺的支氣管動脈從主動脈分出。因此，心臟、腦、甲狀腺和甲狀旁腺的血液供應比肺的血液供應佔優勢。這就是火（心）克金（肺）的實質。

接下來，腹腔動脈從主動脈分出，支配肝的肝總動脈、肝固有動脈和肝左右動脈與支配脾臟、胰腺和十二指腸的脾動脈及其分支相比，較先從腹腔動脈分出。因此，肺的血液供應比肝的血液供應佔優勢；肝的血液供應又比脾臟、胰腺和十二指腸的血液供應佔優勢。這就是金（肺）克木（肝），木（肝）克土（脾）的實質。

再接下來，支配腎上腺的腎上腺動脈，支配腎的腎動脈，支配性腺的睾丸動脈（男）或卵巢動脈（女）先後從主動脈分出。因此，脾臟、胰腺和十二指腸的血液供應比腎上腺、腎和性腺的血液供應佔優勢。這就是土（脾）克水（腎）的實質。

支配心臟、腦、甲狀腺和甲狀旁腺的動脈最先從主動脈分出，而支配腎上腺、腎和性腺的動脈最後從主動脈分出。但是，由於腎上腺、腎和性腺的位置最低，它們的血液供應在利用重力方面佔有優勢，而且當它們的血流量相對增加時，心臟、腦、甲狀腺和甲狀旁腺的血流量必然相對減少。這就是水（腎）克火（心）的實質（圖3－2）。

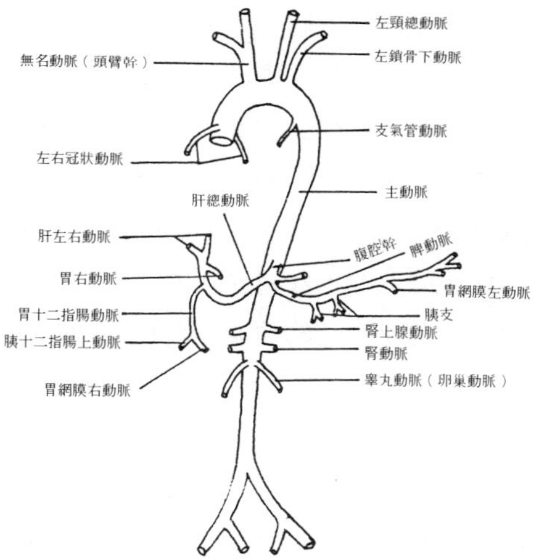

⑴支配五臟的動脈自主動脈分出的位置

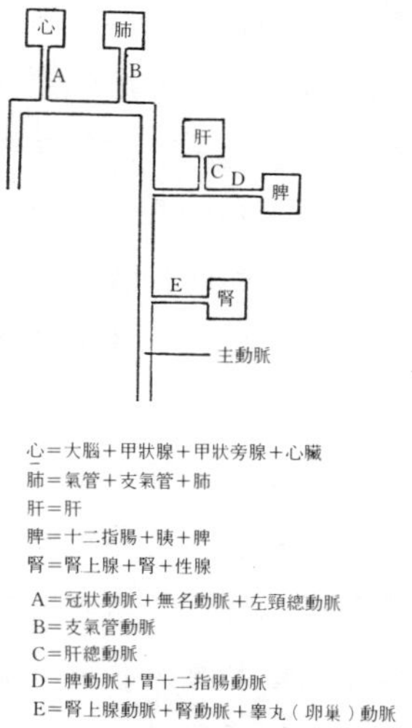

⑵五臟相克與動脈支配模式圖

圖3－2　五臟相克與動脈支配關係圖解

總而言之，五臟相克的證據之一是支配構成五臟實質的器官集合的動脈依次從主動脈分出的事實。因此，當心臟、腦、甲狀腺和甲狀旁腺的血流量相對增加時，肺的血流量便相對減少，即火克金；當肺的血流量相對增加時，肝的血流量便相對減少，即金克木；當肝的血流量相對增加時，脾臟、胰腺和十二指腸的血流量便相對減少，即木克土；當脾臟、胰腺和十二指腸的血流量相對增加時，腎上腺、腎和性腺的血流量便相對減少，即土克水；當腎上腺、腎和性腺的血流量相對增加時，心臟、腦、甲狀腺和甲狀旁腺的血流量便相對減少，即水克火。一般來說，器官的血流量增加，功能便加强；器官的血流量減少，功能便減弱。因此，構成五臟的器官集合依靠動脈分支的相對位置完成負反饋調節作用。

⑵其它生理功能方面　五臟除了依靠動脈分支的相對位置形成負反饋調節作用外，還通過其它途徑進行負反饋調節。

火克金：陽性激素作用於心臟使心臟機能加强，可以抵制肺分泌的前列腺素、緩激肽和內啡肽等使血壓下降的作用。另外，甲狀旁腺素、心房肽使心臟機能減弱的作用可以抵制肺分泌的血管緊張素、血管活性腸肽和可的松導致血壓上升，代謝加强的作用。由此可見，心臟、甲狀腺和甲狀旁腺的功能對肺的功能有負反饋調節作用。

金克木：肺分泌前列腺素、緩激肽和內啡肽使血壓下降，呼吸減弱的作用，可以抵制陽性激素使肝臟代謝加强，肝血竇收縮，血壓升高的作用。另外，肺分泌血管緊張素、血管活性腸肽和可的松等使血壓升高，肝臟分解代謝加强的作用可以抵制由胰島素和生長激素引起的肝臟合成代謝加强的作用。由此可見，肺的功能對肝的功能有負反饋調節作用。

木克土：當肝血竇收縮時，脾靜脈回流阻力增大，脾臟貯血量增加；當肝血竇擴張時，肝貯血量增加，脾臟的貯血量則相對減少。另外，肝糖原分解加强，血糖水平增高，可抑制胰高血糖素的分泌；肝臟合成代謝加强，血糖水平降低，則可抑制胰島素的分泌。由此可見，肝臟的功能對脾臟和胰腺的功能有負反饋調節作用。

土克水：脾臟收縮，貯血量減少，十二指腸對水的吸收作用加强均可使循環血量增加，抵制由於腎的濾過作用所導致的血容量減少的作用。胰腺分泌的胰島素使血糖降低的作用可以抵制腎上腺分泌的兒茶酚胺和糖皮質激素使血糖升高的作用。另外，脾臟的滅血作用可以抵制腎球旁細胞分泌的促紅細胞生成因子促進紅細胞發生的作用。由此可見，脾臟和十二指腸的功能對腎的功能有負反饋調節作用。

水克火：腎對水的重吸收增加，血容量增加，可以抑制由於血容量減少而出現的心搏加快，心收縮力加强的代償作用。腎上腺髓質分泌的兒茶酚胺使心臟功能加强的作用可以抵制由於心臟分泌的心鈉素增多，心迷走神經興奮性提高，甲狀旁腺分泌的甲狀旁腺素增加而導致的心臟功能減弱的作用。另外，前列腺素等作用於腎，促進利尿，使血容量減少的作用可以抵制心臟功能加强所導致的血壓升高的作用。由此可見，腎的功能對心臟的功能有負反饋調節作用。

4. 人體五行乘侮的實質

人體五行乘侮的關係反映了構成五臟的器官集合之間在病理狀態下的反饋調節作用。五行乘侮反饋調節也是借助於支配構成五臟的器官集合的動脈分支的相對位置來實現的。

當心臟、腦、甲狀腺和甲狀旁腺的血流量增大，即火亢盛時，腎上腺、腎和性腺的血流量便相對減少，即火侮水；肺的血流量也相對減少，即火乘金。當心臟、腦、甲狀腺和甲狀旁腺的血流量減少，即火衰弱時，腎上腺、腎和性腺的血流量便相對增加，即水乘火；肺的血流量也相對增加，即金侮火。當某一臟發生病變時，構成這一臟的器官集合的血流量會產生變化，從而導致構成其它臟的器官集合的血流量產生變化。這就是五臟在病理情況下乘侮反饋調節的實質。

㈢自然與人體五行配合的實質

自然與人體五行配合構成了反映「天人相應」觀點的五行大系統。從這個五行大系統中，我們可以看到這樣的圖景：

地球圍繞太陽運行一週爲一年，經歷了春、夏、長夏、秋、冬四時。地球上的氣候經歷了風、暑、濕、燥、寒的變化。人體的機能由於氣候的變化，春天容易由於肝風內動而導致高血壓、目赤等證；夏天容易由於心火妄動而導致甲狀腺素分泌增多，心臟功能加強，出現口乾舌赤、失眠等心陰虛火旺的證候；長夏天氣悶熱，濕度較大，細菌繁殖快，容易出現消化功能失調的脾病；秋天氣候乾燥，正離子增多，可使呼吸道分泌5－羥色胺增多，因而出現喘咳等肺臟病證；冬天氣候寒冷，腎的泌尿量增加，性腺分泌性激素減少，因而容易出現尿多，性機能低下的腎虛病證。

人在社會生活中，會產生怒、喜、思、悲、恐的情緒變化。怒會影響肝臟的功能；喜會影響心臟、腦、甲狀腺和甲狀旁腺的功能；思會影響脾臟、胰腺和十二指腸的功能；悲會影響肺的功能；恐會影響腎上腺、腎和性腺的功能。

肝的病變會影響膽囊、肌腱、眼，由於靜脈血液流通不暢而皮膚呈青色；心臟、腦、甲狀腺和甲狀旁腺的病變會影響小腸、血管和舌，由於動脈血液流動加快而皮膚呈紅色；脾臟、胰腺和十二指腸的病變會影響胃、肌肉、口腔，由於消化吸收不良，貧血而皮膚呈黃色；肺的病變會影響大腸、皮毛和鼻，由於缺氧而皮膚呈白色；腎上腺、腎和性腺的病變會影響膀胱、骨和耳，由於靜脈擴張而眼眶週圍皮膚呈黑色。

在治療上，肝的病變用酸味的藥物治療；心臟、腦、甲狀腺和甲狀旁腺的病變用苦味的藥物治療；脾臟、胰腺和十二指腸的病變用甘味的藥物治療；肺的病變用辛味的藥物治療；腎上腺、腎和性腺的病變用鹹味的藥物治療。

這就是中醫學的五行學說所闡述的大系統思想。這種「天人相應」的大系統是宇宙運動和諧有序的體現。

四、小結

五行學說是中國古代樸素的唯物主義哲學。中醫學運用五行學說來解釋自然界天文、地理、氣候和環境的變化以及人體的生理、心理、病理和治療的規律性。

本章對五行學說進行了深入的分析。結果表明，五行學說在一定程度上反映了自然界的變化規律，反映了人體各器官之間在生理和病理狀態下的正負反饋調節作用。因此，五行學說在一定程度上反映了自然界和人體結構功能的運動規律，基本上是正確的，合乎科學的。中醫學的五行學說還闡明了「天人相應」的大系統思想。

主要參考文獻

1. 馮友蘭：中國哲學史新編，人民出版社，1982。
2. 李向中主編：中醫學基礎（第二版），人民衛生出版社，1986。
3. 趙棻主編：中醫基礎理論詳解，福建科學技術出版社，1981。
4. 中醫研究院編：針灸研究進展，人民衛生出版社，1981。
5. 盛增秀等：臟象概說，上海科學技術出版社，1980。
6. 湖南醫學院主編：生理學，人民衛生出版社，1978。
7. 濟寧醫學專科學校主編：人體解剖學，人民衛生出版社，1981。
8. 劉亞光：現代自然科學與中醫理論，福建科學技術出版社，1983。

第4章 藏象學說

「藏象」原見於《素問・六節藏象論》。藏，指內臟，即人體藏於胸腹內部的部分；象，爲現象，即內臟顯示於外的表現。中醫學認爲，臟腑氣血雖居於體內，但它們的功能狀態相應地是表現於外的，也就是可以通過外表的反映測知內臟情況。

中醫對臟腑的器質形態，在古代是作過實物觀察的。但是，由於中國長期受封建禮教的束縛，中醫的解剖學沒有得到進一步發展。中醫藏象學說是以粗糙的解剖學資料爲基礎，總結臨牀觀察經驗和針灸、氣功的實踐經驗發展形成的。

藏象的內容包括五臟、六腑、奇恒之府、精神氣血津液；以及皮、肉、筋、骨、脈和口、目、耳、鼻、舌等組織器官與臟腑的關係等。

與現代解剖學相比較，中醫藏象學說以五臟爲中心，而在五臟中又以心爲中心，調節全身功能活動的神經系統和內分泌系統在藏象學說中沒有明確的概念。中醫五臟的功能與現代解剖學相應器官的功能之間有較大的差異，而六腑的功能則與現代解剖學相應器官的功能基本一致。

經過深入分析，我們發現：⑴位於足太陽膀胱經上的背俞穴——肺俞、心俞、肝俞、脾俞和腎俞所主治的疾病與五臟所主的病變一致；⑵五臟的實質可以根據支配內臟器官的交感神經在脊髓中樞的節段性和支配內臟器官的動脈分佈情況來確定；⑶五臟的功能融合了神經系統和內分泌系統的功能；⑷五臟的機能狀態由神經、體液進行調節，體現爲五臟的陰陽氣血。

下面，我們從中醫學關於藏象問題的論述入手，用現代科學知識揭示藏象的實質。

一、五　　臟

㈠心（附：心包）

心位於胸中，有心包圍護其外。

1. 心的生理功能

⑴主神明

⑵主血脈

⑶主汗液

2. 心與軀體五官的關係

⑴開竅於舌

⑵其華在面

3. 心的實質

⑴定義　**心**是由左右冠狀動脈、無名動脈、左頸總動脈和左鎖骨下動脈（左右胸廓內動脈除外）所支配的以心臟、甲狀腺、甲狀旁腺和大腦等器官為主體構成的功能單位。

⑵原理　支配頭和頸部的血管和皮膚的交感神經起源於脊髓胸1、2（或3）節側角；支配甲狀腺和甲狀旁腺的交感神經起源於脊髓胸1、2節側角；支配心臟的交感神經起源於脊髓胸1～4（或5）節側角。這三者的脊髓中樞相互重合而發生聯繫。心俞穴有第5（或6）胸神經分佈，與支配心臟的交感脊髓中樞重合，並可能通過節間支與支配甲狀腺、甲狀旁腺和腦血管的交感脊髓中樞發生聯繫。

心臟的搏動推動着血液循環的進行。心臟的活動受神經和體液的調節。心臟受交感神經和副交感神經的雙重支配。交感神經興奮可使心率加快，心收縮力增强；副交感神經興奮可使心率減慢，心收縮力減弱。腎上腺素、去甲腎上腺素、血管緊張素和甲狀腺素等激素可使心跳加快，心收縮力加强。最近發現心臟具有內分泌功能，能够分泌一類活性多肽，被分別命名爲心鈉素、心房肽和心房利鈉多肽。心房肽以cGMP爲第二信使，發揮强大的利鈉、利尿、擴張血管、降低血壓、改善心律和增加心肌營養血流量的作用。

甲狀腺的功能是分泌甲狀腺素。甲狀腺的分泌功能受丘腦下部——腺垂體系統和交感神經的調節。交感神經興奮可促進甲狀腺素的分泌。另外，甲狀腺的腺泡旁細胞分泌降鈣素。位於甲狀腺背面的甲狀旁腺分泌甲狀旁腺素。

大腦是高級神經中樞，是進行意識活動和思維活動的場所。頸總動脈分出頸內動脈和頸外動脈。頸內動脈的分支供應大腦的血液。

心主神明指的是大腦的機能狀態與心臟功能具有相關性。腦組織的代謝率較高，在安靜時其耗氧量約佔全身耗氧量的20%左右。大腦的興奮性與腦血流量成正比。

心主血脈指的是心臟的功能。心臟的搏動是血液循環的動力。因此，全身血液的供應取決於心臟的機能狀態。

心主汗液有兩重意思。一是血液中的水分可以通過主動運輸和被動運輸轉變爲汗腺組織的細胞液，進而轉變爲汗液；二是汗腺受交感膽碱能和腎上腺能纖維的支配，心臟也受交感神經的支配，兩者的活動具有相關性。心陽虛、心氣虛出汗與膽碱能神經纖維支配的汗腺的分泌有關；心陰虛盜汗與腎上腺能神經纖維支配的汗腺的分泌有關。

心開竅於舌。供應舌的動脈從頸外動脈分出，而供應甲狀腺和甲狀旁腺的動脈也從頸外動脈分出。舌由腦神經中的舌咽神經和舌下神經支配。因此，舌可以反映心臟、甲狀腺、甲狀旁腺和大腦的機能狀態。甲狀腺素分泌增多時，舌尖紅赤。

「其華在面」。供應面部皮膚的動脈從頸外動脈分出，頸外動脈的分支也供應甲狀腺和甲狀旁腺，而頸外動脈與頸內動脈共同起源於頸總動脈。大腦的血液由頸內動脈的分支供應。因此，面部的血液循環狀況可反映大腦、甲狀腺、甲狀旁腺和心臟的機能狀態。

氣爲陽。心氣指的是支配心臟、甲狀腺、甲狀旁腺和腦血管的交感神經的功能。當心交感神經活動偏亢時，心跳加快，收縮力增大，血壓升高。由於供應大腦、面部皮膚、舌、甲狀腺和甲狀旁腺的血流量增大，因此，面部紅潤，舌紅赤，大腦興奮性增高，甲狀腺分泌功能增强，代謝率增高。這種狀態爲心氣盛。反之，當心交感神經活動偏低時，則爲心氣虛，證候與之相反。

心血指的是參加循環的血液的質量和容量，包括循環血量、血紅蛋白量、血漿蛋白和其它營養成分的容量。如果血液的質量和容量降低，必然導致心臟功能代償性增强，出現心陰虛、心血虛的證候。

腎上腺素、去甲腎上腺素、血管緊張素、胰高血糖素、降鈣素和甲狀腺素等激素對心臟的作用爲心陽。當這些激素的某一種或幾種增加時，心臟機能增强，甲狀腺分泌加强，大腦興奮性增高。這是心陽火旺的表現。代謝率增高可導致心胸煩熱；面部因血流量增大而呈紅色；甲狀腺素分泌增多可引起舌尖紅赤或糜爛；大腦興奮性增高可出現煩躁失眠；由於消化道上皮細胞和腎小管壁細胞的細胞膜上的Na^+-K^+ ATP酶活性增高，因此，消化道對水的吸收增加，腎小管對水的重吸收功能增强，從而出現口乾、小便赤痛的現象。當這些激素分泌過少時，則表現爲心陽虛，情況正相反。

副交感神經、甲狀旁腺素和心房肽對心臟的作用爲心陰。心陰可以抑制心陽，使心跳減慢、血壓下降、循環血量減少、細胞間液增多。因此，心陰可以制心火。

附：心包

心包是心的外膜，又稱「心包絡」，有保護心臟的作用。

心包是心的外圍組織，因此邪犯心臟，常先侵犯心包。心包受邪的病證與心是一致的，只是程度不同而已。

心包的實質指的是現代解剖學上的心包。由胸廓內動脈的分支心包膈動脈支配。厥陰俞穴有第4（或5）胸神經分佈。

㈡肺

肺居胸中，上通喉嚨，開竅於鼻，其特性是喜宣發、肅降。

1. 肺的生理功能

⑴主氣，司呼吸，朝百脈

①主呼吸之氣

②主週身之氣

⑵主通調水道

2. 肺與軀體五官的關係

⑴主皮毛，其華在毛

⑵開竅於鼻

3. 肺的實質

⑴定義　**肺**是由支氣管動脈、甲狀腺下動脈的氣管支所支配的，以肺、支氣管和氣管為主體構成的功能單位。

⑵原理　支配氣管、支氣管和肺的交感神經起源於脊髓胸2～7節側角，而肺俞穴有第3或4胸神經分佈。兩者的脊髓中樞相互重合而發生聯繫。

氣管、支氣管和肺有植物性神經支配，包括內臟傳入神經及交感和副交感傳出神經。起自肺泡牽張感受器及支氣管和小支氣管的感受器的內臟傳入纖維通過肺叢到迷走神經，氣管的其它感受器也通過迷走神經傳入中樞。副交感傳出神經爲迷走神經，屬於膽碱能纖維。這些纖維分佈到氣管、支氣管的平滑肌、腺體和血管。興奮時，神經末梢釋放乙酰膽碱，使氣管、支氣管樹的平滑肌收縮，腺體分泌，血管舒張。交感傳出纖維屬於腎上腺能纖維。這些纖維分佈於氣管、支氣管樹的平滑肌、腺體和血管。興奮時抑制腺體分泌，使氣管和支氣管樹的平滑肌鬆弛，刺激血管平滑肌收縮。

肺的血管有兩種來源。肺動脈是功能性血管。它形成毛細血管網包於肺泡壁，與肺泡內空氣進行氣體交換。毛細血管又滙集成肺靜脈。支氣管動脈是營養性血管，到達呼吸細支氣管後形成毛細血管網。一部分毛細血管匯入肺靜脈，另一部分則形成支氣管靜脈，離開肺門。

肺呼吸的原動力是呼吸肌的舒縮。呼吸活動由各級呼吸中樞控制。

肺對內分泌功能具有調節作用，參與多種激素的合成和代謝。

肺首先參與5－羥色胺（5－HT）、兒茶酚胺、乙酰膽碱、前列腺素、血管緊張素、緩激肽、組胺和慢反應物質等血管活性物質的代謝。

肺還參與蛙皮素、內啡肽、P物質、血管活性腸肽、痙攣源肺肽、神經加壓素、調鈣素、生長抑素和膽囊收縮素等調節肽的代謝。

肺泡Ⅱ型上皮細胞具有特異的可的索（cortisol）受體，能使可的索轉變爲可的松（cortisone）。可的松對肺泡表面活性物質的產生起重要作用。成年人血循環中的可的松只有20％直接由腎上腺分泌，其餘的80％在腎上腺外由11－β脫氫酶把可的索轉變爲可的松。肺爲腎上腺外產生可的松的重要器官。

肺的活動通過垂體和迷走神經對尿量進行調節。

肺的呼吸活動與植物性神經機能狀態具有相關性。吸氣時，交感神經興奮性提高，副交感神經興奮性降低；呼氣時，交感神經興奮性降低，副交感神經興奮性提高。

肺內含有血漿激酶、凝血激酶和肝素。肺組織還參與血中纖維蛋白的形成和溶解，並釋放纖維酶活化素至血循環。因此，肺有調節微循環的作用。

肺主呼吸之氣指的是肺在呼吸中樞的調節下，通過呼吸肌的舒縮進行呼吸和氣體交換活動。肺氣貴於宣發。呼吸道的通暢是正常呼吸的前提條件。肺氣指的是支配氣管、支氣管和肺的交感神經的功能。交感神經興奮使氣道擴張，肺的微循環機能旺盛，保證呼吸的正常進行。這是肺的宣發作用。

肺主週身之氣是指肺的活動對全身氣血的調節作用。生理學和氣功實踐的證據表明，吸氣與交感神經活動有相關性；呼氣與副交感神經活動有相關性。因此，肺的呼吸運動對全身的血液循環和其它功能起調節作用。當吸氣活動佔優勢時，全身交感神經興奮性增高，心跳加快，血壓上升，代謝率加强；當呼氣活動佔優勢時，則副交感神經興奮性增高，心跳減慢，血壓下降，代謝率降低。肺還通過分泌和滅活各種血管活性物質和調節肽，對肺和全身的機能進行調節。

肺主通調水道是指肺對水代謝有調節作用。首先，呼吸時，一部分水分通過蒸發由呼吸道排出。當蒸發作用由於體溫過高而超過一定限度時，則出現肺燥的現象。其次，一部分水分由汗腺排泄。汗腺受交感神經支配，氣管、支氣管和肺也受交感神經支配。如果交感神經興奮性降低，會出現呼吸道不暢通、無汗和水腫等症狀。肺可能還通過調節垂體的抗利尿激素的分泌，並通過植物性神經調節腎素的分泌對水代謝進行調節。吸氣佔優勢時，抗利尿激素分泌增多，腎素分泌增加，腎的重吸收增强，血容量增加，尿量減少。呼氣佔優勢時，情況相反。肺通過促進水的排泄而起肅降作用。

肺主皮毛，其華在毛。在兩棲動物中，肺和皮膚共同執行氣體交換的任務。在人類，皮膚雖然不能進行氣體交換，但與肺的功能有密切關係。肺功能在很大程度上取決於氣道的暢通和肺微循環的正常。而氣道的暢通和肺微循環的正常是靠交感神經的作用來維持的。皮膚的汗腺和立毛肌由交感神經支配。肺的功能正常表明交感神經的功能也正常。由於神經對其所支配的組織有營養作用，因此，交感神經功能正常則汗腺和毛髮的結構和功能也正常，能够發揮調節體溫，抵抗有害病原微生物的入侵。此外，交感神經興奮性增高，可使非特異性免疫功能增强。這就是肺氣調節衛氣的表現。

「鼻爲肺竅」。鼻腔是呼吸道的起始部。支配鼻腔黏膜血管的植物性神經與支配氣管、支氣管和肺的植物性神經起源於共同的中樞。因此，肺的功能可以從鼻部反映出來。

肺氣指支配氣管、支氣管和肺的交感神經的功能。肺分泌的血管緊張素、血管活性腸肽和可的松等的作用爲肺陽。而副交感神經對氣管、支氣管和肺的作用，以及肺分泌前列腺素、緩激肽和內啡肽等的作用爲肺陰。

㈢脾

脾居中焦，其特徵是喜燥惡濕，有「後天之本」之稱。

1. 脾的生理功能

⑴主運化

①運化水穀精微

②運化水濕

⑵主統血

⑶主升清

2. 脾與軀體五官的關係

⑴主肌肉、四肢

⑵開竅於口，「其華在唇」

3. 脾的實質

⑴定義　**脾**是由脾動脈、胃十二指腸動脈（胃網膜左動脈和胃網膜右動脈除外）所支配的以脾、胰和十二指腸爲主體構成的功能單位。

⑵原理　支配十二指腸的交感神經起源於脊髓胸6～9節側角；支配胰的交感神經起源於脊髓胸6～10節側角；支配脾的交感神經起源的節段不詳，但肯定在上兩者節段的範圍內。因此，支配十二指腸、胰和脾的交感神經的脊髓中樞相互重合而發生聯繫。脾俞穴有第11胸神經分佈，可通過節間支與支配脾、胰和十二指腸的交感神經的脊髓中樞發生聯繫。

脾臟只受交感神經的支配，位於血循環通路上，是血循環中重要的濾過器官，具有濾血、造血、儲血和免疫等多種功能。

胰腺受交感神經和副交感神經支配，是兼有內分泌和外分泌功能的腺體。

胰腺的外分泌物稱爲胰液。胰液呈碱性，含有無機物和有機物。無機成分有HCO_3^-和Cl^-等負離子以及Na^+、K^+、Ca^{++}等正離子。有機成分主要是消化酶，包括胰澱粉酶、胰脂肪酶、胰蛋白酶、糜蛋白酶、核糖核酸酶、脫氧核糖核酸酶和羧基肽酶。胰液分泌缺少時，蛋白質和脂肪的消化受影響。胰液的分泌受神經和體液調節。

散在於胰腺腺泡之間的胰島具有內分泌功能，主要分泌胰島素和胰高血糖素。

十二指腸上接幽門，下續空腸。膽總管和胰管共同開口於十二指腸乳頭。十二指腸受交感神經和副交感神經的雙重支配，具有分泌、運動和吸收的功能。

脾主運化水穀精微指的是十二指腸在神經、體液的調節下通過收縮運動對食物的機械消化作用，以及通過胰液和小腸液對食物的化學消化作用。十二指腸的分泌和運動以及胰腺分泌胰液功能的正常是食物消化的先決條件。因此，要完成消化食物的功能，副交感神經必須維持一定的緊張性。若副交感神經功能低下，十二指腸的分泌、運動功能減弱，胰腺分泌的胰液減少，就會出現消化不良的症狀。

脾主運化水濕指的是十二指腸吸收水分的功能。十二指腸將水分吸收入血，然後，在肺活動的調節下，經腎濾過成尿，通過膀胱排出體外。若對水分吸收不良則導致泄瀉，而體內水分不能變成尿液排出體外則導致水腫。脾虛病人多有泄瀉和全身水腫。我們認為，泄瀉是由於副交感神經興奮性過高，十二指腸上皮細胞膜上的鈉泵由於能量不足而活性降低，因而對水分的吸收減少的結果。十二指腸分泌活動增強也是導致泄瀉的原因。全身水腫是由於副交感神經興奮性升高，交感神經興奮性降低，導致5－羥色胺分泌增多造成的。人體90％的5－羥色胺存在於消化道黏膜的嗜銀細胞。5－羥色胺的釋放可使毛細血管通透性增大，使大量蛋白質漏出到組織間隙中，使血管內膠體滲透壓降低，組織間液膠體滲透壓升高，因而液體從血管漏到組織間隙，出現水腫。另外，脾虛導致蛋白質吸收減少，因而血漿白蛋白含量降低，血漿膠體滲透壓降低，這可能也是脾虛水腫的原因之一。

脾主統血指的是脾臟濾血、造血、儲血和免疫的功能。脾氣不足時，交感神經興奮性減弱，脾臟腫大，滅血功能亢進，可出現貧血或因血小板減少而導致的出血性疾病。

脾主升清有兩重意思。其一指的是消化後的營養物質由十二指腸吸收並通過胰十二指腸靜脈→門靜脈上輸至肝的過程。其二指的是胰腺分泌胰高血糖素促進糖原、蛋白質和脂肪的分解，使血中營養成分增加，以供給全身的需要。以上兩種功能是支配十二指腸和胰的交感神經興奮的結果。脾氣旺盛，即交感神經保持一定緊張性，吸收作用才能正常，血液中的營養成分才能增加，體內新陳代謝才能旺盛。

脾主肌肉、四肢有兩重意思。其一是胰腺和十二指腸分泌消化蛋白質的酶，使食物中的蛋白質能被消化吸收。若這些酶分泌不足，人體吸收的蛋白質不足，就會導致肌肉消瘦，因爲肌肉的主要成分是蛋白質。其二是胰腺分泌的胰島素能促進K^+進入肌細胞和肝細胞，使血鉀降低，肌細胞靜息電位增高因而導致膜的超極化，使肌細胞興奮性降低。若胰島素分泌過量，肌細胞興奮性降低，就會導致四肢肌肉無力。這是副交感神經興奮性過高所導致的結果。此外，黏液性水腫、產能代謝障礙也可導致肌無力，這都與副交感神經興奮性過高有關。

脾開竅於口，其華在唇。口唇紅部的毛細血管豐富，呈紅色，脾臟有調節血量的作用，因此，口唇紅部的顏色變化可反映脾臟的功能。若脾臟減血過度，紅細胞數量減少，會導致口唇蒼白。

總之，脾氣指的是支配胰腺、脾臟和十二指腸的交感神經的功能；脾陰指的是支配胰腺和十二指腸的迷走神經的功能以及胰腺分泌胰島素的功能；脾陽指的是胰腺分泌胰高血糖素的功能。

㈣肝

肝位於右脅部，爲剛臟，喜條達。

1. 肝的生理功能

(1)主藏血

(2)主疏泄

①肝具有調節精神情志的功能

②肝有疏通氣血的功能

③肝有促進膽汁分泌與排泄，協助脾胃消化的功能

2. 肝與軀體五官的關係

(1)主筋、主運動，其華在爪

(2)開竅於目

3. 肝的「體陰用陽」

體，指的是臟腑的本體；用，指的是臟腑的功能。肝的形體屬陰，功能活動屬陽。

4. 肝的實質

(1)定義　肝是由肝固有動脈（胃右動脈和膽囊動脈除外）所支配的以肝臟為主體的功能單位。

(2)原理　支配肝的交感神經起源於脊髓胸6～9（或10）節側角；肝俞穴有第9或10胸神經分佈。兩者的脊髓中樞相互重合而發生聯繫。

肝臟受交感神經和副交感神經的雙重支配。其代謝受腎上腺素、胰高血糖素、胰島素、生長激素、腎上腺皮質激素、睾酮和甲狀腺素等激素的調節。

肝臟的血液供應特別豐富，接受門靜脈和肝動脈的雙重供給，其血流量佔全身循環總血量的20～30%，是調節血液循環的重要器官。這種調節功能與肝血竇的伸縮性以及門靜脈、肝動脈和肝靜脈的平滑肌的作用有關。

肝臟具有合成、貯存、分泌、解毒、防禦和造血等多種功能。它與機體內蛋白質、糖、脂類、激素、維生素等多種物質的合成、

分解、轉化和貯存有密切關係，是人體的生化反應中心。

肝主藏血指的是肝臟具有貯藏和調節血量的功能。當副交感神經活動佔優勢時，肝血竇擴張，肝的貯血量增大；當交感神經活動佔優勢時，肝血竇收縮，肝的貯血量減少，肝糖原分解，血液的營養成分增高。肝血虛是肝貯血量過多，體循環血量減少，血糖水平降低的表現；而肝不藏血則是肝血竇收縮，肝貯血量減少，體循環血量增加的表現。

肝主疏泄指的是植物性神經和激素對肝臟血液循環和膽汁分泌的調節作用，以及由大腦杏仁核和隔區與丘腦下部所控制的情緒反應與肝臟血液循環的關係。從門靜脈和肝動脈來的血液流入肝血竇，經肝靜脈注入下腔靜脈流回右心房。肝的疏泄正常則肝臟血液循環良好，而肝的疏泄是在肝氣，即交感神經的控制下進行的。交感神經保持一定的興奮性，肝血管和肝血竇有一定的緊張性，才能促進肝臟的血液流回心臟。若交感神經興奮性過高，則肝血管和肝血竇緊張性過高，會導致高血壓、急躁易怒、頭痛失眠等亢奮狀態。這就是疏泄過度的表現。若交感神經興奮性偏低，則肝血管和肝血竇緊張性過低，沒有足夠的壓力使血液流回心臟，因而導致肝鬱，出現鬱鬱不樂、多疑善慮、癥瘕積聚等抑制狀態。這是疏泄不及的表現。反過來，大怒可使交感神經興奮性增高，肝血管和肝血竇緊張性增高；而情緒抑鬱則可使交感神經興奮性降低，肝血管和肝血竇緊張性降低。肝臟分泌和排泄膽汁的功能也受植物性神經系統調節。副交感神經興奮促進膽汁的分泌和排泄，交感神經興奮抑制膽汁的分泌和排泄。因此，膽汁的正常疏泄有賴於副交感神經保持一定的興奮性。由於支配肝的交感脊髓中樞與支配胃、十二指腸和胰的交感脊髓中樞的節段互相重疊，因此，肝氣可影響脾胃的功能。肝可影響水液的排泄指的是肝血流不通暢，使毛細血管壓力升高，因而導致組織水腫。例如，門靜脈高壓可導致腹水。

肝主筋，主運動，其華在爪，指的是肝與運動系統和爪甲的關係。筋包括肌腱和韌帶等，其主要成分是膠原纖維。膠原纖維含有較多的甘氨酸、脯氨酸和羥脯氨酸。肝臟是蛋白質和氨基酸代謝的重要場所。膠原纖維所需的氨基酸原料由肝臟提供。因此，如果肝臟所供應的氨基酸不足，則會影響膠原纖維的合成，進而影響身體的運動機能，出現肢體麻木，運動不靈活等症狀。這就是血不養筋的實質。另外，肝功能障礙可引起氨中毒和假性神經遞質中毒，出現四肢抽搐震顫、神志異常，甚至昏迷等症狀。這是肝風內動的原因。現代醫學稱之為肝性腦病。這是肝主筋的另一體現。

爪甲的主要成分是角蛋白。角蛋白含有14%的半胱氨酸。角蛋白合成所需的氨基酸由肝臟提供。因此，爪甲的生長情況可反映出肝臟的功能。肝臟對血液循環具有調節作用。甲爪下毛細血管的微循環可反映出肝臟對血液循環的調節狀況。

肝開竅於目指的是肝與眼的相關性。食物中的α、β、γ胡蘿蔔素和玉米黃素等被人體吸收後，在肝臟轉變為維生素A，並被貯藏在肝臟。維生素A在視網膜內在視黃醛還原酶的作用下生成視黃醛。視黃醛與亮視蛋白結合生成視紫藍質，維持強光的視覺。視黃醛與暗視蛋白結合生成視紫紅質，維持弱光的視覺。若肝臟功能障礙，血液中維生素A含量下降，就會影響視力，尤其是暗視覺，出現夜盲症。維生素A缺乏，還可導致角膜和結膜表皮細胞退變，淚液分泌減少，淚腺萎縮等症狀。另外，鞏膜毛細血管的微循環狀態可反映出肝臟對血液循環的調節功能。

肝氣指的是交感神經與肝臟的調節功能。肝陽指的是腎上腺素、胰高血糖素、甲狀腺素、腎上腺皮質激素和睾酮等對肝臟的作用；肝陰指的是胰島素、生長激素和副交感神經對肝臟的作用。當陰虛肝火旺時，尿17羥皮質類固醇增加，表明腎上腺皮質激素作用於肝細胞並被滅活的量增加。

肝的「體陰用陽」指的是在結構方面肝臟本身具有貯血、貯存肝糖原等屬於陰的特性；而在功能方面，植物性神經和激素對肝臟的調節則具有促進物質分解，使肝血管和肝血竇收縮而導致血壓升高等屬於陽的特性。

㈤腎（附：命門）

腎位於腰部，左右各一。

1. 腎的生理功能

⑴藏精，主發育、生殖

⑵主水液

⑶主納氣

2. 腎與軀體五官的關係

⑴主骨生髓、通腦

⑵開竅於耳和二陰

⑶其華在髮

3. 腎的實質

⑴定義　**腎**是由腎上腺動脈、腎動脈和睾丸動脈（或卵巢動脈）所支配，由丘腦下部和垂體所調節的，以腎上腺、腎和性腺（睾丸或卵巢）爲主體構成的功能單位。

⑵原理　支配腎上腺的交感神經起源於脊髓胸6～腰2節側角；支配腎的交感神經起源於脊髓胸（10）11～腰1（2）節側角；支配性腺的交感神經起源於脊髓腰1～2節側角。腎俞穴有第1腰神經分佈，與支配腎上腺、腎和性腺的交感神經在脊髓中樞發生聯繫。

腎上腺左右各一，位於腎的上方，由皮質和髓質兩部分構成。腎上腺只有交感神經支配。

腎上腺髓質分泌腎上腺素和去甲腎上腺素。

腎上腺皮質可分三層，從外向內分別爲球狀帶、束狀帶和網狀帶。球狀帶分泌鹽皮質激素；束狀帶分泌糖皮質激素；網狀帶分泌性激素。

腎是生成尿液的器官。腎還有內分泌和代謝功能。腎受交感神經和副交感神經的雙重支配。腎主要由腎小體、腎小管和集合管構成。尿液的生成經過腎小體的濾過作用、腎小管的重吸收作用和排泄作用等幾個環節。

腎還參與內分泌和代謝過程。腎臟產生一些生物活性物質，對機體生理功能起調節作用。這些生物活性物質包括腎素、促紅細胞生成因子、前列腺素和1，25－二羥鈣化醇。血流中的一些激素可在腎臟被滅活。

腎臟功能受神經和體液因素的調節。交感神經興奮可使腎動脈收縮，濾過率降低，腎素分泌增加，並通過近曲小管的α腎上腺素受體增加腎小管對鈉、水和其它離子的重吸收。副交感神經興奮可使腎動脈擴張，濾過率增加，腎素分泌減少，腎小管對鈉、水和其它離子的重吸收減少。

男性的性腺是睾丸。睾丸具有產生精子和分泌雄性激素的功能。雄性激素包括睾丸酮、雄烯二酮和去氫異雄酮等。

睾丸的功能受神經、激素的調節。睾丸受交感神經和副交感神經支配。交感神經興奮，睾丸的血管收縮；副交感神經興奮，睾丸的血管舒張。腺垂體分泌的卵泡刺激素可以促進曲精細管的增生和精子的成熟；黃體生成素則能刺激睾丸間隙細胞的發育並分泌雄性激素。

女性的性腺是卵巢。卵巢既能產生卵子又能分泌性激素。卵巢分泌雌激素、孕激素和少量的雄激素，在妊娠時還分泌使恥骨韌帶鬆弛的弛緩素（relaxin）。

卵巢的活動受神經、激素調節。卵巢受交感神經和副交感神經支配。交感神經興奮，卵巢的血管收縮；副交感神經興奮，卵巢的血管舒張。垂體前葉分泌卵泡刺激素（FSH）和黃體生成素（LH）以調節卵巢的活動。卵泡刺激素促進卵泡的成熟；黃體生成素刺激成熟的卵泡分泌雌激素和孕激素。

從整體水平來看，腎上腺、腎臟和性腺的活動受丘腦下部和垂體的調節。丘腦下部通過交感神經對腎上腺髓質的功能進行調節。丘腦下部釋放的神經激素調節腺垂體的活動；而腺垂體分泌的促腎上腺皮質激素和促性腺激素對腎上腺皮質和性腺的功能有促進作用。神經垂體分泌的抗利尿激素可促進腎小管對水的重吸收。

腎藏精，主發育和生殖。腎藏「先天之精」指性腺內有精原細胞或卵母細胞。它們含有來自父母的遺傳基因。腎藏「後天之精」，即水穀之精，指的是腎臟具有重吸收葡萄糖、氨基酸等營養物質的功能。這裏的「藏」指的是收藏，而不是貯藏。這些營養物質既可作爲精子和卵子發育所需的營養物質，也可由血循環運至全身。

腎主發育包括腎臟活化維生素D_3，促進骨的鈣化以及腎上腺和性腺分泌雄性激素促進蛋白質的合成和長骨的生長等功能。

腎主生殖包括男性睾丸產生精子、分泌雄性激素並維持附性器官正常功能，以及女性卵巢產生卵子，分泌雌性激素和孕激素並維持附性器官正常功能等活動。「天癸」指的是腺垂體分泌的促性腺激素。男子十六歲，女子十四歲「天癸至」，即促性腺激素分泌增多，因而進入青春期，性器官開始成熟，逐漸有生育能力；老年期，促性腺激素分泌減少，或其靶器官的細胞膜受體活性降低，因此，「天癸竭」，無生殖功能。

腎主水液指的是腎臟通過濾過、重吸收和排泄過程生成尿的功能。尿的生成受神經、體液的調節。全身血壓升高時，腎小球毛細血管壓力升高，濾過率增加；全身血壓降低時，腎小球毛細血管壓力降低，濾過率降低。當支配腎臟的交感神經興奮性增高時，腎小球毛細血管收縮，濾過率降低，腎小管的重吸收增加；當支配腎臟的副交感神經興奮性增高時，腎小球毛細血管舒張，濾過率增加，腎小管的重吸收減少。抗利尿激素可促進水的重吸收，醛固酮則促進鈉的重吸收。腎陽虛時，抗利尿激素和醛固酮分泌減少，副交感神經活動佔優勢，濾過率增加，重吸收減少，因此，小便頻而清長，夜尿多；另一方面，全身副交感神經活動佔優勢，血壓降低，腎小球毛細血管壓力降低可使濾過率降低，導致尿少而浮腫。腎陰虛時，抗利尿激素和醛固酮分泌增多，交感神經活動佔優勢，因而濾過率降低，重吸收增加，導致小便短黃。

腎主納氣指的是腎上腺髓質與呼吸功能的相關關係。腎上腺髓質只受交感神經的支配。交感中樞與吸氣中樞有相關關係。當交感中樞興奮性降低時，吸氣中樞興奮性也降低，因而出現呼多吸少的現象。另外，交感神經調節腎上腺髓質分泌兒茶酚胺，後者可增加組織的耗氧量。如果兒茶酚胺分泌過少，組織耗氧量降低，呼吸中樞的興奮性也降低，因而出現氣息短促的現象。

腎主骨包括糖皮質激素對骨骼生長的抑制作用；腎臟活化維生素D_3，促進骨鈣化的作用；以及雄性激素刺激長骨生長的作用。

腎生髓包括糖皮質激素對血細胞生長的作用；腎臟分泌促紅細胞生成因子，加速紅細胞發生的作用；以及雄性激素刺激骨髓，促進造血機能的作用。

腎通腦包括糖皮質激素對中樞神經功能的影響作用和雄性激素通過促進蛋白質的合成增强中樞神經功能的作用。腎上腺皮質機能低下，可出現煩躁不安、失眠、注意力不集中，並伴有腦電圖緩慢放電等中樞神經系統的異常現象。氫化可的松可能參與調節腦內葡萄糖磷酸脫氫酶的活性，刺激谷氨酰胺（glutamine）合成，增加腦內5－羥色胺的含量，提高$Na^{+}-K^{+}$ATP酶的活性，增加腦內DNA、PNA和蛋白質的合成。

腎主耳。實驗表明，腎上腺皮質分泌的醛固酮通過促進$Na^{+}-K^{+}$ATP酶的活性而增強耳的聽力功能。腎和耳的組織結構、酶的含量和分佈具有相似性。腎和耳在調節水和電解質的平衡方面和對某些藥物的藥理反應方面也有相似性。糖皮質激素和兒茶酚胺可調節$Na^{+}-K^{+}$ATP酶的活性，因而對耳可能也有影響。雄性激素促進蛋白質合成的作用可增強聽神經的功能。另外，許多先天性腎功能障礙伴隨有耳聾，許多先天性耳聾伴隨有骨髓疾病。這些都是腎主耳的體現。

腎開竅於二陰。支配膀胱的交感神經起源於脊髓胸11～腰2節側角；支配輸精管、精囊腺和前列腺的交感神經起源於脊髓腰1～2節側角。以上兩者的脊髓中樞與腎上腺、腎和性腺的交感神經脊髓中樞重合而發生聯繫。當腎陽虛時，兒茶酚胺和糖皮質激素分泌減少，膀胱壁平滑肌因能量不足，收縮無力而導致小便潴留不利。腎氣不能固攝，即交感神經興奮性降低，膀胱內括約肌收縮無力，因而小便失禁。腎陽虛時，腎上腺皮質激素、兒茶酚胺和雄性激素分泌減少，交感神經興奮性降低，全身血壓降低，坐骨海綿體肌收縮無力，因而陰莖不能勃起，出現陽萎。腎陰虛時，交感神經興奮性增高，兒茶酚胺分泌增多，輸精管、精囊腺和前列腺的平滑肌興奮性增高，因而導致早泄和遺精，也可出現陽萎。陰莖勃起是交感神經和副交感神經興奮的結果，以副交感神經興奮佔優勢。射精是交感神經興奮的結果。因此，交感神經興奮性過高時可出現陽萎、早泄和遺精等症狀；副交感神經興奮性過高時，可出現不射精的症狀。支配遠端結腸、直腸和肛門的交感神經起源於脊髓腰1～3節側角，其脊髓中樞與腎上腺、腎和性腺的交感脊髓中樞重合。支配遠端結腸、直腸和肛門的副交感神經起源於脊髓骶2～4節側角。當交感神經興奮性過高時，大腸蠕動減慢，對水的吸收增加，腸道黏液分泌減少，因而導致便秘。當副交感神經興奮性過高時，則相反，可導致腹瀉。因此，腎陽虛可導致腹瀉；腎陰虛可導致便秘。

其華在髮。雄性激素對毛髮生長有特殊的作用。在嬰兒期，除頭部和睫毛外，全身遍佈毳毛。在雄性激素的控制下，毳毛變爲成年的毛髮。雄性激素分泌過少時，頭髮枯萎變白；但雄性激素分泌過多時也可導致脫髮。因此，雄性激素分泌正常，則頭髮光澤黑潤。

總之，腎氣指支配腎上腺、腎臟和性腺的交感神經的功能。腎陽指腎上腺素、去甲腎上腺素、糖皮質激素、促紅細胞生成因子、抗利尿激素和腎素的作用；腎陰指支配腎上腺血管、腎臟和性腺的副交感神經的作用以及前列腺素和1，25－二羥鈣化醇的作用。鹽皮質激素在一般情況下增加腎臟對鈉和水的重吸收，使血量增加，血壓升高，其作用屬腎陽。但是，醛固酮分泌過多時，可導致水腫和碱中毒，出現陰象，屬亡陽證候；醛固酮分泌過少時，可導致酸中毒，出現陽象，屬亡陰證候。在男性，雄性激素屬腎陽，雌性激素屬腎陰。在女性，雌激素、雄激素屬腎陽，孕激素屬腎陰。

附：命門

命門是生命之門的意思。對於命門的部位，歷代有許多爭論。主要有四種觀點：①右腎說，②腎間說，③兩腎說，④功能說。

1. 命門的生理功能

命門有命門之火。命門之火的作用是：⑴爲元氣之根本，是人體產生熱能的發源地；(2)能幫助三焦的氣化；(3)有暖脾胃助飲食消化的作用；(4)與人體性機能和生殖系統有密切關係；(5)有納氣作用，與呼吸系統有關。

2. 命門的實質

命門是腎陽的部分體現。命門具有火的特性。命門之火包括腎上腺分泌的腎上腺素、去甲腎上腺素、糖皮質激素和雄性激素以及男性睾丸分泌的雄激素和女性卵巢分泌的雌激素的功能。

實驗證明，腎陰虛心火旺者尿中的兒茶酚胺升高，腎陰虛肝火旺者尿中的17－羥皮質類固醇升高。男性腎陽虛者雄性激素分泌減少，女性腎陽虛者雌激素分泌減少。

命門的部位引起衆多的爭論是由於它並非是一個器官的功能。由於服溫補腎陽的藥物時在命門穴處可有搏動感；練氣功意守命門穴有溫補腎陽的作用；命門穴位於兩腎兪穴之間，因此，導致了腎間說。右腎說產生的原因可能是由於左右腎的位置高低不同。左右腎的功能相同，因而導致了兩腎說。由於腎上腺和性腺分泌的激素作用於全身，因此導致了功能說。

二、六　　腑

(一)膽

膽附於肝，兩者緊密相連，爲六腑之一，亦被列入「奇恒之府」。

1. 膽的生理功能

(1)貯藏與排泄膽汁

(2)主决斷

2. 膽的實質

(1)定義　**膽**是由膽囊動脈所支配的以膽囊和膽管爲主體構成的

功能單位。

⑵原理　支配膽囊和膽管的交感神經起源於脊髓胸5～9（10）節側角；膽俞穴有第10胸神經分佈。兩者的脊髓中樞重合而發生聯繫。

肝細胞產生的膽汁經肝管轉入膽囊管，貯藏於膽囊。消化時，膽汁經膽囊管、膽總管和肝胰壺腹排入十二指腸。肝胰壺腹處有奧迪氏括約肌。

膽汁的分泌和排泄受神經、體液的調節。交感神經興奮時，膽囊血管收縮，膽汁分泌減少，膽囊舒張，奧迪氏括約肌收縮；副交感神經興奮時，膽囊血管舒張，膽汁分泌增加，膽囊收縮，奧迪氏括約肌舒張。因此，膽汁的分泌和排泄功能的正常取決於副交感神經保持一定的緊張性。《臨證指南醫案》所說的「治膽之法，以降泄爲要」就是這個道理。中醫關於膽主貯藏與排泄膽汁的認識與現代醫學基本一致。

膽主決斷指的是思維和情緒反應與膽囊的關係。膽囊受交感神經和副交感神經支配。大腦皮質、邊緣系統和丘腦下部對內臟機能和情緒反應有調節作用。因此，人在作出判斷和決定時，大腦皮質的這種思維活動與大腦皮質、邊緣系統和丘腦下部調節膽囊機能的特定區域的活動有相關關係，因而使膽囊的血管和機能狀態發生變化。另外，當支配膽囊的交感神經活動佔優勢時，大腦皮質、邊緣系統和丘腦下部的交感中樞和控制情緒反應的「發怒」區的功能亢進，因此，出現急躁易怒的傾向，此時膽囊舒張，表現爲「膽大」；當支配膽囊的副交感神經活動佔優勢時，大腦皮質、邊緣系統和丘腦下部的副交感中樞和控制情緒反應的「恐懼」區的功能亢進，因此，出現驚怯懶言的傾向，此時膽囊收縮，表現爲「膽小」。

㈡胃

胃位於膈下，上接食道，下通小腸，其上口爲賁門，即上脘；下口爲幽門，即下脘；上下脘之間爲中脘。三部分統稱爲胃脘。

1. 胃的生理功能

⑴主受納和腐熟水穀

⑵主降濁

⑶胃喜潤惡燥

2. 胃的實質

⑴定義　**胃**是由胃左動脈、胃右動脈、胃網膜左動脈和胃網膜右動脈支配的以胃爲主體構成的功能單位。

⑵原理　支配胃的交感神經起源於脊髓胸6～9⑽節側角。胃俞穴有第12胸神經分佈。兩者的節段性不重合，但可能通過節間支而發生聯繫。

胃受交感神經和副交感神經的雙重支配，具有分泌、運動和吸收的功能。

胃主受納和腐熟水穀指胃貯存食物，分泌胃液，並通過運動使之與食物混合形成食糜的功能。胃主降濁指胃收縮，幽門括約肌鬆弛，使食糜進入小腸的功能。胃喜潤惡燥指胃液分泌是胃正常功能的關鍵。

交感神經對胃的作用爲胃氣。另外，內因子可能也與胃氣有關。副交感神經和胃泌素對胃的作用爲胃陰；抑胃肽對胃的作用爲胃陽。當胃陰不足時，胃液分泌減少，胃運動減弱，幽門括約肌收縮，因而出現胃脹、消化不良等症，黏液分泌減少還可導致胃潰瘍。

㈢小腸

小腸位於腹腔，上端接幽門與胃相通，下端接闌門與大腸相連。

1. 小腸的生理功能

小腸主受盛化物，泌別清濁。

2. 小腸的實質

⑴定義　**小腸**是由腸繫膜上動脈的分支胰十二指腸下動脈和腸動脈支配的以（十二指腸）空腸和回腸爲主體構成的功能單位。

⑵原理　支配小腸的交感神經起源於脊髓胸6～11節側角；小腸兪穴有第5腰神經和第1骶神經分佈。兩者的節段性不一致，可能通過節間支發生聯繫。

小腸具有運動、分泌和吸收的功能。

小腸受交感神經和副交感神經支配。交感神經興奮可抑制小腸的運動和分泌功能，但可促進小腸的吸收功能；副交感神經興奮可促進小腸的運動和分泌功能，但可抑制小腸的吸收功能。許多體液因素對小腸的運動和分泌有調節作用。胃泌素、促胰液素和抑胃肽可促進小腸的分泌。5－羥色胺、P物質、胃泌素和膽囊收縮素－促胰酶素可促進小腸的運動；促胰液素、胰高血糖素和腎上腺素可抑制小腸的運動。因此，交感神經活動佔優勢，促胰液素、胰高血糖素和腎上腺素增多時，可抑制小腸運動，出現便秘。由於支配小腸和腎的交感神經的脊髓中樞有重疊的節段，因此，這時腎的重吸收增强，出現小便赤黃等症。這就是小腸熱證的表現。副交感神經活動佔優勢，5－羥色胺、P物質、胃泌素和膽囊收縮素－促胰酶素分泌增多時，可促進小腸運動。若小腸運動過劇，吸收功能減弱，血流量減少，可導致腹瀉。這就是小腸寒證的表現。

㈣大腸

大腸上端接小腸，下端連肛門。

1. 大腸的生理功能

大腸主傳化糟粕。

2. 大腸的實質

⑴定義 **大腸**是由回結腸動脈、右結腸動脈、中結腸動脈、腸繫膜下動脈、直腸中動脈和直腸下動脈所支配的以結腸、直腸和肛門爲主體構成的功能單位。

⑵原理 支配大腸的交感神經起源於脊髓胸10～腰2節側角；大腸俞穴有第3腰神經分佈。兩者的脊髓中樞節段不一致，可能通過節間支發生聯繫。

大腸受交感神經和副交感神經的雙重支配。大腸有運動、分泌和吸收功能。大腸運動將食物殘渣推向肛門，並通過排便動作排出體外。大腸分泌液主要含黏液蛋白，有保護腸黏膜和潤滑糞便的作用。大腸吸收食物殘渣中剩餘的水分。交感神經興奮，可抑制大腸的運動和大腸液的分泌，促進水分的吸收；副交感神經興奮，可促進大腸的運動和大腸液的分泌，抑制水分的吸收。因此，大腸虛寒導致的腸鳴、腹痛、泄瀉是副交感神經興奮性增高的結果；大腸盛熱導致的腸液乾燥、大便秘結是交感神經興奮性增高的結果。大腸的功能可能還受激素的調節。

㈤膀胱

膀胱位於小腹，下口接尿道。

1. 膀胱的生理功能

膀胱主貯存和排泄尿液。

2. 膀胱的實質

⑴定義 **膀胱**是由膀胱上動脈和膀胱下動脈支配的以膀胱爲主體構成的功能單位。

⑵原理 支配膀胱的交感神經起源於脊髓胸11～腰2節側角；支配膀胱的副交感神經起源於脊髓骶段側角。膀胱俞穴有第1、2骶

神經分佈。

膀胱的功能是貯存尿液和排尿。副交感神經興奮時，膀胱逼尿肌收縮，膀胱內括約肌鬆弛，尿液排出體外。若副交感神經興奮性過高，膀胱血流量減少，括約肌處於鬆弛狀態，則可導致小便失禁。這是膀胱虛寒的表現。

㈥三焦

三焦是臟腑外圍最大的腑，又稱外腑、孤腑。有主持諸氣，疏通水道的作用。

1. 三焦的生理功能

焦有火和熱之意。上焦主宣發；中焦主運化；下焦主分別清濁，主出。

2. 三焦的實質

⑴定義　**三焦**是由貫串於胸腔、腹腔、盆腔的交感幹構成的功能調節單位。**上焦**是由頸上神經節至第5胸神經節構成的功能調節單位；**中焦**是由第6胸神經節至第9胸神經節構成的功能調節單位；**下焦**是由第10胸神經節至最後一個骶神經節構成的功能調節單位（圖4－1）。

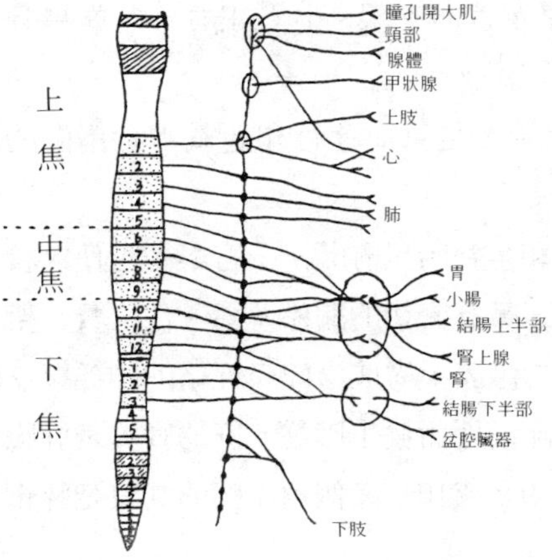

圖4－1　三焦的實質。

三焦＝交感幹

⑵原理　頸上神經節至第5胸神經節支配甲狀腺、心臟和肺，保證氣體交換和氧氣的輸送，並對血管和立毛肌有調節作用。這便是上焦的宣發作用。

第6胸神經節至第9胸神經節支配胃、小腸、肝、膽囊、胰腺和脾的功能，與食物的消化吸收和血量的調節有關。這便是中焦的運化作用。

第10胸神經節至最後一個骶神經節支配大腸、腎和膀胱，與水的吸收和排泄有關。這便是下焦分別清濁，主出的作用。大腸能吸收食物殘渣中剩餘的水分，腎是生成尿的器官，膀胱是貯存尿液的器官。因此，構成下焦的交感神經節調節水的代謝。

三、奇恒之府

奇恒之府包括腦、髓、骨、脈、膽和女子胞。膽又歸屬於六腑。

腦位於顱骨內。中醫對腦的功能雖有一定認識，但是，腦的許多功能已融合在五臟，尤其是心的功能中。

髓指脊髓和骨髓。髓與腎有密切關係。

骨指全身骨骼，是支撐人體的支架。「腎主骨」，齒爲骨之餘。骨骼和牙齒與腎有密切關係。

脈指動脈、靜脈和淋巴管，是氣血運行和運載水穀精微的通道。

女子胞指子宮，與月經和孕育胎兒有關。子宮與衝、任、督、帶四條經絡以及肝、脾、腎三臟有密切的關係。衝、任、督、帶四條經絡都經過子宮所在部位的體表，構成這四條經絡的神經與支配子宮的交感神經具有相同的節段性而發生聯繫。肝的實質是肝臟，其交感神經來源於脊髓胸6～9（或10）節側角；脾的實質是脾臟、胰腺和十二指腸，其交感神經來源於脊髓胸6～10節側角；腎的實質是腎上腺、腎和卵巢，其交感神經來源於脊髓胸6～腰2節側角；而支配子宮的交感神經來源於脊髓胸6～腰1節側角。因此，由於交感神經來源於脊髓相同的節段，所以子宮的功能與肝臟、脾臟、胰腺、十二指腸、腎上腺、腎和卵巢的功能有密切關係。另外，子宮還通過體液因素與這些器官發生聯繫。

四、臟腑之間的關係

㈠脾與胃

1. 聯繫

足太陰脾經和足陽明胃經互相絡屬，構成表裏關係。

2. 原理

脾臟、胰腺和十二指腸構成了脾的實質，胃構成了胃的實質。以上器官的動脈供給均由腹腔幹分出，它們的靜脈均匯入門靜脈。另外，這些器官的交感神經均起源於脊髓胸6～9（或10）節側角。胃以幽門通十二指腸。

胃主納，有貯存食物的功能。脾主化，有消化食物的功能。膽汁和胰液注入十二指腸；十二指腸本身分泌小腸液。這些消化液對食物起消化作用。

胃主降。胃中的食物經研磨，與胃液混合成食糜，然後向十二指腸推進。脾主升。十二指腸吸收消化後的營養物質，通過門靜脈運送至肝，在肝貯存起來，或由肝靜脈運送至心臟，再心由臟運送至全身。胰腺分泌的胰高血糖素促進物質的分解，提高血液中營養成分的含量。

胃喜潤惡燥。胃的病變多爲交感神經活動佔優勢，胃液分泌減少，黏液不足，蠕動減慢，因而出現胃脹和胃潰瘍等症。脾喜燥惡濕。脾的病變多爲副交感神經活動佔優勢，消化液分泌增多，十二指腸蠕動過快，吸收功能降低，因而出現腹瀉等症。

㈡肺與大腸

1. 聯繫

手太陰肺經與手陽明大腸經互相絡屬，構成表裏關係。

2. 原理

支配肺和大腸的交感神經脊髓中樞的節段性不同，但可能通過構成經絡而實現這種超節段聯繫。另外，支配這兩個器官的交感神經和副交感神經可能在植物性神經高級中樞內發生聯繫。

實驗表明，用鉗夾家兔的腸繫膜上動脈，可出現嚴重的肺損害。

病理解剖表明，某些肺部疾病除見肺部病變外，往往還出現大小腸嚴重充氣，黏膜壞死，形成潰瘍，黏膜下層出現空氣泡。這是由於肺內通氣、換氣功能障礙，腸管內和血液內的氣壓升高，氣體向壓力較低處擴散，進入疏鬆的大、小腸黏膜下層而形成氣泡，並引起部分黏膜脫落，導致潰瘍。

吸氣中樞與交感神經中樞有相關性；呼氣中樞與副交感神經中樞有相關性。當吸氣中樞活動佔優勢時，會出現胸滿氣逆現象，與此同時，交感神經中樞興奮性增高，因而大腸蠕動減慢，黏液分泌減少，導致便秘。當呼氣中樞興奮性過高時，副交感神經興奮性也增高，因而，支氣管收縮而導致哮喘，大腸蠕動過快而導致腹瀉。

㈢肝與膽

1. 聯繫

膽附在肝葉間，與肝相連，足厥陰肝經與足少陽膽經互相絡屬，構成表裏關係。

2. 原理

支配肝的交感神經起源於脊髓胸6～9（或10）節側角；支配膽囊及膽管的交感神經起源於脊髓胸5～9（或10）節側角。兩者的交感脊髓中樞具有相同的節段。

膽囊動脈由肝固有動脈的分支肝右支分出。膽囊靜脈匯入門靜脈至肝臟。肝臟分泌的膽汁經左右肝管、肝總管和膽囊管貯存於膽囊。

肝和膽囊均受交感神經和副交感神經的雙重支配。副交感神經興奮，促進膽汁的分泌和排泄；交感神經興奮，抑制膽汁的分泌和排泄。當交感神經興奮性過高時，肝分泌膽汁減少，膽囊舒張，奥迪氏括約肌收縮，排出膽汁減少，因而導致消化功能下降。另外，交感神經興奮使肝血管和肝血竇緊張性增高，因而出現脅肋脹痛等症。再者，支配肝和膽囊的交感脊髓中樞與支配胃、胰和小腸的交感脊髓中樞具有相同的節段性，因此，肝和膽囊的病變可進一步影響消化功能。

㈣心與小腸

1. 聯繫

手少陰心經與手太陽小腸經互相絡屬，構成表裏關係。

2. 原理

支配心臟、甲狀腺、甲狀旁腺和腦血管的交感神經脊髓中樞與支配小腸的交感神經脊髓中樞的節段性不同，但可能通過構成經絡而實現超節段聯繫。另外，支配這些器官的交感神經和副交感神經可能在植物性神經高級中樞內發生聯繫。

構成心實質的甲狀腺分泌的甲狀腺素有促進能量代謝的作用，可促進小腸對營養物質和水的吸收。但是，當甲狀腺素分泌過多時，小腸對水的吸收增加，可出現便秘。另外，由於支配小腸和腎的交感脊髓中樞有相同的節段。因此，當支配小腸的交感神經興奮性增高時，會影響腎的功能，使腎對水的重吸收增强，出現尿少和尿赤的現象。

若支配小腸的交感神經活動過强時，就會出現小腸熱症。小腸的病變通過經絡影響心臟、甲狀腺和腦的功能，使支配後三者的交感神經興奮性加强，因心跳加快而導致心煩，因腦的興奮性提高而導致失眠，因甲狀腺素分泌增多而導致口舌生瘡。

(五)腎與膀胱

1. 聯繫

足少陰腎經與足太陽膀胱經互相絡屬，構成表裏關係。

2. 原理

支配腎上腺、腎和性腺的交感神經起源於脊髓胸6～腰2節側角；支配膀胱的交感神經起源於脊髓胸11～腰2節側角。兩者具有相同的節段性。

若腎上腺分泌的兒茶酚胺過少，全身血壓降低，腎動脈血壓也隨之降低，因而導致濾過率降低，出現尿閉和尿少的現象。若支配腎和膀胱的交感神經興奮性降低，就會出現因濾過率增高而導致的多尿，因膀胱內括約肌鬆弛而導致的尿失禁等症狀。這些都是腎陽不振使膀胱氣化不利的表現。

五、精、神、氣、血、津液

(一)精

精是構成人體和維持生命活動的基本物質。精由於來源的不同可分爲先天之精和後天之精。

先天之精是具有生殖能力的物質。後天之精是水穀化生的營養物質。

1. 精的功能

⑴促進生長發育，生殖後代

⑵抵抗外邪

2. 精的實質

先天之精指的是性腺內的生殖細胞，包括男性的精原細胞和女性的卵母細胞。精原細胞經減數分裂後成為精子；卵母細胞經減數分裂後成為卵子。精子和卵子是繁殖後代的物質基礎。此外，先天之精還包括性腺分泌的性激素。性腺功能與人體的生長發育和衰老有密切的關係。

後天之精指的是構成人體的生命大分子，包括核酸、蛋白質、脂類和糖類，尤其指生命的表現形式核酸和蛋白質。

DNA含有來自父母親的遺傳信息，為先天之精。人體生長發育時，細胞分裂，DNA複製。DNA複製所需的原料來自食物的供給，這是後天之精。DNA的遺傳信息轉錄到RNA分子上，由RNA翻譯成蛋白質，以執行各種生理功能。蛋白質是製造各種抗體的原料，與人體的抗病能力有密切的關係。

㈡神

《素問・調經論》指出：「心藏神」。這指的是高級神經中樞的功能，包括意識和思維活動。《靈樞・本神》指出：「故生之來謂之精，兩精相搏謂之神」。這指的是受精卵形成後所體現出來的生命活動狀態。《靈樞・平人絕穀》指出：「神者，水穀之精氣也」。人的生命活動狀態需要營養物質來維持。

總之，神體現為兩個方面。一方面體現為高級神經中樞的功能，另一方面體現為人體的生命活動狀態。人體的生命活動狀態是在神經系統的調節下，通過與外界進行物質交換和能量交換而實現的。因此，神主要與神經系統的功能有關。

㈢氣

氣有兩種含意。其一指體內流動着的精微物質及其機能，是維持人體生命活動的基本物質。其二指在植物性神經系統支配下的臟腑組織機能狀態。人體的氣按來源分，主要有元氣、宗氣、營氣、衛氣和臟腑之氣等五種。

1. 氣的生成與功能

⑴元氣　亦稱原氣。包括元陰和元陽之氣。稟受於先天，賴於後天的榮養滋生，由先天之精所化。它發源於腎（包括命門），藏於丹田，借三焦之道，通達全身，推動五臟六腑等一切器官組織的活動，爲生化動力的泉源。

⑵宗氣　總合水穀精微化生的營衛之氣與吸入的大氣而成；積於胸中，是一身之氣運動輸佈的出發點。

⑶營氣　營運於脈中的精氣。生於水穀，源於脾胃，出於中焦，有化生血液和營養週身的作用。

⑷衛氣　屬於陽氣的一種。生於水穀，源於脾胃，出於上焦，行於脈外，其性剛悍，運行迅速流利；具有溫養內外，護衛肌表，抗禦外邪，滋養腠理，開闔汗孔等功能。

⑸臟腑之氣　一般指支配有關器官的交感神經的功能，前面已討論過。胃氣可能與內因子有關，但其作用通過交感神經反映於脈象。

2. 氣的實質

氣的概念源於中國古代元氣論。元氣論認爲，有形的萬物由某種連續性物質轉化而來，這種物質就是氣。古代醫學家將氣的概念引入中醫學，用於解釋各種生理和病理現象。中醫學的氣主要體現爲能量的轉化和可興奮組織的活動。

水穀之氣指從消化道所吸收進來的營養物質。這些營養物質的能量以化學鍵能的形式存在於生物大分子中。當這些生物大分子分解時，其化學鍵能轉移給高能物質ATP。這一過程稱爲氣化。

經脈之氣指構成經脈的交感神經的功能。

元氣指支配腎上腺、腎和性腺的植物性神經的功能。腎上腺髓質分泌的兒茶酚胺是交感神經功能的集中表現。丹田穴受第11胸神經的支配，而支配腎上腺、腎和性腺的交感神經起源於脊髓胸6～腰2節側角。因此，元氣的盛衰與腎上腺、腎和性腺的功能有關。

宗氣指支配心臟、氣管、支氣管和肺的交感神經的功能。膻中穴主治上焦病，其所在部位由第4胸神經支配，而支配心臟、氣管、支氣管和肺的交感神經起源於脊髓胸1～7節側角。因此，宗氣的盛衰與心臟和肺的功能有關。

營氣指由消化道吸收而來，在靜脈中流動的營養物質以及支配靜脈的交感神經的功能。王淸任在《醫林改錯》中稱靜脈爲榮管。榮、營兩字古時相通。

衛氣指在動脈中流動的營養物質及支配動脈的交感神經的功能。王淸任將主動脈稱爲衛總管。衛氣性剛悍指動脈血流迅速，有搏動的性質。皮膚的汗腺和立毛肌也受交感神經支配。因此，衛氣與動脈、汗腺和立毛肌的功能有關。衛氣行於脈外指後兩者的功能。

總而言之，氣的生理表現形式是交感神經衝動及其效應器的興奮；氣的物理實質是生物電磁場；氣的化學存在形式是高能物質，如ATP等。

㈣血

血是在脈管中流動的赤色液體。血的運行與心、肝、脾有密切的關係。

血的實質就是血液。血液由血漿、血細胞和血小板組成。血漿含有大量水分、纖維蛋白原、白蛋白、球蛋白、酶、各種營養物質、代謝產物、激素、維生素和無機鹽。血液的有形成分包括紅細胞、白細胞和血小板。紅細胞具有携帶氧和二氧化碳的功能。各種白細胞具有防禦保護和免疫功能。血小板參與止血和凝血過程。血細胞是在包括紅骨髓、脾臟和淋巴結等在內的造血器官中增殖發育的。紅骨髓是成人主要的造血器官。血細胞的生成受促紅細胞生成素（erythropoietin）、集落刺激因子（colony stimulating factor）、促血小板生成素（thrombopoietin）和粒細胞抑素（granulocyte chalone）等因子的調節。

㈤津液

津液是人體內正常的水液。清而稀薄者爲津；濁而濃稠者爲液。

津的實質是細胞間液、血液、汗和尿中的液體成分，含有水和無機鹽等。

液的實質是關節腔黏液、腦脊液、淚液、內耳淋巴液、鼻腔分泌液和唾液等，含有水和有機物等。

六、小　結

藏象學說以粗糙的解剖學知識爲基礎，通過臨牀觀察、針灸和氣功實踐等途徑，從功能上把握人體的生命活動規律。

人體的神經系統、內分泌系統和循環系統是支配人體全身各器官功能的總樞紐。藏象學說的本質正是以這一總樞紐爲綱，來把握人體機能活動的。

臟腑功能的複雜性和模糊性是支配器官的植物性神經和動靜脈的複雜聯繫以及內分泌腺之間的複雜聯繫所造成的。例如，脾的實質包括脾臟、胰腺和十二指腸的功能，但是，十二指腸又歸屬於小腸。這是因爲十二指腸既接受腹腔幹分支的支配，又接受腸繫膜上動脈的支配。交感神經的支配也具有複雜性。另外，藏象學說是從部位來把握臟腑實質的。例如，腎陽虛患者可出現甲狀腺素分泌減少的現象。我們認爲不能將甲狀腺素分泌減少看成是腎陽虛的實質，而應該看成是腎陽虛所導致的心陽虛。

因此，臟腑是由一個器官或者由部位相鄰的接受具有共同節段性的交感神經及起源於主動脈相同或相鄰部位的動脈分支所支配的幾個器官構成的功能單位。

藏象學說以五臟爲中心。由於五臟融合了神經系統、內分泌器官和循環系統的功能，因而具有重要意義。五臟中以心最爲重要。因爲藏象學說是以動脈支配來把握五臟本質的，而心臟是血液循環的動力，所以，其重要性不言而喻。另外，心的實質包括了大腦的功能，而大腦是調節人體活動的中樞，因此，其重要性也是不言而喻的。

總之，雖然中國古代的解剖學知識是粗糙的，有些甚至是錯誤的，但是，藏象學說基本上是正確的、科學的。它眞實地反映了人體器官功能的本質和內在規律性。

主要參考文獻

1. 盛增秀等：臟象概論，上海科學技術出版社，1980。
2. 李向中主編：中醫學基礎（第二版），人民衛生出版社，1986。
3. 楊甲三主編：腧穴學，上海科學技術出版社，1984。
4. 清·陳夢雷等編：古今圖書集成醫部全錄（第四册），人民衛生出版社，1959。
5. 匡調元：中醫病理研究，上海科學技術出版社，1980。
6. 程宜山：中國古代元氣學說，湖北人民出版社，1986。
7. 上海中醫學院主編：中醫年鑒（1983），人民衛生出版社，1984。

8．上海中醫學院主編：中醫年鑒（1984），人民衛生出版社，1985。
9．上海中醫學院主編：中醫年鑒（1985），人民衛生出版社，1986。
10. 劉亞光：現代自然科學與中醫理論，福建科學技術出版社，1983。
11. 濟寧醫學專科學校主編：人體解剖學，人民衛生出版社，1981。
12. 中國醫科大學主編：人體解剖學，人民衛生出版社，1978。
13. [西德]Heinz Feneis著（焦守恕等編譯）：漢拉英對照人體解剖學圖解詞典，人民衛生出版社，1981。
14. 上海第一醫學院主編：組織胚胎學，人民衛生出版社，1978。
15. 南京醫學院等合編：組織胚胎學，江蘇科學技術出版社，1981。
16. 湖南醫學院主編：生理學，人民衛生出版社，1978。
17. [日]伊藤眞次著（吳今義譯）：人體晝夜節律，重慶出版社，1983。
18. 沈孝宙等編：激素的生物化學，科學出版社，1983。
19. 濟寧醫學專科學校主編：病理學，人民衛生出版社，1981。
20. [西德]P・卡爾森等著（張增明譯）：病理生化學，科學出版社，1984。
21. 魏文漢主編：病理生理學（下册），上海科學技術出版社，1984。
22. 王明禮等編著：植物神經疾病，黑龍江科學技術出版社，1983。
23. 山東醫學院生物化學教研室編譯：人體疾病生化紊亂，人民衛生出版社，1978。
24. 王明輝：上海中醫藥雜誌，10：61－63，1981。
25. 余增福：中西醫結合雜誌，5（9）：574－576，1985。
26. 曾兆麟等：上海中醫藥雜誌，1：2－5，1980。
27. 潘敬運：生理科學進展，16（3）：215－219，1985。
28. 周冶萍等：上海中醫藥雜誌，3：46－48，1983。
29. 萬叔援等：上海中醫藥雜誌，1：44－46，1983。
30. 黃柄山等：上海中醫藥雜誌，6：28－31，1981。
31. 吳敦序：上海中醫藥雜誌，6：36－37，1981。
32. 王琦等：中西醫結合雜誌，5（7）：440－443，1985。

33. 張發初：上海中醫藥雜誌，3：32－33，1981。

34. 高曉明：生物學通報，2：23－24，1987。

35. 蔡松良：國外醫學（泌尿系統分册），6：257－259，1985。

36. 宋嘉振：國外醫學（麻醉學與復蘇分册），6（6）：241－245，1985。

第5章 經絡學說

經絡學說是研究人體經絡系統的生理功能、病理變化及其與臟腑相互關係的學說，是中醫學基本理論的重要組成部分。

一、經絡系統

經絡系統包括十二經脈、奇經八脈、十二經別、十五絡脈、十二經筋和十二皮部。

㈠十二經脈

十二經脈是人體經絡的主幹，又稱爲「十二正經」。十二經內與臟腑相聯，外行於體表，絡四肢關節。每條經絡左右各一，分爲手足三陰三陽經（圖5－1～3）。

手三陽經行於上肢外側，手三陰經行於上肢內側；足三陽經行於下肢外側，足三陰經行於下肢內側。

㈡奇經八脈

奇經八脈是督脈、任脈、衝脈、帶脈、陽蹻、陰蹻、陽維、陰維的總稱。

㈢十二經別

十二經別是從十二經脈分出，分佈於胸腹和頭部，溝通表裏兩經並加强與臟腑的聯繫。

㈣十五絡脈

十二經脈在四肢部各分出一絡，加上軀幹部前面的任脈絡、後面的督脈絡和側面的脾之大絡，共有十五絡脈。

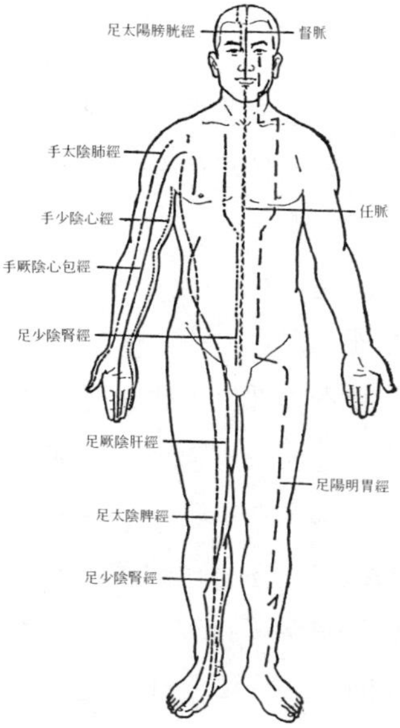

圖5－1　十四經分佈（正面）

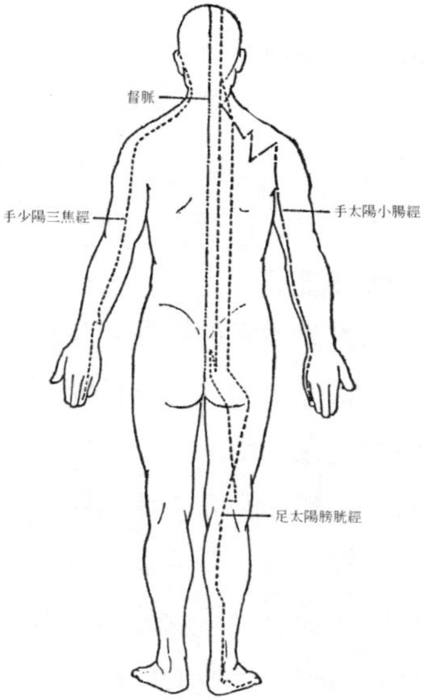

圖5－2　十四經分佈（背面）

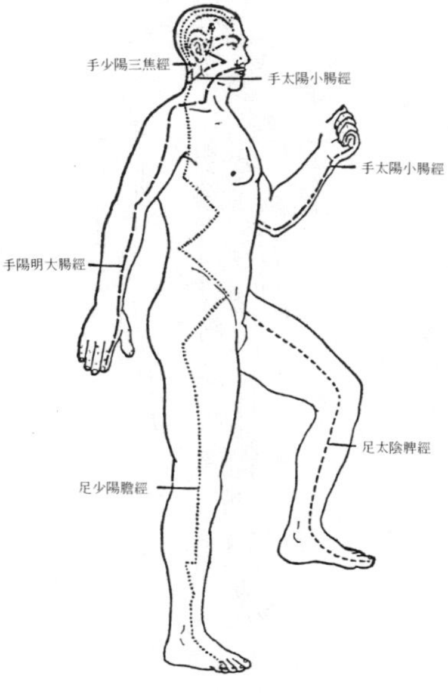

圖5－3　十四經分佈（側面）

㈤十二經筋

「筋」，「肉之力也」，指能產生力量的肌肉；「腱」爲「筋之本」，是筋附着於骨骼的部分。全身筋肉按部位分爲手足三陰三陽，即十二經筋。

㈥十二皮部

體表皮膚與經脈對應分成十二皮部。

皮部是十二經脈機能活動反映於體表的部位，也是經脈之氣散佈的所在（圖5－4）。因此，在病理上，邪氣可通過皮部而深入絡脈、經脈和臟脈；而內臟有病，亦可通過經脈、絡脈反應於皮部。

近年來對感傳現象的研究發現，刺激某些有關的穴位，引出的感傳路綫多呈帶狀分佈，有的還有較寬的皮膚過敏帶或痲木帶；在皮膚病中，皮疹的出現也有呈帶狀分佈。這些現象都與皮部有關。

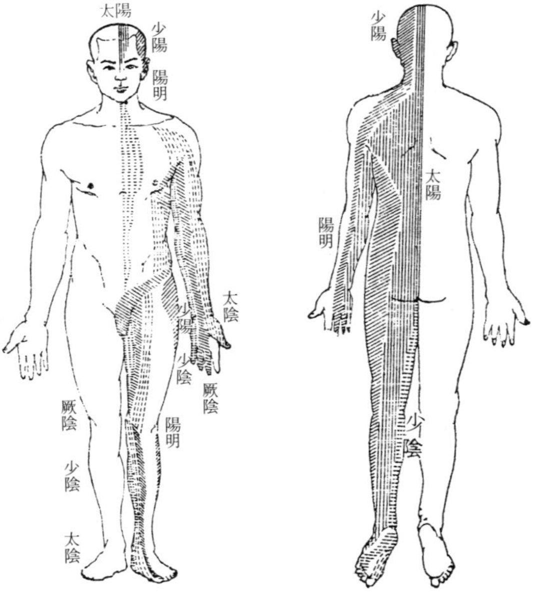

圖5－4　六經皮部分佈圖

二、經絡的作用

經絡學說是中醫學解釋人體生理和病理，指導診斷和治療的重要理論根據。經絡的作用也在這幾個方面表現出來。

㈠生理方面

經絡有溝通表裏上下，聯繫臟腑器官，通行氣血，抗禦外邪，保衛機體的作用。

㈡病理方面

疾病的傳變與經絡有關，病邪常沿着經絡自外而內、由表及裏的傳變。經絡也是臟腑之間，臟腑與體表組織之間病變相互影響的重要溝通渠道。通過經絡的聯繫，臟腑病變可以互相影響。

㈢診斷方面

由於經絡是溝通人體臟腑與各組織的通道，與臟腑有絡屬關係，各經的循行有一定分佈和起止，因此，臨牀上可根據所表現的症狀作爲診斷的依據。

㈣治療方面

經絡學說廣泛地應用於臨牀各科的治療，對針灸、推拿、氣功和藥物治療均有指導意義。

在針灸治療方面，常用循經取穴的方法，治療特定臟腑組織的病證。

在藥物治療方面，根據藥物對特定臟腑經絡的選擇性而得出的藥物歸經理論指導着臨牀治療的分經用藥及引經藥的使用。

三、經絡的實質

大量的研究工作證明，經絡是客觀存在的，其循行路綫與古典文獻記載基本上一致。國內外對經絡的實質進行過廣泛的研究，提出了各種假說。我們將在總結國內外在經絡方面的研究工作的基礎上，提出一個新的經絡模型來解釋中醫學的經絡理論。

㈠經絡現象的證據

經絡現象的證據主要來自用各種不同的方法記錄下來的循經感傳現象。用低頻脈衝電、針、壓和艾灸等方法刺激十二井穴，可誘導特殊的感覺沿經傳導。這是一種主觀體驗的感覺現象。

在感傳過程中，還可記錄到肌電、皮膚溫度、血流圖與血管容積、聲信息、皮膚電阻和高振動音等各種客觀指標的變化。用放射性標記物注入經絡的實驗表明，人體內有物質和信息沿經絡路綫以經絡流注方向運動。其運行呈近正弦波的三角波方式。

㈡經絡現象的特徵

對循經感傳的研究表明，一般說來，四肢部的循經感傳綫與古代經絡綫大體一致；在胸腹部則不大一致；在頭部則多半不一致。

不同的刺激源會產生不同性質的感傳感覺。當阻滯或完全切斷穴區的支配神經時，均可使經絡效應顯著減弱或完全消失。脊髓完全橫斷者無感傳。

感傳有雙向傳導性。在軀體（四肢末端除外）上任何一穴位給予刺激時，一般均可自該穴位發生兩個相反方向的感傳。感傳的寬度粗細不等。在四肢多較細，進入軀幹後變寬。感傳的速度較慢，一般約爲10厘米/秒左右。感傳具有可阻性。在感傳路綫上施加壓力，注射生理鹽水或奴佛卡因，局部冷凍降溫，均可阻滯感傳。感傳還可由疤痕和手術切口等所阻滯。感傳走到任一方向的終點，均發生回流現象，這種回流走到原刺激點時即自行消失。感傳行進時，不是均速行走，而是存在一個個的停頓點，即停一下再走。這種停頓點多爲穴位所在處。感傳有趨病性。當感傳自四肢發生後，進入軀體有趨病竈的特性。感傳還表現出超體節性。另外，經絡感傳件隨着微血管、肌電和皮膚電的變化。部分感傳者可出現一些肉眼可見的變化，如紅綫、白綫、皮丘疹、皮下出血瘀斑、出汗、汗毛豎立、肌肉跳動、感覺異常（過敏或麻木）等。經絡現象的以上特徵提示，經絡活動與神經、肌肉、微血管、立毛肌、汗腺等結構有關。

㈢穴位的組織結構

關於腧穴的形態結構的研究已有大量的實驗觀察報告。我們認爲，在穴位組織結構中，微血管平滑肌、肌梭和立毛肌及與它們相連接的神經是構成經絡系統的關鍵結構。

㈣國內外關於經絡的各種假說

國內學者對經絡的實質做過廣泛的探討，提出過各種假說，主要有中樞說、外週說和綜合說。

國外對經絡的看法主要有四種：神經論、肌肉論、特殊結構論和整體現象論。

㈤新的經絡模型—往返遞進連續反射模型

我們在總結迄今爲止關於經絡的大量研究工作和所提出的各種假說的基礎上，提出一個新的經絡模型，以闡明經絡的實質。

1．往返遞進連續反射模型

往返遞進連續反射模型表述如下：

⑴人體經絡系統由經脈、經筋和皮部組成。其中經脉包括十二經脈、奇經八脈、十二經別和十五絡脈。經筋有十二經筋。皮部有十二皮部。

⑵相對應的十二經脈、十二經筋和十二皮部通過神經在脊髓整合，同步傳導。奇經八脈、十二經別和十五絡脈只有經脈這一層次，而沒有經筋和皮部的層次。經脈在微血管網中走行，經筋在肌肉和肌腱中走行，皮部在皮膚中走行。經絡是由肌肉組織和神經組

織以特殊的方式連接而成的連續反射長鏈。

(3)經絡由排列在經絡路綫上的經絡小體與小體前傳出神經元和小體後傳入神經元串聯連接而成。經絡小體除了發揮已知的生理功能外，還參與構成經絡系統。在經絡系統中，經絡小體具有感受器和效應器的雙重功能。一個經絡小體的興奮可通過神經纖維傳至相鄰的另一個經絡小體。當某個經絡小體接受刺激產生興奮時，小體後傳入神經元將經絡小體的興奮傳入脊髓，然後通過中間神經元和下一個小體前傳出神經元，將興奮傳至下一個經絡小體，使其產生效應。與此經絡小體相連接的小體後傳入神經元又將此經絡小體產生的興奮通過中間神經元和再下一個小體前傳出神經元傳至再下一個經絡小體。興奮以這種方式連續傳導下去，這就是經絡傳導。每個小體後傳入神經元的軸突分出二條側支，其中一條側支交換神經元後向上傳至高級中樞，產生感傳的主觀感覺；另一條側支交換神經元後與內臟器官發生聯繫，起着調節內臟器官的作用。每個小體前傳出神經元的軸突除了支配經絡小體外，還發出側支支配經絡小體週圍的其它效應器，如肥大細胞等。經絡小體以外的感受器所感受到的刺激通過感覺神經元、中間神經元與小體前傳出神經元相聯繫，進而將衝動傳至經絡小體，引起持續傳導的經絡效應（圖5－5）。在經絡路綫上存在小體前傳出神經元和小體後傳入神經元排列順序正好相反的聯繫方式，因此，經絡可以雙向傳導。

(4)經脈、經筋和皮部既互相聯繫，又各有區別。相對應的經脈、經筋和皮部由於在脊髓內共用相同的中間神經元而整合，同步傳導。但是，各自的經絡小體、小體前傳出神經元和小體後傳入神經元具有不同的特點。

經脈中的經絡小體是微血管壁平滑肌細胞，小體前傳出神經爲交感神經，小體後傳入神經爲交感傳入神經。經脈路綫上的微血管

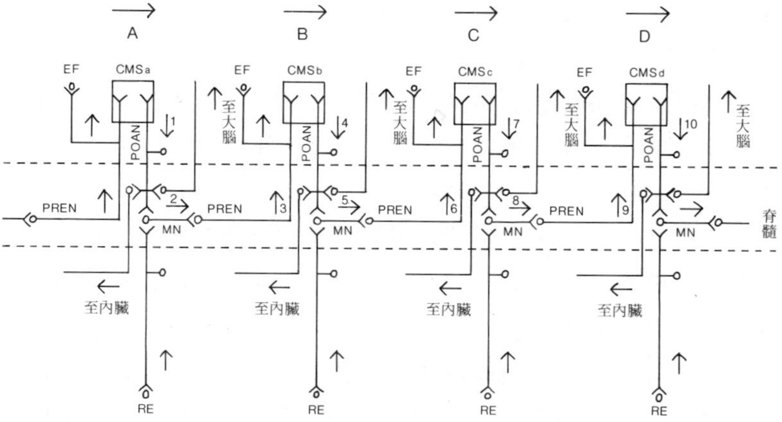

圖5－5　往返遞進連續反射模型

PREN：小體前傳出神經元　　POAN：小體後傳入神經元
CMS：經絡小體　　MN：中間神經元
EF：經絡小體之外的效應器　　RE：經絡小體之外的感受器

說明：當經絡感傳從A點傳至D點時，神經衝動的實際傳導路綫是由CMSa沿着箭頭1～9的途徑傳至CMSd。

網可能有特殊的構造，微血管內的血液有沿着經脈流注方向流動的傾向。經脈由沿着經絡路綫分佈的微血管壁經絡小體平滑肌與小體前的交感神經和小體後的交感傳入神經以及中間神經元串聯而成。經脈傳導時出現微血管反應。

經筋中的經絡小體是肌梭，小體前傳出神經爲γ運動神經，小體後傳入神經爲Ⅱ類纖維。經筋的行走路綫位於肌肉和肌腱中，陰經行走於屈肌，陽經行走於伸肌，由經絡小體肌梭與小體前的γ運動神經和小體後的Ⅱ類纖維以及中間神經元串聯而成。經筋傳導時出現肌梭放電及肌肉緊張性的變化。

皮部中的經絡小體爲立毛肌，小體前傳出神經爲交感神經，小體後傳入神經爲交感傳入神經。皮部由皮膚中沿經絡路綫分佈的經絡小體立毛肌與小體前的交感神經和小體後的交感傳入神經以及中間神經元串聯而成。皮部經絡傳導時出現循經的立毛肌收縮和汗腺分泌等現象。汗腺分泌可能是小體前傳出神經軸突側支產生的效應。

(5)經絡小體受刺激後，即可通過經絡對身體產生調節作用。至於是否出現可感覺到的經絡感傳現象，則是神經衝動是否上傳至大腦皮質產生意識的問題。

(6)經絡小體屬於肌細胞結構，外界的刺激可使其收縮或鬆弛。因刺激方式不同，經絡可產生補或瀉的效應。微血管平滑肌鬆弛，局部血流量增加，機能加强的效應爲補；微血管平滑肌收縮，局部血流量減少，機能減弱的效應爲瀉。

(7)經絡小體本身會產生自律性收縮，因而經絡存在自律傳導現象。

(8)腧穴是經絡小體的密集之處。腧穴之外經絡路綫上的經絡小體的分佈可能較稀少。

(9)經絡傳導的超體節性聯繫是由脊髓固有束（fasciculi proprii）來實現的。因爲脊髓固有束具有聯繫脊髓不同節段的作用。

2．往返遞進連續反射模型的論證

我們在此對往返遞進連續反射模型進行論證和解釋。

實驗表明，經絡與神經有密切關係。脊髓完全橫斷不能產生經絡感傳。阻滯或切斷穴區支配神經可使針效顯著減弱或完全消失。這說明神經系統的完整性是經絡產生效應的基礎。有人在截肢上測得經絡綫上仍存在低阻現象，便認爲經絡獨立於神經而存在，這是不正確的。由於離體截肢低阻現象可能是經絡小體的電特性造成的，因此，離體後仍存在。但是，失去神經支配，經絡小體的興奮不能沿經絡路綫傳導。

然而，經絡不能等同於神經。經絡的傳導速度較慢，一般爲10厘米/秒左右，與神經纖維的傳導速度相比，差異甚大。另外，經絡具有超體節性；經絡路綫與神經走行途徑也不一致。

在經絡感傳中常出現循經性的立毛肌收縮、汗腺分泌、微血管反應和肌梭放電現象。立毛肌、微血管平滑肌和肌梭在組織中呈不連續分佈。立毛肌和微血管平滑肌屬於多單位平滑肌，這類平滑肌的各個細胞是相互獨立的，因此，興奮不能在細胞之間傳導。但是，這些結構都有神經支配，因而這些結構相互之間的聯繫只有靠神經來完成。由於微血管平滑肌、肌梭和立毛肌除了執行已知生理功能外，有些還參與構成經絡，因此，我們將參與構成經絡的微血管壁平滑肌細胞、肌梭和立毛肌細胞稱爲**經絡小體**。

中醫經典著作《黃帝內經》將經絡分成經脈、經筋和皮部，分別給予描述。從文字的涵意來看，經脈與血管有關；經筋與肌肉和腱有關；皮部與皮膚有關。這種理論與實際所觀察到的經絡現象相符。由於大血管與經脈行走路綫不一致，因此，構成經脈的結構只有是微血管。

作者根據以上證據，經過長期的思索，提出了往返遞進連續反射模型。這個模型可以較圓滿地解釋除幻肢感傳之外的各種經絡感傳現象。因此，作者認爲，幻肢感傳的眞實性值得懷疑。因爲腦電研究未能證實感傳的實質產生於大腦皮質，而幻肢感傳只是根據受試者的主訴而已，其眞實性難於判斷。氣功入靜能提高感傳出現率，是由於肌肉緊張性降低，肌梭放電加强所致。

中醫學認爲，經絡「內屬於府藏，外絡於肢節」，並有引導「氣至病所」的功能。當經絡小體接受刺激時，興奮沿着經絡以往返遞進連續反射的方式傳導，這是「外絡於肢節」的效應。另外，興奮還可通過小體後傳入神經元軸突的側支作用於內臟器官，從而發揮「內屬於府藏」的作用，出現「氣至病所」的效應。氣功鍛煉中的循經氣流感，是經絡小體依次收縮或鬆弛，產生強烈的生物電變化所導致的主觀感覺。

四肢部的循經感傳綫與古代經絡綫基本一致。這是因爲在四肢部十二經脈、十二經筋和十二皮部的分佈基本重疊。在胸腹部的循經感傳綫與古代經絡綫不大一致。因爲在胸腹部，十二經脈、十二經筋和十二皮部的分佈不完全重疊，另外還有十二經別的存在，所以，如果研究者只將感傳綫與十二經脈的路綫對照，就會得出這樣的結論。因此，用客觀指標區分經脈、經筋和皮部的傳導，意義非常重要。只有分別記錄經脈、經筋和皮部的感傳路綫，並與古代的經脈、經筋和皮部的路綫相對比，才能得出正確的結論。頭部的感傳綫與古代經絡綫多半不一致。這是因爲在頭部經脈、經筋和皮部的路綫差異甚大，所以，若只將感傳綫與經脈路綫對比，結果肯定是不一致的。

不同的刺激源可興奮不同的感受器，但是，都可在一定程度上產生經絡效應。我們認爲，各種刺激興奮不同的感受器，所產生的衝動由粗細不同的傳入神經進入脊髓後，通過構成經絡的中間神經元，與小體前傳出神經元發生聯繫，因而引起經絡小體的興奮，從而產生經絡效應。

經絡感傳速度比神經傳導速度慢得多的現象可得到解釋。當經絡感傳從一個經絡小體到達相鄰的下一個經絡小體時，神經衝動實際行走的路綫是從體表至脊髓，然後又從脊髓至體表的往返傳導。但是，在主觀感覺上，經絡才走了很短一段距離。因此，經絡傳導速度比神經傳導速度慢得多。根據毛髮的分佈情況，我們推斷，相鄰經絡小體之間的距離在數毫米以內。

當在經絡路綫上施加壓力或冷凍時，經絡小體（即微血管壁平滑肌、肌梭和立毛肌）不能發生收縮或舒張的效應，因此，出現阻滯現象。

停止刺激後，感傳會發生回流。這是經絡小體按相反方向依次恢復平靜的結果。

經絡感傳不是均速行走，而是存在一個個的停頓點。這正好說明經絡小體的客觀存在。停頓點是經絡小體所在處。

經絡傳導伴隨有電磁現象。因爲經絡傳導是一種特殊形式的電衝動傳導過程，所以，必然會伴隨出現電磁現象。

將同位素標記物注入穴位，測得放射性物質沿經絡流注方向傳播，其運行呈波動狀態，爲近正弦波的三角波方式。這表明同位素標記物是在微血管中運動。所觀察到的是經脈的血流運行情況。放射性物質運行呈波動狀態，這與修瑞娟所發現的微血管自主節律性運動相吻合。經脈路綫上的微血管可能有特殊的構造，因此，血流沿經脈流注方向運動。

3．證明往返遞進連續反射模型的實驗之初步方案

⑴證明經絡皮部感傳的實驗　用顯微手術暴露實驗動物經絡路綫上的立毛肌，在神經支配完整的情況下，刺激其中的一條立毛肌，用微電極記錄相鄰的其它立毛肌，看這些立毛肌是否發生興奮。如果發生興奮，便可證明經絡皮部傳導的實質是通過神經而起作用。然後，切斷這些立毛肌的神經支配，看是否出現這種興奮傳導現象。如果興奮傳導現象消失，便可證明本模型在經絡皮部的傳導方面成立。

⑵證明經脈感傳的實驗　用微電極插入實驗動物經脈路綫某一點的微血管中，通入適當電流刺激微血管壁平滑肌細胞。在經脈路

綫上的另一點，將另一微電極插入微血管中，記錄其電位變化。然後，在破壞微血管的神經支配後重複這一過程。

(3)證明經筋感傳的實驗　仿照上述兩實驗。

(4)證明神經聯繫的實驗　用辣根過氧化酶等技術來證實構成經絡的神經纖維的連接方式。

(5)證明經脈路綫上微血管網的特殊構成方式的實驗　用顯微解剖和連續組織切片等技術進行研究，將經脈路綫組織與非經脈組織進行對比，以揭示其差異。

四、小　結

本章在總結前人的研究成果和各種假說的基礎上，提出往返遞進連續反射模型，以闡明經絡的實質。

往返遞進連續反射模型認爲，經絡系統由經脈、經筋和皮部構成。經脈由微血管網構成；經筋由肌肉和肌腱構成；皮部由皮膚構成。經絡的關鍵結構爲經絡小體，即微血管壁平滑肌細胞、肌梭和立毛肌。經絡是由分佈在經絡路綫上衆多的經絡小體與小體前傳出神經元和小體後傳入神經元以及中間神經元串聯而成的連續反射長鏈。小體後傳入神經元分出兩條側支：一支上傳至高級中樞，導致經絡效應的主觀感覺；另一支與內臟相聯繫，調節內臟的機能活動。其它感受器接受的刺激經傳入神經進入脊髓，與構成經絡的神經元發生聯繫，即可產生經絡效應。

往返遞進連續反射模型可較圓滿地解釋各種經絡現象。本章還提出證明此模型的實驗的初步設想。

主要參考文獻

1. 李向中主編：中醫學基礎（第二版），人民衛生出版社，1986。

2. 李鼎主編：經絡學，上海科學技術出版社，1984。

3. 楊甲三主編：腧穴學，上海科學技術出版社，1984。

4. 中醫研究院編：針灸研究進展，人民衛生出版社，1981。

5. 人民衛生出版社編：經絡敏感人，人民衛生出版社，1979。

6. 上海中醫學院主編：中醫年鑒（1983），人民衛生出版社，1984。

7. 中國醫科大學主編：人體解剖學，人民衛生出版社，1978。

8. 田牛等主編：微循環障礙相關疾病，河南科學技術出版社，1985。

9. 張笑平等：上海針灸雜誌，創刊號：42－45，1982。

10. 吳嗣洪：上海中醫藥雜誌，9:33－35，1981。

11. 人民日報，1986年12月25日第三版。

12. 羊城晚報，1987年5月12日第一版。

第6章 病因學

病因指的是疾病發生的原因。中醫的病因學說强調自然、體質、心理和生活方式等因素與疾病的關係。

中醫的病因學說包括六淫、七情、疫癘、飲食勞倦、外傷、痰飲和瘀血等內容。

一、六淫

風、寒、暑、濕、燥、火是自然界六種不同的氣候變化，在正常情況下稱爲「六氣」。如果人體抗病能力下降，不能適應氣候的變化，或者氣候的急劇異常變化超出人體的適應能力，「六氣」就會成爲致病的條件，侵害人體而引起疾病的發生。這種情況下的「六氣」稱爲「六淫」。淫是太過之意。六淫是一切外感病的主要病因。

此外，還有一些並不是外感的疾病，但可出現類似六淫致病的某些證候。爲了與外感六淫邪氣相區別，臟腑功能失調而引起內生的風、寒、濕、燥、火稱爲內風、內寒、內濕、內燥、內火。

㈠風

風是春季的主氣。自然界因風而導致的疾病多見於春天，但四季均可發病。

1. 風邪的特徵

⑴風爲陽邪，其性開泄

⑵風性善行而數變

⑶風性主動

2. 常見的風證

(1)外風證　外風證是自然界的風邪侵犯人體所導致的病證。常見的外風證有風邪襲表、風邪犯肺、風邪搏於肌膚、風邪侵襲經絡和風濕痹證等。

(2)內風證　內風證主要爲肝風內動。常見的內風證有熱極生風、肝陽化風、血虛生風和陰虛動風等。

3. 風邪的實質

風即氣流。低氣溫時，氣流能加强熱的傳導和對流，促使身體熱量散失增加。當氣溫在36℃以上時，氣流使人體皮膚溫度上升，並使汗液蒸發加强，使水分大量喪失，體溫調節發生障礙。氣流還能影響人的神經精神活動。

對於外風證來說，風邪就是帶有致病原的風。

在風較大的時候，人的體溫調節功能容易發生障礙，人體的抵抗力下降，空氣中的病原微生物乘虛從呼吸道侵入人體，導致咳嗽、喉嚨癢痛、鼻塞流涕等症狀，病原微生物釋放的毒素擾亂人的體溫調節中樞，因而出現發熱、惡風、汗出等症狀。這就是「傷風」的實質。當氣溫較低時，病毒容易侵入人體。由於氣溫低時人體的甲狀腺素分泌增多，副交感神經興奮性增强；腎上腺素和腎上腺皮質激素分泌減少，交感神經興奮性降低。這時，人體的特異性免疫功能亢進。病毒侵入人體後，體內產生特異性免疫反應，血液中淋巴細胞增多。這就是風寒症的實質。惡寒是由氣溫降低所導致。輕微發熱是甲狀腺素分泌增多引起。出汗是交感膽碱能纖維興奮所致。頭痛是副交感神經興奮，顱內動脈舒張所致。口不渴、鼻塞、噴嚏、流清涕、痰清稀、四肢痠楚、小便清長等症狀是副交感神經興奮性提高；唾液分泌增加；呼吸道水腫，分泌物增加；肢體無氧酵解加强，乳酸積累；腎的重吸收功能減弱的結果。當氣溫較高時，細菌容易侵入人體。由於氣溫高時人體的交感神經系統興奮性加強。這時，人體的非特異性免疫功能亢進。細菌侵入人體後，體內產生非特異性免疫反應，血液中的嗜中性粒細胞增多，單核細胞也可能增多。這就是風熱症的實質。頭痛是顱內動脈收縮的結果。發熱嚴重、自汗、口渴、無涕或有小量濁涕、小便短黃等症狀都是交感腎上腺系統興奮的結果。咽喉腫痛是炎症局部充血的表現。黃稠的痰是呼吸道由於細菌性炎症而產生的滲出物。確切地說，風寒感冒一般是由病毒引起的，而風熱感冒則由細菌引起，或者是病毒感染並發細菌感染。風寒感冒多見於寒冷天氣，因爲在寒冷天氣病毒容易侵入人體。風熱感冒多見於炎熱天氣，因爲在炎熱天氣下細菌繁殖較快，容易侵入人體。

當帶有過敏原的氣流與人體皮膚接觸時，機體會發生變態反應，出現皮膚瘙癢和風疹等症狀。由於空氣中的過敏原隨風擴散，因此，可作用於人體表皮的不同部位。另外，過敏原進入人體後可隨血液流動，所以，變態反應的發生沒有固定的部位，而且常常會此起彼伏。副交感神經活動佔優勢者，即陰性體質者，容易發生變態反應。

當帶有某類病原微生物的氣流侵襲經筋時，由於病原微生物損害構成經筋的神經組織，因而引起局部筋脈拘急、痲痹，或者全身筋脈拘急、抽搐。破傷風是由於感染破傷風桿菌（*Clostridium tetani*）所致。破傷風桿菌侵入具有壞死組織的深傷口，在裏面生長並產生外毒素。破傷風痙攣毒素通過外週神經組織間隙逆向輸送，或通過淋巴和血液而到達中樞神經系統，並固定在脊髓和腦幹的神經節苷脂上。毒素能阻斷運動神經元突觸釋放抑制介質，因而導致骨骼肌對任何刺激都發生反射亢進和强烈痙攣。毒素還能影響神經肌肉接頭處的突觸傳遞作用，有利於乙酰膽碱聚集。因此，破傷風會出現頸項强直、口噤不開、四肢抽搐、角弓反張等症狀。

風濕病是風寒濕邪氣同時侵害人體所致。風邪指的是帶有鏈球菌的氣流作用於人體，使人體感染鏈球菌。寒邪指的是低溫。濕邪指的是潮濕。當人體感染鏈球菌後，若這時氣溫低，濕度大，就有可能產生風濕病。當氣溫低時，人體的甲狀腺素分泌增多，副交感神經興奮性增强；腎上腺素和腎上腺皮質激素分泌減少，交感神經興奮性減弱。這些因素使得人體的特異性免疫功能增强。濕度大時，人體的水代謝容易出現障礙。在人體內，鏈球菌感染誘導免疫敏感性過强的機體產生變態反應。免疫敏感性過强是寒冷影響體內植物性神經和內分泌的活動造成的。變態反應使得病變部位的膠原纖維和其間的基質發生黏液樣變，出現變質滲出。由於潮濕天氣影響水代謝，病變部位的滲出液不容易被機體吸收，使得病變加重。變態反應釋放的血管活性物質使毛細血管通透性增大，微循環血流減慢。血管活性物質刺激神經末梢，產生疼痛。由於抗原物質可隨血液流動，因此，風濕病的關節疼痛具有游走性。這就是風寒濕導致風濕病的實質。這樣，我們就可以解釋爲什麼寒冷和潮濕是風濕關節痛的誘因。

內風症是體內機能異常的表現。肝風內動的症狀主要是肌肉運動異常和眩暈。肌肉運動異常包括抽搐、項强、目睛上視、角弓反張、肢體震顫、口眼喎斜、半身不遂、肢體痲木、肌肉跳動等臨牀症狀。這些症狀是由機體代謝失調和血管病變等原因導致的上運動神經元和神經肌肉接頭功能異常所引起的。眩暈是一種運動幻覺，由外源性、週圍性或中樞性的前庭障礙所引起。

急性感染、高熱、新陳代謝障礙使大腦皮質運動區興奮性增加，錐體外系的機能發生變化，因而出現抽搐、項强、目睛上視、角弓反張等症狀。這就是熱極生風的實質。這相當於現代醫學的驚厥。

當交感神經系統興奮性過高時，肝血竇縮小，血壓升高，肝臟代謝紊亂，因而導致大腦皮質運動區和基底神經節的機能異常，出現肢體震顫的症狀。另外，血壓升高還可引起頭目眩暈。如果高血壓導致內囊的小動脈破裂，造成腦溢血，則可出現突然昏倒、半身不遂、口眼喎斜的症狀、稱爲「中風」。這是血凝塊壓迫皮質束和皮質脊髓束的傳導所致。因此，肝陽化風的實質是支配肝臟的交感神經興奮性過高，引起高血壓和肝臟代謝紊亂，進而導致大腦皮質運動區和基底神經節的機能異常以及腦血管意外。

如果肝臟合成血漿蛋白質的功能減退，就會出現血虛。頭昏眼花是由於血液中營養成分不足所引起。肢體麻木與肌腱和韌帶的膠原纖維合成障礙有關。肢體震顫和肌肉跳動與血鈣過低有關。因此，血虛生風的實質是血液中的血漿蛋白質、氨基酸和鈣離子等成分減少，因而導致肌肉運動障礙。

陰虛動風出現的手足蠕動、眩暈、耳鳴等症狀是由內分泌和電解質的異常所引起。甲狀旁腺分泌的甲狀旁腺素減少，血鈣過低，可出現眩暈和手足蠕動。腎上腺分泌的醛固酮不足則可出現耳鳴。

㈡寒

寒是冬季的主氣。外寒指的是外界的寒氣侵犯人體而發生疾病的病邪。

1. 寒邪的特徵

(1)寒爲陰邪，易傷陽氣

(2)寒性收引，凝滯，主痛

2. 常見的寒證

(1)外寒證　外寒證是寒邪侵入肌表或直中臟腑所出現的病證，有外感寒邪和寒傷脾胃等。

⑵內寒證　陽氣虛弱，則寒從內生。內寒就是陽虛裏寒。內寒可產生於上焦、中焦和下焦，而出現上焦陽虛、中焦虛寒和下焦虛寒。

3. 寒邪的實質

寒即低溫。寒冷可使皮膚毛細血管收縮。立毛肌收縮，甲狀腺素分泌增加，腎上腺素和腎上腺皮質激素分泌減少，副交感神經興奮性提高。寒冷使呼吸道黏膜的穿透性降低，毛細血管收縮，因此，病毒容易從呼吸道侵入人體。

對於外寒證來說，寒邪就是誘導患病的低溫氣候。

當天氣突然變涼時，人體抵抗力下降，容易受病毒的感染。由於氣溫低，再加上病毒感染，致熱源作用於體溫調節中樞，因此出現立毛肌收縮、汗腺關閉、身體惡寒、發熱等症狀。如果病毒侵入呼吸道，這時由於副交感神經興奮性較强，身體會發生特異性免疫反應，因此，會出現鼻塞、咳嗽、喘息等呼吸道的病毒性感染炎症症狀。當寒冷作用於人體時，體表血管收縮，寒冷凝集素增多。由於血流不通暢，缺氧，因此，無氧酵解作用加强，乳酸積聚增加，結果出現頭痛、身痛、關節疼痛等證。這就是外感寒邪的實質。

當恣食生冷或腹部受涼時，消化道受食物和寒冷的刺激而發生炎症。副交感神經和炎症介質的作用使消化道平滑肌收縮性加强，消化液分泌增加，因此，出現腸鳴、嘔吐、噁心、腹瀉等症狀。此外，炎症介質刺激神經末梢，導致脘腹疼痛。

內寒證是內分泌和能量代謝失調而引起的機能障礙。

當腎上腺素、去甲腎上腺素、甲狀腺素和可的松等激素分泌不足時，心和肺組織的代謝率降低，生成的ATP減少，因而機能減弱。與此同時，器官的血液循環不通暢，因而出現胸悶、畏寒、胸痛徹背、咳逆氣短、面唇青紫等症。這是上焦陽虛的表現。

當供應胃、小腸和胰的動脈血流不通暢，血中所含的陽性激素減少時，胃腸組織的能量代謝降低，胃腸道平滑肌收縮無力，胰腺分泌的消化酶減少，小腸吸收功能降低，因而出現腹脹便溏的症狀。這是脾陽不振的表現。如果四肢的血液循環不通暢，組織產能降低，則四肢不溫。若胃的能量生成減少，則平滑肌收縮無力，胃大量分泌稀薄的胃液，因而出現嘔吐清水、納少等症狀。胃腸道血流不通暢，缺氧，會使無氧代謝加強，組織出現酸中毒，神經末梢因受代謝產物的刺激而產生疼痛。因此，中焦虛寒會出現脘腹疼痛的症狀。

當腎上腺功能低下，泌尿生殖器官、大腸、腰部和下肢的血液循環不暢通，能量代謝降低時，會出現腰膝冷痛、男子陽萎、女子帶下清稀、小便頻數或不利、少腹陰冷、五更泄瀉等症狀。這就是下焦虛寒的表現。

㈢暑

暑是夏季的主氣，爲火熱之氣所化。夏季的溫病爲感暑邪所致，稱爲暑病。

1. 暑邪的特徵

(1)暑爲陽邪，其性炎熱

(2)暑性升散、耗氣傷津

(3)暑多挾濕

2. 常見的暑證

常見的暑證有冒暑、傷暑、中暑和暑濕證等。

3. 暑邪的實質

暑邪指的是夏季炎熱或兼潮濕天氣以及細菌感染的致病作用。

夏季天氣炎熱，人體代謝率高，產熱量大，因此，爲了散熱，汗腺分泌增加。但是，如果出汗過多，身體喪失大量的水分和電解質，身體的機能就會受到影響。因此，暑病多見身熱、汗多、心煩、口渴喜飲、氣少、倦怠乏力等症狀。水和電解質平衡的嚴重紊亂可引起熱痙攣，中醫稱爲「暑風」。

夏季在高溫環境下工作，如果濕度大，通風不良，機體散熱效率降低，會出現體內淤熱現象，體溫上升。人體可因過熱而發生中暑。高體溫加速體內各種代謝過程，最後引起體溫調節中樞機能衰竭，體溫過高，意識喪失，出現循環、呼吸功能衰竭。

夏季如果濕度較大，汗液蒸發受阻，散熱功能下降，會導致身熱不揚，午後尤甚；體內5－羥色胺增加，會出現胸悶噁心，食慾不振，四肢困倦，大便溏，小便黃等症狀。這就是暑濕證的實質。

夏季天氣炎熱，細菌繁殖快，感染性疾病多爲細菌引起。夏季人體交感神經系統興奮性提高，機體在受感染後出現非特異性免疫反應，血液中嗜中性粒細胞或單核細胞增多。機體代謝率增高，產熱增多，汗腺分泌增多，因而出現高熱、口渴、汗多、脈洪大、舌苔乾等熱證的徵象。夏季的感染性疾病也可由病毒和鈎端螺旋體引起，但都會出現以發熱，嗜中性粒細胞增多爲特徵的溫病徵象。此時嗜中性粒細胞增多可能與Ⅲ型變態反應有關。

㈣濕

濕爲長夏的主氣。長夏濕氣重，故濕病多。

1. 濕邪的特徵

⑴濕性重濁

⑵濕性黏滯

⑶濕爲陰邪，遏傷陽氣，阻礙氣機

2. 常見的濕證

⑴外濕證　可分爲傷濕和濕痹兩類。

⑵內濕證　可分爲濕滯上焦、濕阻中焦和濕注下焦等。

3. 濕邪的實質

大氣濕度可用絕對濕度和相對濕度來表示。絕對濕度是大氣中水汽的密度，即每立方米大氣中所含水汽的質量（克）；相對濕度是大氣中實有水汽壓與當時氣溫下飽和水汽壓的百分比。由於人體從體表喪失的熱量取決於空氣中水蒸氣的飽和程度，因此，濕指的是相對濕度大。

當相對濕度增大時，人體呼吸道水分和汗液的蒸發受到影響，進而使身體散熱和水代謝受到影響。濕病的共同特點是水代謝障礙，表現爲小便不利和脈濡。小便不利是腎小球濾過率降低的結果。脈濡則表明心臟排血量減少，血液濃度增大。

濕證的實質表現在兩個方面，一是局部或全身水腫，二是滲出性炎症。濕爲陰邪。當濕度較大時，副交感神經興奮性提高，胰島素分泌增加，機體的能量代謝減弱，細胞膜上的鈉泵活性降低，鈉離子和水內流增加，因而導致細胞腫脹。脾陽不足，消化道分泌的5－羥色胺增多，使毛細血管通透性增加，組織液的生成增多，也可導致組織水腫、血容量減少、血液濃度增大。濕病的滲出性炎症是由變態反應所引起，病變部位有淋巴細胞浸潤，血液中淋巴細胞增多。濕熱病的滲出性炎症是由Ⅲ型變態反應所引起，有抗原抗體複合物形成，血液中的嗜中性粒細胞增多。濕熱病的滲出性炎症還可由細菌感染所引起，血液中的嗜中性粒細胞亦增多。滲出性炎症可使組織液生成增多，出現局部水腫。由於機體的水代謝障礙，因此，炎症滲出物不容易被機體吸收，使得疾病纏綿難癒。組織水腫和滲出性炎症可進一步影響機體的其它功能。

外濕證是在潮濕天氣條件下感染病原微生物所致。濕度大時，革蘭氏陰性菌繁殖快，容易感染人體。傷濕的惡寒、發熱是病原微生物感染所致；出汗而熱不退、頭身痠重、胸悶、口不渴、舌苔薄白而滑、脈濡等症狀是汗液蒸發受阻、散熱和水代謝功能障礙的表現。濕痹屬於慢性類風濕性關節炎，由變態反應所引起，是自身免疫性疾病，與交感一腎上腺系統和腎上腺皮質功能低下、腎血流量減少、水瀦留有關。

內濕證是由內臟機能障礙而引起的水代謝異常。由於組織水腫，水的吸收和排泄以及體液分泌的異常可出現在身體不同部位，因此，內濕證可分爲濕滯上焦、濕阻中焦和濕注下焦。內濕證的實質是組織水腫，水代謝異常，進而出現其它生理功能障礙。

㈤燥

燥是秋天的主氣。人體感受外界燥邪而發病，稱爲外燥，因其多見於氣候乾燥的秋季，故亦稱爲「秋燥」。

1. 燥邪的特徵

⑴燥性乾燥，易傷津液

⑵燥易傷肺

2. 常見的燥證

⑴外燥證　分爲涼燥與溫燥兩類。

⑵內燥證　內燥證是由於人體津液或精血虧損所表現出的病證。

3. 燥邪的實質

燥指的是空氣乾燥，相對濕度小。

空氣乾燥，人體從呼吸道蒸發的水分增加，呼吸道黏膜乾燥，彈性減少，容易產生微小的裂口；纖毛活動減少，排出異物的功能減退；黏膜再生能力降低；血流減少，加溫吸入空氣的能力降低。

空氣乾燥時，革蘭氏陽性細菌和流感病毒容易繁殖。因此，當空氣乾燥，氣溫較高時，人體容易感染革蘭氏陽性細菌，機體出現非特異性免疫反應，血液中的嗜中性粒細胞增多。這就是溫燥證的實質。當空氣乾燥，氣溫較低時，人體容易感染流感病毒，機體出現特異性免疫反應，血液中的淋巴細胞增多。這就是涼燥證的實質。總而言之，外燥證是在氣候乾燥的條件下感染病原微生物所致。

燥證的共同特徵是出現不同程度的脫水。

外感證是由於呼吸道水分蒸發過多，身體輕度脫水，抵抗力下降，繼發受病原微生物感染所致。涼燥證的發熱、惡寒、頭痛、咳嗽是由感染所引起，無汗、口乾咽燥、皮膚乾燥、少痰或無痰則是身體輕度脫水所致。溫燥證的發熱、微惡風寒、頭痛、乾咳、咽喉腫痛是由感染所引起，少汗、痰黏量少或帶血，皮膚及鼻咽乾燥、口渴是身體輕度脫水所致。心煩和舌邊尖紅是交感腎上腺系統功能活躍的表現。

內燥證是程度較嚴重的脫水。引起脫水的原因有高熱、呼吸加快、出汗過多、失血、腹瀉、嘔吐和消耗性疾病等。口渴、皮膚乾燥、大便秘結、肌肉消瘦、舌燥無津、脈細澀等症狀均為脫水所致。

㈥火

火與熱同類，均為陽熱之象。但兩者又有所不同，熱較輕而火較重，熱較靜而火易動，而且火多由內生。火病的發生可由直接感受溫熱邪氣引起，也可由風、寒、暑、濕、燥五邪入裏化熱化火而成。內火是臟腑功能失調和情志過激所致。

1. 火邪的特徵

⑴火為熱之極，其性炎上

⑵消灼津液

⑶迫血妄行

2. 常見的火證

火證可分爲實火和虛火。

3. 火邪的實質

火證的實質是交感神經興奮性增高，陽性激素分泌增加，能量代謝率提高。

引起火證的外因是在炎熱的氣候條件下受細菌感染，或者由其它感染性疾病發展而成。引起火證的內因是植物性神經系統和內分泌功能失調，或者是由於情緒激動而導致植物性神經系統和內分泌功能失調。

屬於火證的感染性疾病由細菌感染所引起。由於人體的交感神經興奮性提高，腎上腺素和去甲腎上腺素分泌增加，人體出現非特異性免疫反應，嗜中性粒細胞機能活躍，因此，血液中的嗜中性粒細胞增多，病變部位有嗜中性粒細胞浸潤，並可見紅、腫、熱、痛等急性炎症的表現。

火證的發熱、惡熱是能量代謝加強，產熱量增加的表現；煩躁不安是中樞神經系統興奮的結果；面紅目赤、舌紅等是心臟功能加強的表現。由於體溫升高，水分蒸發加快，再加上消化道的分泌減少，對水分的吸收增加，腎臟對水的重吸收也增加，因此，出現口乾渴喜冷飲、舌乾少津、小便短少、大便乾燥等症狀。由於交感神經興奮，腎上腺素分泌增加，因此，心跳加快，心收縮力增強，血壓升高。此外，cAMP增高使得血小板的聚集作用受抑制，凝血系統活性減弱，纖溶系統活性增強。這些因素可導致吐血、衄血或皮下出血，即發斑。這就是迫血妄行的實質。

火證有實火和虛火之分。其共同特點是交感神經興奮性提高；陽性激素分泌增加；能量代謝率提高；消化道分泌減少，對水分的吸收增加；腎臟對水的重吸收增加；中樞神經系統興奮性提高。兩者的差異在於：實火多見於細菌急性感染，虛火則多見於慢性感染，或感染疾病的恢復期；實火證心臟收縮有力，血容量充足，虛火證心臟收縮無力，血容量減少。

二、疫　　癘

疫癘，也稱「異氣」、「戾氣」、「癘氣」和「毒氣」，屬於外來致病因素，是傳染性很強的急性傳染病的致病因子。

疫癘的發生與流行跟自然氣候的嚴重反常，如久旱、淫雨、酷熱、瘴氣，以及衛生條件差等因素有關。

疫癘指的是存在於空氣中的引起烈性傳染病的病原微生物。傳染病多經呼吸道和消化道傳染。同一種病原微生物引起的傳染病，其症狀相似。不同的病原微生物引起不同的傳染病。由於條件所限，中醫學未能對致病微生物進行微觀研究。但是，中醫學對傳染病流行的宏觀觀察基本上是正確的。中醫學還認爲引起烈性傳染病的因子存在於空氣中，並認爲傳染病的流行與氣候反常有關。

三、七　　情

喜、怒、憂、思、悲、恐、驚七種情志的變化，簡稱爲七情。在一般情況下，七情是人對客觀外界事物的反映，屬於正常的精神活動的範圍。但是，如果長期的精神刺激或劇烈的精神創傷超過了人體生理活動所能調節的範圍，就會引起體內陰陽氣血的失調，臟腑和經絡功能的紊亂，從而導致疾病的產生。

㈠七情致病規律

七情致病，是通過直接影響有關內臟而發病的，因此，它是造成內傷病的主要因素。

人的情志活動與內臟有着密切的聯繫。情志致病多傷及相關的內臟。《素問・陰陽應象大論》指出：「怒傷肝」，「喜傷心」，

「思傷脾」，「憂傷肺」、「恐傷腎」。

情志的異常變化，主要傷及內臟的氣機，使臟腑功能發生紊亂而致病。《素問·舉痛論》指出：「百病生於氣也。怒則氣上，喜則氣緩，悲則氣消，恐則氣下，……驚則氣亂，思則氣結。」

臟腑功能的失調，也可以引起某些情志的改變。《靈樞·本神》指出：「肝氣虛則恐，實則怒」；「心氣虛則悲，實則笑不休」。因此，臟氣的虛實不同，可導致情志的不同改變。

精神因素引起的病證，以心、肝、脾爲多見。

(二)七情致病原理

情緒的生理反應表現爲內臟和軀體神經的機能。恐懼時，伴有心搏加速、呼吸加快、皮膚血管收縮、出冷汗、瞳孔擴張和肌肉震顫的出現。悲傷哭泣時，鼻腔分泌過盛、皮膚蒼白、肌緊張下降並且行動遲緩。

情緒外部表現的複雜模式主要由前額葉—丘腦下部—丘腦複合構成。大腦皮質的眶部—島葉—顳極—扣帶回區均與情緒的內臟神經反應有直接關係。來自這些區域的纖維通過丘腦下部到達延髓內臟神經中樞或直接到達腦幹網狀結構改變軀體運動神經元的活動。

電刺激杏仁核與杏仁旁區的一定部位，有時出現憤怒攻擊行爲，或恐懼逃避類型的情感反應。中隔區前內側邊緣的損傷可減弱恐懼時的反應。

總而言之，在大腦新皮質、邊緣系統和丘腦下部有控制情緒和調節內臟活動的植物性神經中樞。

喜、怒、憂、思、悲、恐、驚七情當中，喜、憂、悲以副交感神經反應爲主，怒、思、恐、驚以交感神經反應爲主。

實驗研究表明，人在高興的時候，腦電圖出現 θ 波，中樞神經系統興奮性降低。在新皮質、邊緣系統、丘腦下部神經中樞的調節下，心跳減慢，血管舒張。這就是「喜則氣緩」的實質。但是，喜太過則會影響心血管、甲狀腺和腦的功能，導致「喜傷心」。

悲傷和憂愁使支配呼吸系統的副交感神經興奮，呼吸道痙攣，分泌物增多，呼吸運動以呼氣佔優勢。這就是「愁憂者，氣閉塞而不行」，「悲則氣消」的實質。悲傷憂愁過度可導致呼吸系統機能障礙，即「憂傷肺」。

發怒時，交感神經興奮，血壓升高，流往人體上部的血液增加，呼吸運動以吸氣佔優勢，因此，「怒則氣上」。由於交感神經興奮，激素分泌增加，肝血竇的緊張性加强，肝臟代謝加强，因此，大怒會使肝臟功能受影響，即「怒則傷肝」。

當進行思考時，大腦皮質耗氧量和代謝率較高，供應大腦的血流量增加，因此，供應胰和十二指腸的血液相對減少。如果思慮過度，胰和十二指腸的血流供應不足，就會導致消化功能障礙，即「思傷脾」。另外，進行思考的時候，副交感神經發放的衝動減少，因此，消化道的運動和分泌機能減弱。這就是「思則氣結」的實質。

恐懼、驚駭時，支配腎上腺、腎和性腺的交感神經興奮，因此，「恐則氣下」。這時，腎上腺素、腎上腺皮質激素分泌增加，腎動脈收縮，腎血流量減少，尿的生成減少。由於支配腎上腺、腎和性腺的交感神經與支配消化道末段及泌尿生殖器官的交感神經起源於脊髓相同的節段，因此，出現下焦脹滿、遺精滑精等症狀。下焦脹滿是交感神經興奮，消化道運動減弱的表現；遺精滑精是交感神經興奮，附睾和輸精管平滑肌收縮的結果。驚恐會使腎上腺、腎、性腺以及消化道末段和泌尿生殖器官的功能受影響，因此，「恐傷腎」。

「肝氣虛則恐，實則怒」指的是支配肝臟的交感神經興奮性減弱時，容易產生恐懼情緒，而興奮性增强時，則容易產生發怒的情緒。「心氣虛則悲，實則笑不休」指的是支配心臟、甲狀腺、甲狀旁腺和腦血管的交感神經興奮性減弱時，容易出現悲傷情緒；興奮性增强時，則容易不停地笑。

四、飲食勞倦

飲食、勞動和休息是人類賴以生存和保持健康的必要條件。但是，飲食要有節制，勞逸要合理安排，否則，會降低機體的抵抗力，影響臟腑的生理功能，導致疾病的產生。

㈠飲食

1. 飲食致病的特徵

飲食所傷引起的疾病有飲食不節、飲食不潔和飲食偏嗜。

2. 飲食致病的原理

飲食不足，身體由於得不到充足的營養供應而機能減退。攝入蛋白質不足，身體用於製造抗體的原料減少，抵抗力會降低。飲食過量，胃酸和消化酶的分泌不能與之相適應，會出現食物積滯，消化不良的症狀。

進食含有細菌、病毒或有毒物質的食物，可引起急性胃腸炎，出現腹痛、嘔吐、腹瀉，甚至發熱、水與電解質及酸碱平衡紊亂、血壓下降等症狀。毒蕈中毒可有黃疸、血紅蛋白尿等溶血症狀，重者出現驚厥和虛脫。河豚中毒，除胃腸症狀外，尚有神經方面的症狀，先出現感覺神經麻痹，後出現運動神經麻痹，最後出現中樞神經麻痹。患者可因呼吸麻痹而死亡。

進食含鹽分和脂肪過多的食物可導致身體代謝障礙。攝入鹽分過多，容易導致水分瀦留體內，出現水代謝障礙。這是過食厚味助濕、生痰的實質。攝入脂肪過多，人體代謝率提高，交感腎上腺機能活躍，非特異性免疫功能增強，因此，機體產熱量增加，受細菌感染後容易生癰瘍。過食生冷，消化道受生冷食物的刺激後血流量減少，副交感神經興奮性提高，消化道平滑肌收縮加強，因而出現泄瀉；消化道微循環障礙導致炎症介質的釋放，再加上食物分解產物的刺激，因而出現腹痛。這就是過食生冷導致腹痛、泄瀉的實質。辛辣食物刺激消化道，使消化道血流量增加，代謝率提高，鈉泵活性提高，因而對水的吸收增加，導致大便乾燥。辛辣食物殘渣刺激肛門，導致局部靜脈擴張，因而形成痔瘡。

㈡勞倦

過度勞累容易耗傷正氣，可致積勞成疾。過度安逸，缺少運動和鍛煉，氣血運行不暢，亦可導致疾病。性生活不節、早婚、產育過多等房勞太過可耗精傷腎。

1. 勞倦致病的特徵

「勞則氣耗」。過度勞累可導致氣病。

「逸則氣隋」。過度安逸，缺少勞動鍛煉，消耗減少，脂肪蓄積，身體肥胖，則行動不便，氣血流行不暢，可導致各種疾病。

房事過度，醉後入房，早婚多育，消耗腎精過多，可導致腎虛。

2. 勞倦致病的原理

過度勞累，機體交感神經興奮，代謝率增高，耗氧量增大，因此，呼吸急促，汗液分泌增多。如果身體的物質和能量消耗過多，則會出現倦怠無力，嗜卧，懶言，飲食減少等症狀。

過度安逸會使機體代謝率降低，脂肪沉積增多，副交感神經興奮性提高。血脂增加，血液流動不暢通，可導致身體各器官的功能障礙。由於能量代謝率降低，鈉泵活性降低，身體出現水代謝障礙，因而出現痰多，組織水瀦留等症狀。心肺活動受脂肪組織的壓迫，因而稍爲活動便心悸氣喘，肢軟無力。

性生活過度可造成神經、內分泌功能失調和微量元素不足。中醫的「腎」包括腎上腺、腎和性腺的功能。首先，性生活過度可導致性神經的興奮與抑制的失調。交感神經興奮性過高可導致陽萎、早泄；副交感神經興奮性過高則陰莖容易勃起。植物性神經功能失調還會影響腎和腎上腺的功能，進而影響全身功能。性交時，性器官充血，性腺分泌性激素增加。性激素通過負反饋調節作用抑制腺垂體的功能。國外Pearse曾對交配後的兔的腦垂體前葉進行過細胞學研究，發現其嗜碱性細胞和嗜酸性細胞的染色性均有所改變，顯示垂體前葉功能減退。垂體前葉功能減退，則促性腺激素、促甲狀腺激素、促腎上腺皮質激素、生乳素和生長素分泌減少。促性腺激素和促腎上腺皮質激素分泌減少，則性腺和腎上腺皮質功能減退。這是腎陽虛的表現。甲狀腺素和腎上腺皮質激素減少，使得機體能量代謝率降低，出現形寒肢冷，腰膝以下尤甚，女子宮冷不孕、帶下等症狀。各種激素分泌機能的減退可影響機體的其它機能。另外，男性射精過頻可損失大量的鋅。人的精液中鋅含量高達0.2%，而人體組織鋅的平均含量才只有33ppm，即百萬分之三十三。鋅是構成多種蛋白質分子所必需的，是血液中使碳酸氫鹽釋放二氧化碳的酶的組分，也是使醇和其它天然物質開始氧化的酶和分解蛋白質某些部分的酶的組分。鋅缺乏會導致淋巴組織萎縮，影響遲發過敏反應，使輔助T細胞功能發生障礙，血清胸腺因子活性降低。鋅缺乏還會引起生長停滯和貧血。總之，鋅是一種生命攸關的元素。實驗表明，腎陰虛和腎陽虛患者血清中鋅含量均低於正常人。鋅缺乏也可由腎功能障礙所引起。另外，愛滋病是一種免疫缺陷疾病，患者常缺乏鋅。愛滋病患者多爲縱慾無度的同性戀者。綜上所述，性生活過度可導致生殖功能障礙和全身機能障礙，產生各種疾病。由此可見，中醫提倡惜精節慾是有科學根據的。

五、外傷和蟲獸傷害

㈠外傷

外傷以跌打損傷和金刃所傷最常見。

1. 外傷致病的特徵

跌打損傷，傷及氣血。傷氣則氣滯，傷血則血凝。氣滯能致血凝，血凝亦能阻氣行。

金刃所傷，輕者局部皮肉破損，出血；血滲肌膚，瘀積化熱，故紅腫熱痛。重者傷筋折骨，故疼痛難忍，運動受限。

2. 外傷致病的原理

跌打損傷，可使微血管破裂，出現內出血；神經受損，則出現疼痛。微血管破裂後出現凝血，使微循環受阻，因而局部紅腫。如果傷及肌肉和骨骼，則導致肌肉損傷、關節脫臼和骨折。內臟受傷，血管破裂，可導致內臟出血。若頭部受傷，腦組織受損，輕則頭昏眼花，重則昏迷或死亡。

刀傷因血管破裂而出血，神經受損而疼痛。如出血過多，可發生急性貧血，出現無力、頭暈、口渴、面色蒼白、呼吸淺速、脈搏快弱、血壓下降等症狀。傷口若受破傷風桿菌感染，則會引起破傷風，出現全身肌肉抽搐等症狀。

㈡蟲獸傷害

1. 蟲獸傷害的特徵

毒蟲螫傷，則局部紅腫疼痛，重者則出現頭昏、倒閉等全身中毒症狀。

毒蛇咬傷，蛇毒有風毒和火毒之分。被含風毒的毒蛇咬傷後，局部不紅不腫，無滲液，微痛，甚至麻木。輕者出現頭暈、汗出、胸悶、四肢無力等症；重者出現瞳孔散大，視物模糊，語言不清，流涎，牙關緊閉，吞咽困難，昏迷，呼吸減弱，脈象遲弱或不整，最後氣息痹阻等症。被含火毒的毒蛇咬傷後，傷口劇痛，腫脹，起水泡，甚至傷口壞死形成潰瘍。全身症狀有寒戰發熱，全身肌肉酸痛，皮下出血，尿血，便血，衄血和吐血，繼而出現黃疸等症，甚至出現心氣虛脫。

狂犬咬傷，可出現狂犬病。

2. 蟲獸傷害的原理

毒蟲螫傷，局部受毒素刺激而出現紅腫疼痛。若毒液隨血液流至全身，則可出現全身中毒症狀。

毒蛇咬傷，蛇毒能隨淋巴和血液擴散，引起中毒。蛇毒是一種複雜的蛋白質，可分爲神經毒和血循毒兩種。神經毒，即風毒，引起麻痹無力，昏迷，最後導致中樞神經系統麻痹而死亡。血循毒，即火毒，引起傷口劇痛，水腫，漸至皮下出現紫斑，最後導致心臟衰竭而死亡。

狂犬病是人被狂犬咬傷後，感染狂犬病病毒所引起的。

六、痰飲和瘀血

痰飲和瘀血，都是人體病理變化的產物。這些產物形成後，則成爲致病因素，或使疾病惡化。

㈠痰飲

痰和飲是肺、脾、腎三臟功能失調而導致水濕停聚的病理產物。稠厚者爲痰，清稀者爲飲。

1. 痰飲致病的特徵

痰飲生成後，便成爲新的致病因素，可產生多種疾病。由於痰飲留滯的部位不同，引起的病證和臨床表現也不相同。

由痰飲引起的疾病，其共同特點是：咳吐多量痰涎，喉中痰鳴，脹滿水腫，嘔吐頭眩，心悸，苔膩，脈弦滑等。

2. 痰飲致病的原理

常見的痰證有支氣管哮喘、支氣管擴張、結核性腸瘍（流痰）、淋巴結結核（瘰癧）、急性化膿性淋巴結炎（痰毒）、甲狀腺腫（癭痰）、結核性腰肌膿瘍（腎俞虛痰）。某些腦血管意外、精神分裂症、感染性疾病和癔病屬於痰迷心竅。某些腫瘤亦與痰有關。

膈以上的飲證有慢性支氣管炎的水飲型和胸腔、心包腔積液等；膈以下至臍以上的飲證見於腸梗阻時的胃腸積液；臍以下的飲證則多爲急性尿瀦留所引起的疾病。

由此可見，痰證一般在病變部位有稠厚黏液積聚，包括呼吸道分泌液、淋巴液、結核桿菌感染所形成的膿液等。另外，水分可積聚於腫脹和增生的細胞組織中。這些病理變化可進一步形成其它疾病。

飲證的特點是水分積聚於細胞間、體腔或中空的器官中。這種水代謝異常可引起其它病變。

痰飲證脈弦滑表明血容量增加，血液稀釋。咳吐多量痰涎，喉中痰鳴，脹滿水腫等症狀表明機體副交感神經活動佔優勢，甲狀腺素、腎上腺素和腎上腺皮質激素等分泌減少，能量代謝低下，鈉泵活性降低，因而水的吸收和排泄以及體液循環出現障礙，水積聚在細胞內、細胞間、體腔及中空器官內。痰證和飲證的區別在於痰證的水分以黏液、淋巴液、膿液等黏稠液體的形式存在或積聚在腫脹的細胞內，而飲證的水分則以組織液、滲出液、分泌液等稀釋液體的形式存在於細胞間、體腔和中空器官內。

㈡瘀血

血液運行不暢，局部血液停滯，以及體內存留離經之血均爲瘀血。

1. 瘀血致病的特徵

瘀血常因瘀阻的部位不同而病證各異。瘀血致病有疼痛、腫塊、出血等表現。瘀阻經脈，不通則痛。瘀血證的疼痛是固定不移，呈刺痛，拒按，持久不癒的。出血也是瘀血證的常見症狀。這種出血的顏色多紫暗，常伴有血塊。瘀血證的的全身症狀包括面色黧黑、肌膚青紫、舌色紫暗或有瘀點、瘀斑，脈細澀等。若瘀血攻心，則出現譫妄、發狂等精神症狀。

2. 瘀血致病的原理

瘀血的病理變化包括血液循環障礙，尤其是微循環障礙所導致的缺血、鬱血、出血、血栓和水腫等病變；炎症所導致的組織滲出、變性、壞死、萎縮或增生；代謝障礙所引起的組織病理反應；以及組織無限制的增生或細胞分化不良。

瘀血病證的共同特點是血液呈濃、黏、凝、聚狀態，導致微循環障礙，進而引起各種疾病。

七、運氣學說

運氣學說，又稱五運六氣，是古代研究氣候規律與發病關係的學說。五運指木、火、土、金、水五行的運行；六氣指風、熱、濕、火、燥、寒六種氣候的流轉。

㈠運氣學說的主要內容

運氣學說以甲、乙、丙、丁、戊、己、庚、辛、壬、癸十天干定運，以子、丑、寅、卯、辰、巳、午、未、申、酉、戌、亥十二地支定氣，進行演繹推算。

以十天干的甲己配爲土運，乙庚配爲金運，丙辛配爲水運，丁壬配爲木運，戊癸配爲火運，稱爲五運。前干屬陽，後干屬陰。如年干逢甲，爲陽土運年；年干逢己，爲陰土運年。陽年主太過，陰年主不及。依次推算，便知本年屬某運。

以十二地支的巳亥配爲厥陰風木，子午配爲少陰君火，寅申配爲少陽相火，丑未配爲太陰濕土，卯酉配爲陽明燥金，辰戌配爲太陽寒水，稱爲六氣。

按風木、君火、相火、濕土、燥金、寒水的順序，分主於一年的二十四節氣，稱爲主氣。主氣分主一年四季，年年不變。厥陰風木主大寒至驚蟄，少陰君火主春分至立夏，少陽相火主小滿至小暑，太陰濕土主大暑至白露，陽明燥金主秋分至立冬，太陽寒水主小雪至小寒（圖6－1）。按風木、君火、濕土、相火、燥金、寒水的順序，分爲司天、在泉、左右四間氣六步，稱爲客氣。客氣以每年的年支推算。子午年少陰君火司天，陽明燥金在泉；卯酉年陽明燥金司天，少陰君火在泉；辰戌年太陽寒水司天，太陰濕土在泉；丑未年太陰濕土司天，太陽寒水在泉；寅申年少陽相火司天，厥陰風木在泉；巳亥年厥陰風木司天，少陽相火在泉。司天管上半年，在泉管下半年。

運氣相臨有五大類型。氣生運稱爲順化，有十二年，即癸巳、癸亥、壬辰、壬戌、辛卯、辛酉、甲寅、甲申、乙丑、乙未。氣克運稱爲天刑，有十二年，即己巳、己亥、戊辰、戊戌、丁卯、丁酉、庚寅、庚申、辛丑、辛未、庚子、庚午。運生氣稱爲小逆，有十二年，即辛巳、辛亥、庚辰、庚戌、己卯、己酉、壬寅、壬申、癸丑、癸未、壬子、壬午。運克氣稱爲不和，有十二年，即乙巳、乙亥、甲辰、甲戌、癸卯、癸酉、丙寅、丙申、丁丑、丁未、丙子、丙午。運氣相同稱爲天符，有十二年，即己丑、己未、戊寅、戊申、戊子、戊午、乙卯、乙酉、丁巳、丁亥、丙辰、丙戌。順化

圖6-1　主氣圖

與天刑屬順；小逆、不和與天符屬逆。

運氣同化有五種類型。運氣相同稱爲天符。運與年支五行同屬，稱爲歲會，有八年，即丁卯、戊午、甲辰、甲戌、己丑、己未、乙酉、丙子。運氣相同，且與年支五行同屬，稱爲太乙天符，有四年，即戊午、己丑、己未、乙酉。太過年之運與在泉之氣相符，稱爲同天符，有六年，即甲辰、甲戌、壬寅、壬申、庚子、庚午。不及年之運與在泉之氣相符，稱爲同歲會，有六年，即癸巳、癸亥、辛丑、辛未、癸卯、癸酉。運氣同化之年，稱爲平年。

既非太過，又無不及之氣，稱爲平氣。平氣年的氣候一般是正常變化，或只有輕微異常。平氣年有兩類。一爲運太過而被抑爲平氣年的，有六年，即戊辰、戊戌、庚子、庚午、庚寅、庚申。二爲運不及而得助成爲平氣年的，有六年，即乙酉、丁卯、己丑、己未、辛亥、癸巳。

六氣的客主加臨，以客氣爲主進行推算。客氣生主氣，客氣克主氣爲順，反之則爲逆。主氣客氣相同，稱爲同氣。順表示本步所主氣候的變異不大；逆表示本步所主氣候變異較大；同氣則表示氣候變異特別厲害。

根據五運的太過和不及，再結合六氣的司天在泉，然後用五行學說和六淫學說進行推演，即可預測一年發病的類型。另外，還可以根據運氣相臨情況，預測病情的發展。一般來說，順化、天符年發病較重；天刑、小逆、不和年發病較輕；歲會年病徐而持；太乙天符年病暴而死。

(二)運氣學說的原理

運氣學說可用於推斷每年的氣候變化規律，然後根據五行學說和六淫學說，推測每年疾病的發生規律。

通過將氣象資料與運氣學說推算結果進行比較研究表明，運氣學說的推算結果與實際情形大致相符。這表明運氣學說是有一定科學根據的。

根據杭州的氣象資料，1976年冬季異常寒冷。該年爲丙辰年，屬水運太陽寒水司天，爲天符年，因此，天氣格外寒冷。上一個丙辰年，即1916年，也出現過嚴寒天氣。1978年夏季炎熱。該年爲戊午年，屬火運少陰君火司天，故氣候酷熱，有許多暑熱病患者。1957年爲丁酉年，1967年爲丁未年。這兩年的氣候非常乾燥。丁酉年爲木運燥金司天，因爲金克木，故氣候乾燥。丁未年爲木運太陰濕土司天，因爲木克土，所以氣候亦乾燥。1962年爲壬寅年，刮風時間長。該年爲木運少陽相火司天，厥陰風木在泉，因此，常出現刮風天氣。1961年爲辛丑年，1964年爲甲辰年。這兩年雨水多，濕度大。辛丑年屬水運太陰濕土司天，因爲土克水，所以濕度大。甲辰年屬土運太陽寒水司天，因此，陰雨天氣多。

對蚌埠1952～1970年氣象資料研究表明，有74％的情形與運氣學說推算結果一致。對開封地區1961～1970年氣象資料的研究也表明運氣學說推算的準確性達80％左右。

運氣學說以十天干與十二地支相配，運行一週期爲60年。十天干配五行，並分陰陽兩類，運行一週爲10年。對古代極光和太陽黑子頻率的研究表明，太陽黑子活動存在107～137年的强活動週期和60～89年的弱週期。太陽黑子活動的短週期爲7.3～6.1年，平均爲11.12年。因此，太陽黑子活動的長週期與中國傳統夏曆的60年一週期、120年二週期大致吻合。太陽黑子活動的短週期則與天干10年一週期大致吻合。對1749～1960年逐年天干紀年黑子相對平均數的統計結果表明，太陽黑子活動的最高值落在歲火太過的戊年，而在戊年前後太陽黑子數逐漸遞減（圖6－2）。本世紀內太陽黑子極

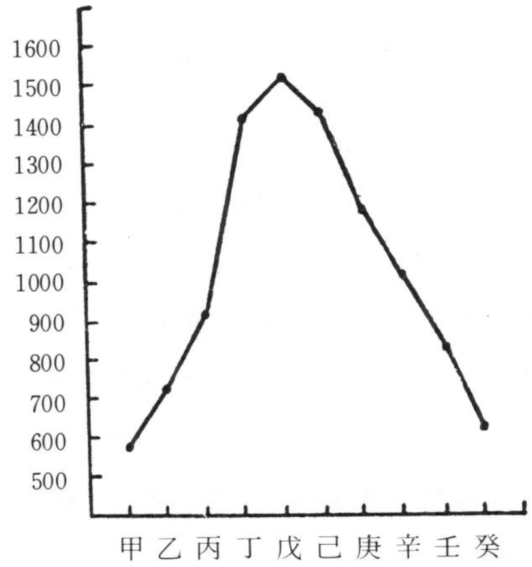

圖6－2　1749－1960逐年天干紀年太陽黑子相對平均數

大值有7次，即1905年（乙巳）、1917年（丁巳）、1928年（戊辰）、1937年（丁丑）、1948年（戊子）、1957～1958年（丁酉－戊戌）、1968年（戊申）。其中有3～4次爲歲火太過的戊年。有2～3次出現在與戊年僅差一年的丁年，只有1次出現在乙年。

太陽黑子活動會影響地球的氣候。研究表明，太陽黑子的消失會使地球氣候變冷。太陽黑子活動低潮後的一年或兩年，美國中西部地區會發生乾旱。對於西半球冬夏大氣環流而言，在太陽黑子高峯年附近，地面大氣環流中的季節風成分大於行星風成分。二個太陽黑子高峯之間，則行星風大於季節風成分。在太陽黑子高峯值附近，中歐出現嚴冬。夏季的雨量在太陽黑子高峯前二年和後二年低於平均值。太陽黑子高峯年前，夏季平均溫度出現低値，在高峯年後二年出現一個高値。太陽耀斑可使地球上刮風。

太陽黑子活動對地球上的生物有明顯的影響。太陽黑子活動期異常的電磁波輻射可影響人體的生理、病理過程。另外，有些細菌在太陽活動劇烈時非常活躍。

八、小　　結

致病因素包括致病微生物、氣候、體質、心理和生活方式等。

疾病有兩種主要類型。一是致病原的入侵，二是內臟機能失調。中醫學從人體的外部表現來把握產生疾病的原因。

六淫學說在未能對致病微生物進行微觀研究的條件下，根據人體對致病原的反應特徵，從宏觀上把握疾病的類型與氣候、致病原及體質的關係。疾病分爲風、寒、暑、濕、燥、火六種類型。每種疾病與特定的氣候、體質及致病原有關。六淫學說强調氣候對體質及致病微生物的影響。

中醫學將急性傳染病的致病因素稱爲疫癘，並從宏觀上把握疫癘致病的特徵。中醫學將心理因素對人體機能的影響歸結爲七情，將生活方式對健康的影響歸結爲飲食勞倦。另外，中醫學對外傷、蟲獸傷害、痰飲和瘀血等致病因素也有基本上合乎科學的認識。

運氣學說是研究氣候規律與發病關係的學說，從某種程度上揭示了太陽黑子活動直接地或通過影響地球的氣候和致病微生物的活動間接地作用於人體從而影響人體健康的規律。

主要參考文獻

1. 李向中主編：中醫學基礎（第二版），人民衛生出版社，1986。
2. 李超主編：簡明中醫學，湖北科學技術出版社，1986。
3. 趙棨主編：中醫基礎理論詳解，福建科學技術出版社，1981。
4. 陳鼎三：醫學探源，四川科學技術出版社，1986。
5. 郭振球主編：中醫診斷學，湖南科學技術出版社，1985。
6. 應元岳主編：內科手册（第五版），人民衛生出版社，1985。
7. 豫北醫學專科學校主編：內科學，人民衛生出版社，1987。
8. 濟寧醫學專科學校主編：病理學，人民衛生出版社，1986。
9. 李煥章主編：診斷學基礎，人民衛生出版社，1986。
10. 湖南醫學院主編：生理學，人民衛生出版社，1981。
11. 北京大學生物學系生理學教研室編：基礎生理學，人民教育出版社，1980。
12. 武漢大學等編：普通動物學，人民教育出版社，1978。
13. [美]艾・賈維茨等著：醫學微生物學，人民衛生出版社，1983。
14. 夏廉博編著：醫療氣象學——天氣、氣候對健康的影響，知識出版社，1984。
15. 白榮德編著：免疫學，山東科學技術出版社，1984。
16. 葉奕乾等：圖解心理學，江西人民出版社，1982。
17. 林乾良等：養生壽老集，上海科學技術出版社，1982。

18. [美]H. A.施羅德著：痕量元素與人，科學出版社，1979。

19. [美]C.帕納蒂著：突破，知識出版社，1983。

20. 劉亞光：現代自然科學與中醫理論，福建科學技術出版社，1983。

21. 上海中醫學院主編：中醫年鑒（1983），人民衛生出版社，1984。

22. 《中醫大辭典》編輯委員會編：中醫大辭典（基礎理論分冊），人民衛生出版社，1982。

23. Ranjit Kumar Chandra MD: JAMA 252 (11): 1443,1984。

24. 馮菡芬等：上海中醫藥雜誌，8:4－6，1985。

25. 劉銳等：上海中醫藥雜誌，8:6－7，1985。

26. 趙明銳：上海中醫藥雜誌，11:40－42，1981。

第7章 診斷學

中醫診斷學是論述中醫診斷疾病、辨別證候的基本理論、方法和技能的科學。

中醫診斷學的主要內容爲四診與辨證。中醫通過望、聞、問、切四診收集患者的自覺症狀和客觀表象的資料，然後在辨證原則的指導下，對這些資料進行分析、歸納，以辨別疾病的性質、輕重和部位。

一、四　診

四診是中醫收集臨牀資料，獲得病情信息的手段。

(一)望診

人體的外部與五臟六腑有密切的關係，臟腑氣血陰陽的變化常反映到體表。望診就是觀察病人身體有關部位及其排泄物的變化，以了解疾病的變化情況。

1. 望神態

(1)概述　概括地觀察患者的形態、面部表情、動態和體位等，可以得知機體正氣的盛衰和疾病的輕重。

(2)原理　病人精神狀態良好，表明機體的功能未受嚴重損害，可以抵抗致病因素的侵害，逐漸恢復健康。病人精神狀態異常，表明機體的功能受到較嚴重損害，對致病因素的抵抗力減退，疾病較嚴重。

癲證屬陰，相當於抑鬱型精神病，病人情感抑鬱，思維緩慢，動作遲鈍，多由腦組織去甲腎上腺素濃度降低，5－羥色胺濃度升高所引起。狂證屬陽，相當於躁狂型精神病，病人情感高漲，思維活動增快，動作明顯增多，多由腦組織去甲腎上腺素濃度升高，5－羥色胺濃度降低所引起。癇，即癲癇，是大腦功能一時性紊亂所引起的陣發性全身或軀體局部肌肉抽搐的綜合病徵。癲癇發作是由於腦部神經元的異常放電所引起，這表明腦部神經元興奮性增高。

2. 望膚色

⑴概述　面部、口唇、指甲等處的顏色光澤，尤其是面部的顏色光澤，是人體氣血盛衰的外在反映。

國人正常面色微黃略紅潤而有光澤，稱爲常色。患病時色澤異常，是疾病變化的反映，稱爲病色。白、黃、赤、青、黑五色與疾病的性質和五臟的盛衰有一定的關係。

白色：主虛寒、失血。

黃色：主虛、濕。

赤色：主熱。

青色：主寒、痛、瘀、驚風。

黑色：主腎虛、水飲。

⑵原理　膚色是皮膚營養狀態和血液循環狀態的反映。望膚色就是從皮膚的營養狀態和血液循環狀態判斷身體機能狀態的過程。

皮膚白色，是貧血、循環血量不足、心臟功能衰弱的表現。由於血紅蛋白量減少，微血管灌流不足，因此，皮膚蒼白。晄白而虛浮，表明交感神經興奮性降低，甲狀腺素、腎上腺素和腎上腺皮質激素等分泌減少，心臟功能減弱，能量代謝率低下，因而出現水瀦留。這是陽氣虛的表現。淡白而瘦削，表明機體營養不良、貧血，因而爲血虛。急性病突然面色蒼白，表明機體微循環灌流量急劇減少，是休克的表現。

皮膚黃色，與血清中膽紅素濃度的增高有關。脾虛、濕蘊的實質是副交感神經興奮性增高，交感神經興奮性降低，脾臟舒張，滅血加快，導致有效循環血量減少，貧血，血清中膽紅素濃度稍增加，另外，十二指腸吸收功能減弱，身體營養不良，因而皮膚黃色。由於能量代謝率低，還可能出現水瀦留。因此，黃色爲脾虛、濕蘊的表現。血清中膽紅素濃度明顯增加時，則出現黃疸。膽紅素生成過多的肝前性黃疸，多爲溶血所引起，因而黃色晦暗，爲陰黃；肝臟對膽紅素處理障礙的肝性黃疸爲肝功能障礙所引起，肝外膽汁排泄障礙的肝後黃疸爲肝外膽道系統阻塞所引起，這兩種黃疸血液中的紅細胞不減少，因而黃色鮮明，爲陽黃。

皮膚紅色，表明交感神經興奮，腎上腺素、腎上腺皮質激素、甲狀腺素等分泌增加，心臟功能加强，能量代謝加强，因此，體溫升高，毛細血管充盈擴張。實熱證循環血量充足，血液流動加快，因而滿面通紅。陰虛內熱，虛火上炎的實質是血容量減少，甲狀腺素分泌增加。顴部皮膚由上頜動脈的分支眶下動脈支配，而上頜動脈和甲狀腺上動脈共同起源於頸外動脈。甲狀腺素分泌的高峯出現在午後，因此，虛熱證多見午後兩顴發紅。此時甲狀腺和顴部皮膚血流量增大。

皮膚青色，表明交感神經抑制，腎上腺素、腎上腺皮質激素和甲狀腺素等分泌減少，代謝率降低，產熱量減少，心臟功能減弱，血液呈濃、黏、凝、聚狀態，靜脈回流受阻，細小靜脈和毛細血管內血量增多。由於血流緩慢，血液中氧消耗過多，導致還原血紅蛋白增多，因此，皮膚呈青紫色。代謝產物積聚增多，會刺激游離神經末梢，因而出現疼痛。小兒高熱，因耗氧量過大，會導致還原血紅蛋白增多，而缺氧可導致驚厥，即驚風。因此，青色主寒、痛、瘀、驚風。

皮膚黑色，表明細小靜脈擴張。腎陽虛則腎上腺皮質功能低下，而腎上腺皮質功能低下是由腺垂體功能低下所引起，因此，腎陽虛常伴隨着甲狀腺功能減退的心陽虛。面靜脈收集面部的血液與甲狀腺上靜脈共同注入面總靜脈。上下瞼靜脈收集眼眶週圍的血液注入面靜脈。因此，當腎上腺、腎和性腺的血流量減少，即腎陽虛時，心臟功能減弱，甲狀腺上靜脈、上下瞼靜脈和面靜脈擴張，血流緩慢，黏稠，因而面部，尤其是眼眶週圍皮膚呈淺黑色。腎陽虛一般伴隨着水瀦留。因此，黑色主腎虛和水飲。

3. 望形態

⑴概述　望形態就是觀察病人的體形和姿態。

⑵原理　體形結實，表明身體機能旺盛，抵抗力強。體形肥胖，表明副交感神經佔優勢，陰性激素分泌增多，身體代謝率低，因而脂肪沉積增多，呼吸道和消化道腺體分泌增加，水瀦留增加。體形瘦弱，飲食減少，表明支配脾臟、胰腺和十二指腸的交感神經功能低下，因而消化道吸收功能減弱，脾臟減血過度，導致營養不良和貧血。

面向裏臥，體捲曲，表明患者產熱量減少，怕冷，屈肌緊張性加强。面向外臥，手足伸展，表明患者產熱量增加，怕熱，伸肌緊張性加强。關節疼痛、腫脹，活動不便，甚至變形者，爲風濕性關節炎和類風濕性關節炎。四肢抽搐，是上運動神經元和神經肌肉接頭功能異常的表現。抽搐强而有力，並且呈陣發性，表明大腦皮質運動區興奮性增加。抽搐輕微而無力，持續時間較長，與甲狀旁腺素分泌減少，血鈣過低，血液中營養成分不足等因素有關。半身不遂或口眼歪斜，是內囊小動脈破裂，血凝塊壓迫皮質束和皮質脊髓束的傳導所致。

4. 望舌

望舌，又稱舌診，是通過觀察舌質和舌苔以了解臟腑陰陽氣血的變化，病邪的性質，病情的深淺輕重以及胃氣的存亡的診斷過程。

⑴舌與臟腑的關係

①概述　舌可劃分爲舌尖、舌中、舌根、舌邊四部分。舌尖反映心肺的病變；舌中反映脾胃的病變；舌邊反映肝膽的病變；舌根反映腎的病變。心火旺可見舌尖獨赤，胃火旺則可見舌中苔黃。

②原理　舌的血管和組織接受迷走神經咽支的支配。支配舌尖的迷走神經纖維與支配心臟、甲狀腺和肺的迷走神經纖維可能來源於中樞的同一部位；支配舌中的迷走神經纖維與支配胃、十二指腸、胰的迷走神經纖維可能來源於中樞的同一部位；支配舌邊的迷走神經纖維與支配肝臟、膽囊的迷走神經纖維可能來源於中樞的同一部位；支配舌根的迷走神經纖維與支配腎上腺、腎和性腺的迷走神經纖維可能來源於中樞的同一部位。

因此，舌尖的變化與心臟、甲狀腺、肺的功能有相關性；舌中的變化與胃、十二指腸、胰的功能有相關性；舌邊的變化與肝臟、膽囊的功能有相關性；舌根的變化與腎上腺、腎、性腺的功能有相關性。

⑵舌質

正常人的舌質呈淡紅色，濕潤，胖瘦適中，活動自如。舌質的變化包括舌體形態和顏色的變化。

①舌形

A. 概述　舌形的變化包括舌的老嫩、胖瘦、裂紋和芒刺等。

B. 原理　舌質蒼老，是舌部血管擴張充盈，血流速度加快所致。舌質胖嫩，是舌部血管收縮，血液速度緩慢，微血管開放數目減少，舌組織水腫，細胞腫脹所致。

舌體胖大色淡，舌邊常有齒痕，是舌部組織能量代謝率低下，組織水腫，細胞腫脹，微血管開放數目減少，充盈不良，舌肌張力喪失所致。舌體胖大滿口而呈紅色，是心輸出量增大，舌部血管擴張充血，血流量增大的結果。舌體瘦薄淡紅，是貧血，心輸出量減少，營養不良等原因所致。舌瘦而紅絳，是脫水，循環血量減少，甲狀腺素、腎上腺素等分泌增加，心臟功能代償性加强，舌部微血管擴張所致。

舌上的淺裂紋是舌黏膜萎縮，使舌的縱紋或橫紋透出表面而成；深裂紋則是較爲嚴重的舌萎縮性病變。舌紅絳而有裂紋是舌黏膜因脫水而萎縮，微血管擴張，血液濃縮所致。舌質淡白而有裂紋是舌黏膜因貧血而萎縮，微血管開放數目減少，充盈不良所致。

芒刺是絲狀乳頭萎縮、蕈狀乳頭增生變大的結果。此時，蕈狀乳頭微血管開放數目增多，血液充盈，血流速度快。由於舌與內臟器官有相關性，因此，舌尖蕈狀乳頭血流量增大，表明甲狀腺和心肌組織血流量增大；舌邊蕈狀乳頭血流量增大，表明肝臟和膽囊血流量增大；舌中蕈狀乳頭血流量增大，表明胃、十二指腸，胰腺等器官血流量增大。

②舌態

A.概述　舌態的變化包括强硬、震顫和歪斜等。

B.原理　舌質强硬是血鈉升高的高滲性脫水或腦血管意外的表現。

舌震顫是由甲狀腺機能亢進，甲狀旁腺機能減退，血鈣降低，或大腦皮質運動區興奮性增高等原因所引起。其實質是支配舌肌的中樞或週圍神經興奮性增高。

舌歪斜是由支配舌肌的中樞或週圍神經受損所引起。可見於面神經麻痹和腦血管意外等。

③舌質顏色

A.概述　舌質的病理顏色有淡白、紅、絳和青紫。

B.原理　舌質的顏色是舌血液循環狀態的表現。

淡白舌是由血量減少，血紅蛋白降低，交感神經興奮性降低，甲狀腺素和腎上腺素等分泌減少，心輸出量減少，代謝率降低等原因所導致。

紅舌是由心輸出量增加，外週阻力減少，血流速度加快，舌部微血管擴張充血，血液稍濃縮所致。此時，交感神經興奮性提高，甲狀腺素、腎上腺素分泌增高，能量代謝率提高。

絳舌的形成機制與紅舌相同，只是因脫水而導致的血液濃縮，以及因發熱而導致的血管擴張程度更爲明顯。

青紫舌是由瘀血、缺氧導致還原血紅蛋白增加所致。青紫色深，乾枯少津，表明機體代謝率增高，但因心肺功能衰竭而導致缺氧。舌淡紫濕潤，表明心臟功能低下，血液呈濃、黏、凝、聚狀態，流動緩慢，微小靜脈和毛細血管充血，血中還原血紅蛋白增加。

⑶舌苔

苔質和苔色的變化可以反映邪氣的性質和體內津液的情況。

①苔質

A.概述　苔質主要指舌苔的厚薄、潤燥、腐膩、花剝和有無等變化。

B.原理　舌苔的形成與絲狀乳頭的分化有關。絲狀乳頭的末梢分化成完全角化或角化不全的角化樹，在角化樹分枝的空隙中，常填充有脫落的角化上皮、唾液、細菌、食物碎屑和滲出的白細胞等，構成了正常的薄潤舌苔。

舌苔的厚薄，取決於絲狀乳頭的增殖程度。絲狀乳頭短者苔薄，長者苔厚。

舌苔的潤燥取決於唾液腺的分泌。副交感神經活動佔優勢，唾液腺分泌稀薄而量多的唾液，舌苔則濕潤；交感神經活動佔優勢，唾液腺分泌黏稠的唾液，舌苔則乾燥。機體脫水，血液濃稠時，稀薄唾液的分泌亦減少。

腐苔可能是由於絲狀乳頭角化樹增長，且角化程度完全，中間塡有黏液和食物顆粒所致。由於角化樹的角化程度較高，故容易脫落。膩苔的絲狀乳頭數目及其分枝均增加，各乳頭的角化樹相互糾結纏繞，故不易脫落，其中包埋有很多黏液及食物顆粒。

花剝是部分絲狀乳頭萎縮，使舌質顯露所致。

無苔，表明絲狀乳頭萎縮或消失。有苔，則表明絲狀乳頭的存在與增長。

②苔色

A.概述　苔色主要有白苔、黃苔和灰黑苔

B.原理　苔色與病原微生物的種類及機體的反應特性有關。

白苔與病毒感染，特異性免疫反應加强，副交感神經興奮性提高有關。多見於表證、寒證。其特點是淋巴細胞增多。熱證的白苔與細菌感染或病毒感染後出現Ⅲ型變態反應有關。其特點是嗜中性粒細胞增多。

黃苔多半與細菌感染，非特異性免疫反應加强，交感神經興奮性提高，腎上腺素和腎上腺皮質激素分泌增加有關。多見於熱證。病毒感染後出現Ⅲ型變態反應也可見黃苔。其特點是嗜中性粒細胞增多。

灰黑苔多半與黴菌感染有關。寒證的灰黑苔與交感神經興奮性降低，陽性激素分泌減少，能量代謝率降低有關。熱證的灰黑苔與交感神經興奮性提高，陽性激素分泌增加，能量代謝率提高有關。

㈡聞診

聞診包括聽聲音和嗅氣味兩個方面。

1. 聽聲音

⑴概述　聽聲音是診察病人的語言、呼吸等聲音的變化。

⑵原理　語聲洪亮，多言而燥動，表明病人的神經系統興奮性高，能量代謝率高；語聲無力，少言而沉靜，表明病人的神經系統興奮性低，能量代謝率低。呼吸氣粗，表明機體代謝率提高，耗氧量大；呼吸氣微，氣息短促，表明機體代謝率低，耗氧量低，多由肺的微循環功能障礙或腎上腺素分泌減少所致。咳聲重濁，表明肺的機能餘氣量增大；咳聲無力，表明肺的機能餘氣量減少。

2. 嗅氣味

⑴概述　嗅氣味是診察病人口氣及排泄物的氣味變化。

⑵原理　口氣臭穢表明胃充血發炎；口氣酸臭表明胃排空受阻。痰腥臭，表明呼吸系統感染，且多爲細菌性感染；痰臭甚而呈膿樣，多爲肺膿瘍。大便臭穢，爲食物殘渣在腸道停留過久，發酵所致；大便氣味腥爲消化道蠕動加快，食物消化、吸收不完全所致。小便臊臭爲泌尿系統感染所致。白帶稠黏臭氣重爲生殖器官感染、發炎所致；白帶質稀不臭多爲副交感神經活動佔優勢，子宮血流量減少，子宮內膜的子宮腺分泌增加所致。

㈢問診

問診，就是向患者及其家屬詢問患者的自覺症狀、現病史、既往病史等與疾病有關的問題。

1. 問寒熱

⑴概述　問寒熱就是詢問惡寒、發熱的情況。

⑵原理　發熱兼惡寒，是由於病原微生物的感染，外源性致熱原或內源性致熱原作用於視前區－丘腦下部的熱敏神經元，使其閾値升高，調定點上移的結果。惡寒重而發熱輕者，多爲病毒感染；

發熱重而惡寒輕者，多爲細菌感染。

發熱不惡寒，表明體溫調節中樞功能正常。發熱是由於機體代謝率提高，產熱量增加所致。陰虛發熱是由於血容量減少，甲狀腺素、腎上腺素的分泌代償性增加，導致產熱量增加所致。惡寒不發熱，手足涼，是甲狀腺素、腎上腺素和腎上腺皮質激素等分泌減少，產熱量不足所致。

2. 問汗

⑴概述　問汗就是詢問出汗的情況。

⑵原理　有汗兼發熱惡寒，表明體表血管擴張，血容量因出汗而減少，因而爲表虛；無汗兼發熱惡寒，表明體表血管擴張，血容量未減少或有所增加，因而爲表實。汗腺由交感膽鹼能纖維支配。自汗是由膽鹼酯酶活性降低，乙酰膽鹼積聚所致，爲氣虛、陽虛。盜汗是由交感神經中樞興奮性提高所致，爲陰虛。

在高熱煩渴，脈細數疾的情況下，汗出如油，熱而黏手，表明患者脫水，交感神經興奮性加强，酸中毒，因而爲亡陰之汗。在身涼肢厥、脈微欲絕的情況下，大汗淋漓，汗稀而涼，表明患者交感神經興奮性降低，碱中毒，膽碱酯酶活性降低，因而爲亡陽之汗。

3. 問頭身

⑴概述　詢問頭身的自覺症狀。

⑵原理　外感頭痛可能是腦血管擴張所致；全身痠痛則爲無氧酵解加强，乳酸積累所致。腎虛的頭昏、目眩、耳鳴爲腎上腺皮質激素、醛固酮、性激素分泌減少所致，腰痠爲腰部神經疲勞、腎上腺、腎和性腺以及腰部血流量減少所致。氣血虛弱的頭痛爲腦血管擴張所致，頭暈爲腦部供血不足所致，心悸由心搏過緩或過速所引起，身痛無力是血液循環不良，代謝物積聚所致。肝膽火盛的頭痛、眩暈、目赤由高血壓所引起，口苦由膽汁排洩障礙引起。濕證

的頭痛重脹由頭皮水腫所致，四肢沉重則是四肢水腫的結果。四肢肌肉疼痛痠痲，關節腫脹，爲風濕性關節炎或類風濕性關節炎。

4. 問二便

⑴概述　詢問大小便的情況。

⑵原理　大便秘結表明消化道血流量增加，消化道上皮細胞能量代謝率提高，鈉泵活性增高，對水分的吸收加强，消化道因交感神經興奮性提高而蠕動減慢。

虛弱者的便秘是由於身體脫水，副交感神經興奮性降低，消化道的分泌減少，再加上消化道血流量減少，消化道平滑肌因得不到充足的營養而收縮無力所造成的。

大便稀薄或溏瀉是由副交感神經興奮性提高，消化管蠕動加快，消化液分泌增多，消化道因能量代謝率低，上皮細胞膜上的鈉泵活性低，對水的吸收減少所引起。黎明腹瀉，是腎上腺分泌糖皮質激素減少，消化道上皮細胞能量代謝率降低，鈉泵活性降低，因而對水的吸收減少所致。糖皮質激素的分泌在黎明前處於最低值。大便酸臭、稀薄，瀉前腹痛，瀉後痛減，是消化吸收不良，食物分解產物對消化道產生刺激作用所致。大便膿血，裏急後重，腹痛，發熱，爲細菌性痢疾。

小便清長，表明腎小球的濾過率增加，腎小管和集合管的重吸收減少，血容量減少。小便短赤，表明腎小球的濾過率降低，腎小管和集合管的重吸收增加，血容量增大。小便混濁不爽或尿痛，爲泌尿系統感染的表現。

5. 問飲食

⑴概述　詢問飲食口味的變化情況。

⑵原理　多食易飢，表明消化道血流量增大，消化吸收功能加强。食慾減退，表明消化道血流量減少，消化吸收功能減弱。

食後胃痛減輕，表明胃痛是由於胃空虛，胃的血液供應不足所引起。食後胃痛加重，表明胃壁發炎、充血，或胃內容物排空不暢。

喜熱飲，表明胃的能量代謝率低，產熱量低。喜冷飲，表明胃的能量代謝率高，產熱量高。

口苦與膽汁排泄不暢有關；口酸與胃內容物排空不暢有關；口發甜與交感神經興奮，唾液腺分泌黏稠的唾液有關；口淡與副交感神經興奮，唾液腺分泌稀薄的唾液有關。

6. 問胸腹

⑴概述　詢問胸腹的自覺症狀。

⑵原理　胸悶而痛，伴發熱、咳嗽，表明肺部感染、充血。咳吐腥臭膿血，表明肺部化膿。胸悶氣短，咳嗽無力，表明肺部供血不足。胸脅脹悶疼痛，多爲植物性神經機能紊亂所導致的疾病，即氣滯。胸脅刺痛，爲瘀血壓迫神經末梢所致。脅痛，伴有發熱、胸悶、口苦，表明肝臟和膽囊發炎、充血，膽汁排泄不暢。上腹痛，遇冷加劇，表明胃的血流供應不足，代謝率低，產熱量少。上腹脹痛，噯腐吞酸，表明胃的蠕動減慢，內容物排空不暢。腹痛兼發熱，泄瀉或下痢膿血，裏急後重，多爲消化道受細菌感染所致。腹痛綿綿，大便稀溏，怕冷，四肢涼，表明腎上腺素、糖皮質激素、甲狀腺素等分泌減少，能量代謝率降低，副交感神經興奮性增高，消化道運動、分泌加强，對水分的吸收減少。食後腹脹，表明交感神經活動佔優勢，消化道充血腫脹，蠕動減弱。食後痛減，表明副交感神經活動佔優勢，消化道血流量不足，平滑肌痙攣。腹痛劇烈，部位固定，拒按，表明器官充血腫脹。腹部隱隱作痛，部位不固定，喜按，表明器官血流量不足。

7. 問睡眠

⑴概述　詢問睡眠的變化情況。

⑵原理　失眠多由中樞神經系統和交感神經興奮性增高所引起。嗜睡多由中樞神經系統興奮性減弱，副交感神經興奮性加强所引起。

8. 問經帶

⑴概述　詢問婦女月經和白帶的變化情況。

⑵原理　月經提前，量多，色鮮紅，表明心輸出量增加，血容量增加，血紅蛋白含量增加，血中纖溶酶含量增加。月經延期，色淡量少，表明心輸出量減少，血容量減少，血紅蛋白含量減少。月經有塊，色紫暗，小腹脹痛，表明血液呈濃、黏、凝、聚狀態，血流緩慢，還原血紅蛋白增加。這是纖溶系統活性減弱，凝血系統活性增强，血小板聚集性增强所致。

白帶清稀無臭，是副交感神經活動佔優勢，子宮內膜的子宮腺分泌增加所致。帶下色黃黏稠臭穢，是子宮內膜受細菌感染，發炎充血所致。

㈣切診

切診包括觸診和脈診兩部分。

1. 觸診

⑴概述　觸診主要是觸胸腹、手足、皮膚等部位。

⑵原理　脘腹痛喜按，表明內臟器官血流量不足，內腔空虛。脘腹痛拒按，表明內臟器官充血，內腔充實。疼痛處有包塊，時聚時散的瘕，多見於腸梗阻、腸痙攣、腸道蛔虫引起的疼痛。疼痛處包塊堅硬不移的癥，多爲腹腔、子宮及附件的包塊。

手足冷，不發熱而畏寒，是交感神經興奮性減弱，陽性激素分泌減少，代謝率降低，產熱量減少所致。手足、皮膚灼熱，是交感神經興奮性提高，陽性激素分泌增加，代謝率提高，產熱量增高所致。手足心發熱，是由於血容量減少，陽性激素的分泌代償性增加，代謝率增高，產熱量增高的結果。由於血容量不足，機體為了保證內臟器官的血液供應，因而體表血流量減少，結果內臟產熱量增加，而體表產熱量未有明顯的變化。

2. 脈診

脈診就是切觸病人的脈搏，從而測知氣血的盛衰，機體的強弱，臟腑的虛實，以及心臟的功能狀態。

⑴切脈部位

①概述　切脈部位主要有遍診法、三部診法和寸口診法三種。

A.遍診法：遍診法對上（頭）、中（手）、下（足）三部動脈進行普遍切診，每部又分天（上）、人（中）、地（下）三候，因此，也稱為三部九候。

上部天為兩額的動脈（太陽穴），以候頭角之氣；上部人為耳前的動脈（耳門穴），以候耳目之氣；上部地為兩頰的動脈（巨髎穴），以候口齒之氣。

中部天為手太陰（寸口部），以候肺；中部人為手少陰（神門穴），以候心；中部地為手陽明（合谷穴），以候胸中之氣。

下部天為足厥陰（五里、太衝穴），以候肝；下部人為足太陰（箕門、衝陽穴），以候脾（胃）；下部地為足少陰（太溪穴），以候腎。

B.三部診法：人迎（頸側動脈），以候胃氣；寸口（橈骨動脈），以候十二經；趺陽（足背動脈），以候胃氣；再加足少陰（太溪穴），以候腎氣。

C.寸口診法：寸口即腕後橈骨動脈。寸口又分寸、關、尺三部。掌後高骨（橈骨莖突）的部位為關，關前（腕端）為寸，關後（肘端）為尺。寸口各部位所候臟腑，各家理論略有差異。一般來說，左寸候心、膻中，左關候肝、膽，左尺候腎、膀胱、小腸；右寸候肺、胸中，右關候脾、胃，右尺候腎、命門、大腸。

②原理　切脈的基本原理是體表動脈脈搏與心血管功能及內臟血流狀態具有相關性。

A.遍診法；遍診法對頭、手、足三部動脈進行普遍切診，從頭部動脈測知頭部器官的機能狀態；從手部動脈測知胸部器官的機能狀態；從足部動脈測知腹腔和盆腔器官機能狀態。

頭部天太陽穴處有顳淺動脈額支，分佈於額部，因而從此處可以測知額部的血流狀態。頭部人耳門穴處有顳淺動脈耳前支，分佈於耳廓及外耳道，因而從此處可以測知耳的血流狀態。頭部地巨髎穴處有面動脈，其分支分佈於咽、軟腭、咽鼓管、腭扁桃體、下頜下腺和面部軟組織，因而從此處可以測知口腔的血流狀態。

手部天寸口部有橈動脈，手部人神門穴處有尺動脈，手部地合谷穴處有橈動脈。但是，寸口處有肺經通過，支配此處橈動脈的交感神經與支配肺的交感神經可能在中樞發生聯繫，因此，寸口處脈搏與肺的血流狀態有相關性。神門穴處有心經通過，支配此處尺動脈的交感神經與支配心臟和甲狀腺的交感神經可能在中樞發生聯繫，因此，神門穴處脈搏與心臟和甲狀腺的血流狀態有相關性。合谷穴處有大腸經通過，大腸經在肩部與腋動脈伴行，腋動脈在此處有分支分佈於胸腔壁組織。由於支配合谷穴處橈動脈的交感神經與支配胸腔壁血管的交感神經可能在中樞發生聯繫，因此，此處的脈搏與胸腔壁的血流狀態有相關性。

足部天五里穴處有股內側動脈淺支，太衝穴處有第一跖背側動脈。此兩穴屬肝經，支配此兩處動脈的交感神經與支配肝臟的交感神經可能在中樞發生聯繫，因而此兩處的脈搏與肝臟的血流狀態有相關性。足部人箕門穴處有股動脈，衝陽穴處有足背動脈。箕門穴屬脾經，支配此處動脈的交感神經與支配脾臟、胰腺、十二指腸的交感神經可能在中樞發生聯繫，因此，此處的脈搏與脾臟、胰腺、十二指腸的血流狀態有相關性。衝陽穴屬胃經，支配此處動脈的交感神經與支配胃的交感神經可能在中樞發生聯繫，因而，此處的脈搏與胃的血流狀態有相關性。足部地太溪穴處有脛後動脈。此穴屬腎經。支配此處動脈的交感神經與支配腎上腺、腎和性腺的交感神經可能在中樞發生聯繫，因而此處的脈搏與腎上腺、腎和性腺的血流狀態有相關性。

B.三部診法：人迎有頸總動脈，寸口有橈動脈，趺陽有足背動脈，太溪有脛後動脈。此法各部與內臟的相關關係不很明確。

C.寸口診法：寸口處有橈動脈，分爲寸、關、尺三部。支配上肢血管的交感神經纖維起源於脊髓胸2～8（9）節側角。支配左右橈動脈寸、關、尺部的交感神經可能通過節間支與支配不同器官的交感神經在脊髓中樞發生聯繫。

支配左寸部橈動脈的交感神經與支配心臟、甲狀腺的交感神經可能在脊髓中樞發生聯繫；支配左關部橈動脈的交感神經與支配肝臟、膽囊的交感神經可能在脊髓中樞發生聯繫；支配左尺部橈動脈的交感神經與支配腎上腺、腎、性腺、膀胱、小腸的交感神經可能在脊髓中樞發生聯繫。

支配右寸部橈動脈的交感神經與支配肺的交感神經可能在脊髓中樞發生聯繫；支配右關部橈動脈的交感神經與支配脾臟、胰腺、胃、十二指腸的交感神經可能在脊髓中樞發生聯繫；支配右尺部橈動脈的交感神經與支配腎上腺、腎、性腺、大腸的交感神經可能在脊髓中樞發生聯繫。

因此，左寸脈搏與心臟、甲狀腺的血流狀態有相關性；左關脈搏與肝臟、膽囊的血流狀態有相關性；左尺脈搏與腎上腺、腎、性腺、膀胱、小腸的血流狀態有相關性。

右寸脈搏與肺的血流狀態有相關性；右關脈搏與脾臟、胰腺、胃、十二指腸的血流狀態有相關性；右尺脈搏與腎上腺、腎、性腺、大腸的血流狀態有相關性。

⑵正常脈象

①概述　健康人的脈象稱爲正常脈象。正常脈象和緩有力，節律均勻，不浮不沉，不快不慢，一息四至。

②原理　正常脈象是健康人的標準脈象。表示心臟功能正常，心搏節律規整，血管彈性良好，內膜壁柔滑，血液有形成分正常，血液流變學數值正常，血液流動暢通。在安靜狀態下脈位適中，脈律規則，脈率正常，脈搏起落和緩有力。

⑶病理脈象

人體在病理因素影響下出現的脈象稱爲病理脈象。常見的病理脈象有二十八脈和十怪脈。

二十八脈可以從脈象的部位、次數、形狀和氣勢等方面去體認。

①浮脈

A.概述　輕取即得，重按稍弱。主表證。

B.原理　浮脈是脈搏位置表淺，體表血管舒張，血管彈性阻力降低，體表血流量相對增加時呈現的脈搏形象。主要病因爲風寒或風熱初襲的表證，即一般上呼吸道感染和感染性疾病的初期。由於致熱原的作用，病人發熱，心率加快，代謝加强，體表血管因散熱的需要而舒張，血流量相對增加，因而呈現浮脈。浮而有力爲表實，表明循環血量未減少，或有所增加；浮而無力爲表虛，表明循環血量因出汗而減少。浮脈的形成機理是體表血管舒張，體表血流量相對增加。

②沉脈

A.概述　輕取不應，重按始得。主裏證。

B.原理　沉脈是脈管的搏動處於相對深的部位，用輕指力按（40mmHg以下）察覺不到，需要重按（80mmHg以上）才能摸淸的脈搏形象。沉脈的形成機理是心輸出量減少，體表血管收縮。沉而有力爲裏實，表明體表血管收縮，體表血流量相對減少；內臟血管舒張，內臟血流量相對增加。沉而無力爲裏虛，表明心輸出量減少，體表和內臟血流量均減少。低血壓、水腫、小動脈痙攣等原因可導致出現沉脈。

③遲脈

A.概述　一息三至，脈來去極慢。主寒證。

B.原理　遲脈是脈率較慢，低於正常脈率，在41～59次/分之間，脈律基本規整的脈象。遲脈的形成機理是心肌自律性、傳導性降低。竇性心動過緩、完全性房室傳導阻滯、病態竇房結綜合徵，二度二型房室傳導阻滯，2：1竇房傳導阻滯等是導致遲脈的直接因素。導致遲脈的根本原因是甲狀腺素、腎上腺素分泌減少，副交感神經興奮性增高。遲而無力的脈象是甲狀腺素、腎上腺素分泌減少所致；遲而有力的脈象是副交感神經興奮性增强所致。

④數脈

A.概述　一息五到七至。主熱證。

B.原理　數脈是脈搏來去快速，脈律基本規整，脈率在100～139次/分之間的脈象。數脈的形成機理是心肌自律性增高。交感神經興奮性增高，甲狀腺素、腎上腺素分泌增加是導致出現數脈的根本原因。數而有力爲實熱，表明心搏加快，血容量充足，心輸出量增加。數而無力爲虛熱，表明心搏加快，血容量減少，心輸出量減少。導致數脈的直接因素包括竇性心動過速、非陣發性結性心動過速、陣發性房性心動過速、心房撲動伴規則的2︰1房室傳導阻滯等。

⑤虛脈

A.概述　浮大遲軟，沉中浮三部舉按均無力。主虛證。

B.原理　虛脈是輕重切按均無力的脈象。虛脈的形成機理是交感神經興奮性降低，心肌收縮力減弱，血容量減少。

⑥實脈

A.概述　沉中浮三部舉按均有力，脈大且長。主實證。

B.原理　實脈是輕重切按均有力的脈象。實脈的形成機理是交感神經興奮性提高，甲狀腺素、胰高血糖素、腎上腺素分泌增加，心肌收縮力加强，血容量增加，血管彈性良好。

⑦滑脈

A.概述　往來流利，應指圓滑，如珠走盤。主痰、食、實熱、胎妊。

B.原理　滑脈是在心臟功能正常，血管彈性良好，內膜壁柔滑，外週阻力正常或減低，血液黏滯度降低，血流速度加快的情況下呈現的血管舒縮迅速，脈搏起落快速的脈象。滑脈的形成機理是血液黏滯度降低，血管彈性良好，血管內膜壁柔滑。貧血、風濕性疾病、系統性紅斑狼瘡活動期、水腫等由於血液中有形成分相對減少，血液黏滯度降低，因而出現滑脈。急慢性胃腸炎由於蛋白質吸收減少，血漿白蛋白含量降低，因而血液黏滯度降低，常出現滑脈。急性感染發熱，由於機體產生大量免疫抗體，血沉加快，因而常出現滑脈。婦女妊娠，由於雌性激素的作用，血容量增加，血液呈稀釋狀態，血液黏滯度降低。子宮和胎盤後動脈與靜脈之間形成短路，外週血管阻力降低。這些因素使得血流快速，滑利，呈現滑脈。

⑧澀脈

A.概述　往來艱澀，遲滯不暢。主血少、傷精、氣滯、血瘀。

B.原理　澀脈是在血液黏滯性較大，血流速度緩慢，脈搏起伏徐緩時呈現的脈象。澀脈的形成機理是血液黏滯性和黏稠度增大。導致澀脈的原因包括高血脂、高紅細胞血症、由於嚴重失水造成的血液濃縮等。

⑨長脈

A.概述　脈來甚長，直上直下。主有餘之證。

B.原理　長脈是在心臟收縮完全，舒張充分，血管彈性良好的情況下呈現的脈象。長脈的形成機理是心輸出量增加，血管彈性良好。長脈一般是健康的脈象。但是，血熱的陽毒，風痰的癲癇，陽明病的陽熱熾盛，可出現反常的長脈。

⑩短脈

A.概述　首尾俱短，中間突起不能滿部。主氣血虛損及陽衰。

B.原理　短脈是橈動脈搏動的長度範圍短於正常脈搏的脈象。血液流動緩慢，血容量不足，失液過多導致血流濃縮，有效循環血量減少等因素使得血流澀滯，脈搏起落均顯著減慢，呈現出來去徐緩，脈搏不及三部的脈象。短脈的形成機理是主動脈瓣狹窄，因脫水而導致血容量不足。臨牀上短脈見於慢性風濕性心臟病導致的主動脈瓣狹窄；出汗過多，水攝入過少導致的血容量不足等病症。

⑪洪脈

A.概述　脈形粗大，來盛去衰，脈闊，且波動大。主陽熱亢盛。

B.原理　洪脈是在脈壓增大，外週血管阻力降低，血流速度增快，循環動力亢進狀態下呈現的脈管直徑增大，脈搏有力，來盛去衰的脈象。現代物理診斷學稱之爲「水沖脈」、「陷落脈」和「柯氏脈」（Corrigans pulse）。洪脈的形成機理是心輸出量增加，週圍動脈擴張，收縮壓增高，舒張壓下降，脈壓增高，血流速度增加。急性傳染病、嚴重化膿性細菌感染等實熱證，甲狀腺功能亢進，風濕性心臟病，二尖瓣或主動脈瓣關閉不全等疾病可出現洪脈。

⑫微脈

A.概述　極細極軟，按之欲絕，若有若無，似絕非絕。主氣血俱虛。

B.原理　微脈是在心臟泵出功能衰竭，因失血失液或其它因素所致血容量過低、血壓過低的狀態下呈現的極度細弱無力，欲絕非絕，按之模糊不清的脈象。休克初期，血壓在70～60mmHg時，脈搏相對表淺而無力。但由於此期兒茶酚胺分泌增多，血管收縮變細，脈率增快，故出現輕中取可切知細軟無力，似有似無，欲絕非絕，重取則消失的微脈象。

⑬緊脈

A.概述　脈來繃急，往來有力，搏動的張力大。主寒、痛。

B.原理　緊脈是在血管緊張度增强，血容量增加，心臟每搏輸出量增加的狀態下呈現的脈搏勁急，繃緊有力，端直而長的脈象。急性疼痛、感染導致的寒顫發熱常出現緊脈象。機體受感染時，細菌內毒素、壞死組織、白細胞分解產物等致熱原作用於丘腦下部的體溫調節中樞，使交感神經興奮，體表血管收縮，血流量減少，因而皮膚溫度下降，立毛肌收縮，出現惡寒發冷症狀。此時，由於內分泌腺的活動，能量代謝增加，心跳加快，心輸出量增加，血液對血管壁的作用力增大，使脈搏呈現脈管繃緊，脈來急勁，搏指有力而長的如按弓弦的緊脈象。急性疼痛也可出現類似的交感神經——內分泌反應。

⑭緩脈

A.概述　一息四至，來去怠緩。主濕證。

B.原理　緩脈是在脈率80次/分左右，心臟功能正常，血管彈性良好，毛細血管通透性增加的狀態下呈現的脈象。緩脈的心血管功能正常，爲健康人的脈象。濕證出現的緩脈可能與毛細血管通透性增加有關。

⑮弦脈

A.概述　端直而長，如按琴弦。主肝病、諸痛、痰飲、瘧疾。

B.原理　弦脈是在多種因素綜合作用於動脈血管，使血管壁平滑肌緊張度增高，或存在橈動脈粥樣硬化的狀態下，脈搏呈現平直而有力的脈象。弦脈的形成機理是動脈硬化，動脈壓力增高，外週阻力增大等因素導致血管緊張度增加，有效循環血容量增加。弦脈多見於肝病、原發性高血壓、動脈硬化、慢性支氣管炎、瘧疾等。

⑯芤脈

A.概述　浮大中空，如按葱管。主失血、傷陰。

B.原理　芤脈是在因失血失液導致血容量不足，而血管未明顯收縮，血管壁具有一定緊張度，心搏有力的狀態下呈現的脈居浮位，中候空虛的脈象。芤脈的形成機理是，在一定程度動脈硬化的前提下，突然較大量出血，使血容量迅速減少，血管充盈不良，因而脈搏浮大中空。臨牀上，芤脈主要見於各種急性大出血。吐瀉過度導致血容量不足，失精遺泄，有時也出現芤脈。

⑰革脈

A.概述　浮而搏指，中空外堅。主亡血、失精、半產、崩漏。

B.原理　革脈是浮大中空同時稍弦直而長的並兼脈象。臨牀上常見於40歲以上的患者。主要見於再生障礙性貧血出血、肝病出血、婦女流產、功能性子宮出血，以及某些老年性疾病失液較多導致血容量不足等病症。革脈的失血量一般比芤脈小。

⑱牢脈

A.概述　沉按實大弦長。主陰寒主實。

B.原理　牢脈是沉弦有力的脈象。其特點是脈位沉，弦而有力。臨牀上主要見於高血壓和動脈硬化同時並存的病例。動脈硬化導致血管彈性降低，血管壁變硬。當血壓增高，心輸出量增加，外週血管阻力增大，緊張度增强時，可呈現沉弦有力的脈象。這表明體表血流量相對減少，內臟血流量相對增加，因而主內實。

⑲濡脈

A.概述　虛軟而浮細，重按不足。主虛證，濕證。

B.原理　濡脈是浮而無力並合細象的並兼脈象。胃腸型感冒、急性胃腸炎，由於吐瀉過度造成脫水，可見到濡脈。長期咯血，或功能性子宮出血亦可見濡脈。

⑳弱脈

A.概述　虛弱而沉細，按之則得，舉之則無。主氣血不足。

B.原理　弱脈是沉細無力的脈象。弱脈的形成機理是有效循環血容量嚴重不足，和/或心臟功能衰竭，因而心臟每搏輸出量顯著減少，血壓下降，血管內壓力減弱，血管彈性回縮，血管直徑變小，脈搏無力。臨牀上，在心源性休克，心力衰竭，慢性消耗性疾病的全身衰竭等狀態下常出現弱脈。

㉑散脈

A.概述　渙散不收，舉之浮散而不聚，按之則無，漫無根蒂。主元氣散離。

B.原理　散脈是在交感神經興奮性降低，腎上腺素、去甲腎上腺素分泌減少，心臟收縮功能減弱，血管處於舒張狀態下呈現的脈象。散脈的形成機理是心臟功能減弱，血管緊張性極度降低。

㉒細脈

A.概述　脈細如綫，應指顯然，沉取仍然不絕。主諸虛勞損，濕氣下注。

B.原理　細脈是脈管縮小成細小如綫狀態時呈現的脈象。細脈的形成機理是血容量不足，導致有效循環血容量和壓力梯度容量不足，機體通過神經——體液調節機制使血管牀收縮；心臟每搏輸出量降低導致血管內壓力降低，中小動脈收縮；血管收縮使脈道變細。臨牀上，細脈常見於因貧血、失血、吐瀉過度、慢性消耗性疾病等所導致的血容量減少，以及主動脈瓣狹窄、二尖瓣狹窄、心包積液、嚴重心肌炎等心臟病變。

㉓伏脈

A.概述　脈位深伏，貼近筋骨，重按始得，甚則伏而不見。主邪閉、厥證、冷痛。

B.原理　伏脈是搏動極度微弱，似有似無，模糊不清，甚至不能捫到搏動的脈象。伏脈的形成機理是血容量顯著減少，導致靜脈壓降低，回心血流量顯著減少，心輸出量急劇減少，外週血管早期收縮，後期因缺血缺氧而舒張，外週阻力降低，血壓下降；或心臟泵出功能障礙，使心輸出量降低，冠狀動脈血流灌注不足，心肌缺血缺氧，產能不足，心肌收縮無力，導致心輸出量進一步下降，血壓下降。當血壓下降至60mmHg以下時，則出現伏脈。因吐瀉過度、失血過量引起血容量嚴重不足，心源性休克，以及休克型肺炎、中毒性痢疾、暴發型流腦等所引起的休克常出現伏脈。

㉔動脈

A.概述　脈形如豆，厥厥動搖，滑數有力。主痛、驚、泄痢、攣病。

B.原理　動脈是滑數的合脈。動脈的形成機理是心搏快速，血液黏滯性降低，週圍血管舒張，外週阻力降低。動脈的病因主要是大驚或失血。見於驚擾、崩中、虛勞、臨產等。

㉕促脈

A.概述　脈來急數而時一止，止無定數。主實熱，氣滯血瘀。

B.原理　促脈是脈率在90～160次/分之間，同時出現不規則間歇的脈象。促脈是數脈或疾脈與結脈的複合脈象。臨牀上感染性或中毒性心肌病變可見促脈。形成促脈的原因包括竇性心動過速伴有期前收縮、部分Ⅱ度房室傳導阻滯、竇性心動過速伴有明顯的竇性心律不齊、非陣發性結性心動過速伴部分傳導阻滯，心房撲動持續2∶1房室傳導阻滯伴部分4∶1傳導阻滯。促脈的形成機理是交感神經興奮性增高。

㉖結脈

A.概述　脈來緩慢而時一止，止無定數。主陰盛氣結，寒痰瘀血。

B.原理　結脈是遲脈兼有不規則間歇的脈象。結脈的形成機理是由迷走神經興奮、低血鉀所引起的竇性心律不齊、Ⅱ度房室傳導阻滯等。臨牀上，結脈多見於心臟病、老年血枯、吐瀉過度導致的低血鉀、精神緊張、過度疲勞。

㉗代脈

A.概述　脈來動而中止，不能自還，良久復動，止有定數。主臟氣衰微，元陽不足，腹痛，泄痢，風證痛證，胎元虛弱。

B.原理　代脈是脈稍遲兼有規則間歇的脈象。代脈是由於心臟出現期前收縮，房室傳導比例爲3∶2的二度房室傳導阻滯，竇性節律出現二聯律、三聯律、四聯律、五聯律等呈固定比例的聯律性改變所致。代脈常見於功能性或器質性心臟病。

㉘疾脈

A.概述　脈來急疾，一息七～八至。主陽極陰竭，元氣將脫。

B.原理　疾脈是脈率在140～160次/分之間的脈象。引起疾脈的原因是心房撲動規則的2∶1房室傳導阻滯和交界性心動過速等。疾脈常見於風濕性心臟病二尖瓣狹窄、高血壓性心臟病、冠狀動脈硬化性心臟病、甲狀腺機能亢進、心肌炎、心包炎、胸部外傷等病症。

十怪脈多見於病危期。

①釜沸脈

A.概述　脈在皮膚，浮數之極，如釜沸中空，絕無根脚，乃三陽熱極，無陰之候。

B.原理　釜沸脈是脈率在181次/分以上，脈率極快而測數困難，脈搏搏動淺表無力，脈律基本規整的脈象。臨牀上具有突然發作，突然終止的特點。釜沸脈的形成機理是室上性陣發性心動過速。甲亢性心臟病、病毒性心肌炎、風濕性心臟病、冠心病、先天性心臟病、心肌病、低血鉀、洋地黃或去甲腎上腺素過量等因素可誘發釜沸脈。無器質性心臟病者也可因情緒激動、勞累過度、烟酒過量等原因誘發釜沸脈。

②魚翔脈

A.概述　脈在皮膚，頭定尾搖，浮浮泛泛，似有似無，如魚翔狀態，乃三陰寒極，爲亡陽之候。

B.原理　魚翔脈是一種嚴重心律紊亂呈現的脈象，脈率極快，在160次/分以上，發作初期脈體尚清楚，持續時間不長則脈搏突然減弱，脈弱無力，呈似有似無的現象。魚翔脈的形成機理是室性心動過速。心律過快，心臟排血量減少，因而脈搏極數而無力；心肌疲勞，供血不足，因而收縮無力。臨牀上，魚翔脈多見於急性廣泛性心肌梗塞、嚴重心肌缺氧、重症心肌炎、克山病、洋地黃中毒、附子中毒、低血鉀等。

③彈石脈

A.概述　脈在筋肉之下，辟辟湊指，如指彈石，乃腎經眞臟脈。

B.原理　彈石脈是在脈率快速，血管高度硬化，外週血管阻力明顯增加的狀態下呈現的脈象。長期進食高脂肪、高糖食物，精神高度緊張等因素可導致動脈粥樣硬化。臨牀上，彈石脈見於橈動脈粥樣硬化合併冠狀動脈粥樣硬化發生心肌硬化或引起心肌梗塞，橈動脈粥樣硬化合併腎動脈粥樣硬化。

④解索脈

A.概述　脈在筋肉之上，乍疏乍密，散亂無序，如解亂索之狀。乃腎與命門之氣皆亡。

B.原理　解索脈是脈律散亂，脈力大小不等，脈率在80～150次/分之間，且反覆出現時快時慢現象的紊亂脈象。解索脈的形成機理是心房自律性增高導致心房顫動。引起解索脈的因素包括冠心病、高血壓性心臟病、風濕性心臟病、精神緊張、情緒激動、過度疲勞、急性胃腸炎嘔吐過度、肺內炎症導致劇烈咳嗽、烟酒過量、低血鉀、劇痛等。

⑤屋漏脈

A.概述　脈在筋肉間，如屋上殘漏下滴，良久一點，濺地無力，爲胃氣營衛俱絕。

B.原理　屋漏脈是脈搏頻率緩慢，在21～40次/分之間，通常多在35次/分左右，脈律規整或不規整的脈象。屋漏脈形成的機理是完全性房室傳導阻滯、高度房室傳導阻滯、心房顫動伴高度房室傳導阻滯、極度緩慢的結性逸搏心房靜止，Ⅱ型第Ⅱ度房室傳導阻滯、竇性心動過緩、病態竇房結綜合徵。臨牀上，屋漏脈見於各種風濕性心瓣膜病，嚴重的冠狀動脈硬化性心臟病，急性心肌梗塞中的膈面心肌梗塞，急性風濕熱、白喉、病毒或細菌感染所致心肌病，室間膈缺損，高血鉀，洋地黃中毒等病症。

⑥蝦游脈

A.概述　脈在皮膚，來則隱隱其形，時而躍然而去，如蝦游冉冉，忽而一躍的狀態。

B.原理　蝦游脈是嚴重心律紊亂，脈率快速，在160次/分以上，脈位表淺，脈搏無力，並反覆出現隱沒的脈象。脈搏隱沒時血壓爲零。蝦游脈持續時間僅數秒至數分鐘，搶救不及時會迅速死亡。蝦游脈的形成機理是心臟發生扭轉型室性心動過速。臨牀上，蝦游脈多見於低血鉀、冠心病併發完全性房室傳導阻滯、心動過緩、嚴重心肌病伴高度房室傳導阻滯、甲亢性心臟病和病毒性心肌炎伴完全性房室傳導阻滯、藥物中毒等病症。

⑦雀啄脈

A.概述　脈在筋肉間，連連急數，三五不調，止而復作，如雀啄食之狀。乃脾元穀氣已絕於內。

B.原理　雀啄脈是在脈搏連續快速搏動3次以上（或5、6次）後出現一次較長時限的歇止，並頻頻發作的短陣性不規則的脈象。雀啄脈形成的機理是短陣頻發性室上性或室性心動過速。臨牀上，引起短陣房性心動過速的原因包括情緒激動、過度疲勞、烟酒過量、風濕性心臟病、冠心病、心肌梗塞、高血壓性心臟病、低血鉀、洋地黃中毒等；引起短陣室性心動過速的原因包括嚴重廣泛性心肌損害、低血鉀、高血鉀、洋地黃中毒等。

⑧偃刀脈

A.概述　如撫刀刃，浮之小急，按之堅大而急，是肝之危脈。

B.原理　偃刀脈是在動脈硬化並伴有中小動脈血管緊張度顯著增强的狀態下呈現的脈管極細而弦堅的脈象，是細弦緊的複合脈。偃刀脈的形成機理是在動脈硬化的基礎上中小動脈緊張度高度增强。引起偃刀脈的原因主要是動脈粥樣硬化、腎血管病變、腎素分泌過多所引起的嚴重頑固性高血壓。臨牀上，偃刀脈多見於腎性高血壓和原發性高血壓。

⑨轉豆脈

A.概述　脈來累累，如循薏苡仁之狀，是心之危脈。

B.原理　轉豆脈是在心臟節律過速，血液黏滯度降低，血液流動快速的狀態下呈現的脈搏極度圓滑流利併合脈率快速的複合脈象。轉豆脈的形成機理是心動過速，血液黏滯度降低，外週阻力減小。臨牀上，轉豆脈主要見於急性再生障礙性貧血、慢性重型再生障礙性貧血、病毒性心肌炎、急性白血病、惡性淋巴肉瘤或紅斑狼瘡性心肌病等。

⑩麻促脈

A.概述　脈如麻子之紛亂，細微至甚，爲衛枯營血獨澀之危候。

B.原理　麻促脈是在嚴重心律紊亂狀態下呈現的脈率極快，達160次/分以上，脈律極不規整，心輸出量顯著減少，血壓較低，脈搏細而微弱的脈象。麻促脈的形成機理是多源性室性心動過速（紊亂性心室律）。臨牀上，痲促脈多見於低血鉀、洋地黃中毒和瀕死病人。

二、辨　　證

辨證就是辨別證候，對四診所得的資料進行分析、綜合、歸納，以判斷疾病的發生原因，病變部位，疾病的性質，從而作出正確的診斷，爲治療疾病提供依據。

證候是疾病發展階段中的病因、病位、疾病性質以及正邪鬥爭消長變化的病理概括，是人體的整體反應狀態。

辨證方法有多種，最基本的辨證方法是八綱辨證、氣血津液辨證和臟腑辨證等。

㈠八綱辨證

八綱辨證是運用表裏、寒熱、虛實和陰陽八個辨證綱領，對疾病的部位、性質和正邪鬥爭消長狀況進行分析歸納，診斷出主要病證的方法。八綱辨證，是辨證的總綱，是各種辨證方法共同本質的高度概括。

1. 表裏

表裏是辨別病位深淺和病情輕重的兩個綱領。

⑴表證

①概述　表證是體表受邪所引起的病證。

②原理　表證是機體在受病原微生物感染初期的反應狀態。病原微生物侵入人體後，外源性致熱原和內源性致熱原作用於視前區—丘腦下部前部的中樞性溫度感受神經元，使其閾值升高，調定點上移，因而出現惡寒、發熱。脈浮是體表血流量相對增加，內臟血流量相對減少的結果。頭痛是腦血管收縮的結果。出汗是支配汗腺的交感神經興奮的結果。惡寒是表證的標誌之一，是致熱原使體

溫調節中樞的調定點上移的結果。

表證的治療原則是發汗解表。發汗解表藥一般具有發汗、解熱、抗菌抗病毒作用。

表證可分爲表寒證和表熱證。表寒證多由病毒感染所引起，好發於寒冷季節，機體反應以特異性免疫反應爲主，血液中淋巴細胞增多。病毒激發白細胞釋放內源性致熱原作用於視前區—丘腦下部前部的體溫調節中樞，使調定點上移，再加上天氣寒冷，因而惡寒重。隨後有輕度發熱。若體溫未達到調定點，則體表血管收縮，脈浮緊，爲表寒實證。若體溫達到調定點，則機體出現散熱反應，出汗，體表血管擴張，脈浮緩，爲表寒虛證。前者體表血管收縮，血容量未發生變化；後者體表血管擴張，血容量因發汗而減少。前者以辛溫解表法治療。辛溫解表藥有發汗、解熱、抗菌抗病毒作用。後者以調和營衛法治療。所用藥物一般具有解熱、抗菌抗病毒作用。

表熱證多由細菌感染所引起，好發於炎熱季節，或由病毒感染後出現Ⅲ型變態反應以及病毒感染併發細菌感染所致。細菌，尤其是革蘭氏陰性菌感染時，外源性致熱原和內源性致熱原同時作用於體溫調節中樞，因而發熱重，惡寒輕。表熱證的機體反應以非特異性免疫反應爲主，血液中的嗜中性粒細胞和單核細胞增多。腎上腺素分泌增加，使機體產熱量增加而導致發熱，心搏加快，體表血管擴張而出現浮數脈象。表熱證以辛涼解表法治療。辛涼解表藥有解熱、抗菌抗病毒作用。

表證的特徵是內臟未受明顯的損害。多見於上呼吸道感染。

⑵裏證

①概述　裏證是病變部位在臟腑的病證。

②原理　裏證是人體由於受病原微生物的侵害，或由於精神、

氣候、生活等因素導致神經、內分泌和免疫功能失調，內臟器官受損害，出現機能障礙而表現出的異常功能狀態。裏證出現的沉脈是體表血管收縮，內臟血管擴張的結果。裏證表現爲內臟血流量相對增加。脈沉而有力，表明心臟收縮有力，血容量充足，內臟血流量絕對增加，爲裏實證。脈沉而無力，表明心臟收縮無力，血容量不足，即使體表血流量減少，內臟血流量仍然較小，爲裏虛證。

裏證的特徵是內臟器官出現明顯的機能障礙。這是器官實質受損或機能失調所致。

⑶半表半裏證

①概述　半表半裏證是病邪已離表，尚未入裏，而在表裏之間的特殊證候。

②原理　半表半裏證是血管中的紅細胞受寄生蟲破壞或肝膽道受感染所表現出來的病證。其特徵是病原微生物侵入血管或肝膽道，破壞紅細胞或肝膽道，但重要的內臟器官尚未受損傷，神經、內分泌、免疫系統未出現明顯障礙，只有消化系統出現輕度功能障礙。膽道介於肝臟和膽腑之間，血管爲聯繫臟與腑的橋樑，因而爲半表半裏。和解藥具有清熱抗炎，調整肝膽道和胃腸道平滑肌功能，減輕肝臟損傷的作用。

2. 寒熱

寒熱是辨別疾病性質的兩個綱領。

⑴寒證

①概述　寒證是陽氣衰弱的證候。

②原理　寒證是以產熱量降低爲基本特徵的異常機能狀態，多由低溫、病毒感染、神經內分泌失調所引起。病毒感染，低溫，以及心理和生活方式等因素可導致副交感神經興奮性增高，陽性激素分泌減少，從而引起整體或局部的一系列機能變化。

在能量代謝方面，由於代謝率下降，產熱量減少，因而惡寒喜暖，四肢發涼。

在血液方面，可見血漿非蛋白氮、血糖、血脂下降，血漿滲透壓下降，血漿pH值上升。紅細胞數量正常或減少。紅細胞的ATP產量減少，細胞膜鈉泵活性降低，水和鈉離子內流增多，因而紅細胞體積增大。由於紅細胞表面負電荷密度增高，因而血沉率下降。凝血系統活性增强，纖溶系統活性減弱，因而血液黏度較大。感染性疾病引起的寒證，多爲病毒感染，以特異性免疫反應爲主，血液中淋巴細胞增多是感染性疾病所引起寒證的特徵。

在血液循環方面，心搏減慢，心輸出量減少，表現爲遲脈。在微循環方面，可見局部或全身微血管血流減慢或充盈度較差。因此，在臨牀上表現爲面色蒼白，舌質淡。

在呼吸系統方面，由於能量代謝率低，耗氧量下降，因此，呼吸減弱。

在消化系統方面，由於副交感神經活動佔優勢，消化道血流量減少，消化道上皮細胞膜上的鈉泵活性降低，因此，消化道的運動和分泌功能加强，對水和營養物質的吸收功能減弱，表現爲大便稀溏。由於消化道組織代謝率低，產熱量減少，因而表現爲喜熱飲。

在排泄系統方面，由於腎小管和集合管上皮細胞膜上鈉泵的活性下降，對水的重吸收減少，因而表現爲小便清長。

在肌肉系統方面，由於屈肌羣緊張性增加，伸肌羣緊張性減弱，因此，表現爲蜷臥喜靜。

總而言之，寒證表現爲能量代謝和生理機能下降，產熱量減少。病理解剖可見內臟器官呈慢性炎症，全身或局部貧血、缺血、鬱血和水腫。

寒證以溫法治之。溫熱藥具有提高交感神經興奮性，增强心血管功能，進而使內分泌功能加強，能量代謝率提高，產熱量增加，非特異性免疫功能加強的作用。

⑵熱證

①概述　熱證是陽氣亢盛的證候。

②原理　熱證是以產熱量增加爲基本特徵的異常機能狀態，多由高溫、細菌感染、神經內分泌失調所引起。細菌感染、高溫，以及心理和生活方式等因素可導致交感神經興奮性增高，陽性激素分泌增加，從而引起整體或局部的一系列機能變化。

能量代謝率提高，產熱量增加，因而發熱，手足溫。

在血液方面，可見血漿非蛋白氮、血糖、血脂升高，血漿滲透壓升高，血漿pH值下降。紅細胞數量正常或增加。紅細胞的ATP產量增加，細胞膜鈉泵活性提高，水和鈉離子移出細胞外增加，因而紅細胞體積減小。由於紅細胞表面負電荷密度降低，因而血沉率上升。凝血系統活性降低，纖溶系統活性提高，因而血液黏度降低，易產生出血傾向。感染性疾病引起的熱證，多爲細菌感染，以非特異性免疫反應爲主，病毒和黴菌感染引起Ⅲ型變態反應，亦表現爲熱證。血液中的嗜中性粒細胞和單核細胞增多是感染性疾病所引起的熱證的特徵，因爲內源性致熱原主要存在於這兩種細胞內。

在血液循環方面，心搏加快，心輸出量增加，表現爲數脈。在微循環方面，可見血流加快，毛細血管充盈良好。因此，在臨牀上表現爲面紅，舌質紅。

在呼吸系統方面，由於能量代謝率提高，耗氧量增加，因此，呼吸加强。

在消化系統方面，由於交感神經活動佔優勢，消化道血流量增加，消化道上皮細胞膜上的鈉泵活性增高，因此，消化道的運動和分泌功能減弱，對水和營養物質的吸收功能加强，表現爲大便秘結。由於消化道組織代謝率提高，產熱量增加，因而表現為喜冷飲。

在排泄系統方面，由於腎小管和集合管上皮細胞膜上鈉泵的活性提高，對水的重吸收增加，因而表現為小便短赤。

在肌肉系統方面，由於伸肌羣緊張性增加，屈肌羣緊張性減弱，因此，表現為身體伸展喜動。

總而言之，熱證表現為能量代謝和生理機能亢進，產熱量增加。病理解剖可見由病毒、細菌和黴菌感染所致的急性炎症病竈，動脈性充血與出血，體表血管擴張。

熱證以清法治之。清熱藥具有抗菌抗病毒；抑制嗜中性粒細胞和單核細胞釋放內源性致熱原；降低交感神經的興奮性，使心血管功能減弱，從而降低內分泌腺的功能；使能量代謝率降低，產熱量下降的作用，清熱藥還具有提高吞噬細胞功能，促進非特異性免疫反應的作用。

(3)裏寒證

①概述　裏寒證一般是寒邪直中內臟，或機體陽氣虛衰，陰寒內盛所表現的證候。

②原理　裏寒證是低溫、化學物質、病毒感染等因素直接作用於內臟器官，使內臟器官血流量減少，能量代謝水平降低，產熱量減少；或者由於交感神經功能低下，陽性激素分泌減少，而使機體能量代謝率降低，產熱量減少所表現的證候。

(4)裏熱證

①概述　裏熱證多是表邪傳裏化熱，或熱邪入侵內臟，導致機體的機能活動亢進所表現出的證候。

②原理　裏熱證是上呼吸道感染繼發肺部受細菌感染；或者由於高溫、化學物質、細菌感染等因素直接作用於內臟器官，使內臟

器官血流量增加，能量代謝率提高，產熱量增加；或者由於交感神經功能亢進，陽性激素分泌增加，而使機體能量代謝率提高，產熱量增加所表現出的證候。內臟器官受病毒感染，當機體產生Ⅲ型變態反應時，亦表現爲裏熱證。

3. 虛實

虛實是辨別病體邪正盛衰的兩個綱領。

(1)虛證

①概述　虛證是人體正氣虛弱所表現的病證。

②原理　不同的虛證具有不同特徵，但所有虛證的共同特徵是構成機體和參與生命活動的物質成分不足，生理功能低下。

在神經系統方面，虛證表現爲中樞神經系統興奮性降低，植物性神經系統興奮性降低，因而精神萎靡。但是，陰虛時，中樞神經系統和交感神經系統的興奮性表現爲代償性增高。

在內分泌系統方面，虛證表現爲內分泌腺變性或萎縮，激素分泌減少，激素受體數目減少，活性減弱。但是，陰虛時，甲狀腺和腎上腺皮質的萎縮較不明顯。

在免疫方面，虛證表現爲免疫功能偏低。

在血液方面，虛證表現爲血容量減少，血漿中的血漿蛋白、非蛋白含氮化合物、糖類、脂類、維生素和某些無機鹽離子減少，血漿總滲透壓減小。紅細胞和白細胞數量減少。

在循環系統方面，虛證表現爲心臟收縮力減小，心輸出量減少。因此，器官的血流量減少，微循環表現爲血流緩慢，毛細血管充盈不良。

在能量代謝方面，虛證一般表現爲能量代謝率下降。但是，陰虛的能量代謝表現爲代償性增强。虛證在體溫調節方面出現紊亂，自汗或盜汗使體液喪失增多。

在呼吸系統方面，虛證表現爲潮氣量減小，呼吸功能減弱，因而語氣低微。

在消化系統方面，虛證表現爲食慾減退，食物攝入量減少，消化道的運動和分泌功能加强，吸收功能減弱，食物在消化道的逗留時間縮短，消化道常處於空虛狀態。臨牀表現爲疼痛喜按，大便溏泄。

在排泄系統方面，虛證表現爲腎小管和集合管的重吸收功能減弱，膀胱內括約肌收縮無力，可出現小便失禁。但是，陰虛證腎小管和集合管的重吸收功能可代償性增强。

在肌肉系統方面，虛證表現爲肌收縮力減弱。

虛證的病理變化表現爲器官血流量減少，血流緩慢，組織萎縮、變性、壞死、脫水，營養不良、慢性炎症，因而導致生理功能低下。

總而言之，虛證表現爲物質攝入減少，排出增多，導致構成機體和參與生命活動的物質成分不足，中空器官內容物減少，整體或局部血流量減少，生理功能低下。對於感染性疾病來說，虛證常見於感染後期或結核桿菌感染。

虛證以補法治之，所用藥物具有增加機體的物質攝入量，減少物質排出量，增强機體生理功能的作用。

⑵實證

①概述　實證是人體感受外邪或體內病理產物堆積所表現的病證。

②原理　實證的共同特徵是構成機體和參與生命活動的物質成分過量，生理功能亢盛。

在神經系統方面，實證表現爲中樞神經興奮性增高，因而精神興奮，肢體躁動。

在內分泌系統方面，實證表現爲激素分泌增多，激素受體數目增加，活性加强。

在免疫方面，實證表現爲免疫功能偏高。

在血液方面，實證表現爲血容量增加，血漿中的血漿蛋白、非蛋白含氮化合物、糖類、脂類和某些無機鹽離子增加，紅細胞和白細胞數量增加。

在循環系統方面，實證表現爲心臟收縮力加强，心輸出量增加。因此，器官的血流量增加，微循環表現爲毛細血管開放數目增多，血流快速，充盈良好。

在能量代謝方面，實證一般表現爲能量代謝率提高。但是，實寒證可表現爲能量代謝率降低。實證在體溫調節方面出現紊亂，表現爲無汗，因而水代謝受阻。

在呼吸系統方面，實證表現爲潮氣量增大，呼吸功能亢進，因而聲高氣粗。呼吸道分泌物增加和積聚也是實證的表現。

在消化系統方面，實證表現爲消化道的運動和分泌功能減弱，或者消化道阻塞，食物在消化道的逗留時間延長，消化道常處於充實狀態。消化道組織充血。臨牀表現爲疼痛拒按，大便秘結。

在排泄系統方面，實證表現爲腎小球的濾過功能減弱，腎小管、集合管的重吸收功能加强，膀胱內括約肌收縮，因而小便短澀。

在肌肉系統方面，實證表現爲肌張力增加。

實證的病理變化表現爲器官血流量增加，毛細血管開放數增多，血流快速，或組織出現動脈性充血、瘀血、急性炎症、水腫、水過多、腫瘤等，生理功能一般亢盛。但是，瘀血、水腫和腫瘤等病變，生理功能低下。

總而言之，實證表現爲構成機體和參與生命活動的物質成分增加，或者體內物質和代謝產物運行、排泄受阻，因而積聚增多，或者組織增生，中空器官內容物增多，整體或局部血流量增加，生理功能一般亢進。對於感染性疾病來說，實證常見於感染初期。

實證以瀉法治之，所用藥物具有促進體內物質和代謝產物的運行和排出，清除致病原，糾正機體生理功能亢進狀態的作用。

⑶虛寒證

①概述　虛寒證是體內陽氣虛衰所表現的病證。

②原理　虛寒證是體內陽性激素分泌減少，交感神經興奮性減弱，副交感神經興奮性增强所表現出的異常功能狀態。

畏寒肢冷表明體內能量代謝率低下，產熱量減少。腹痛喜按，大便溏薄，表明消化道處於空虛狀態；消化道的運動和分泌功能增強，吸收功能減弱；消化道的血流量減少。小便頻數表明腎小球的濾過率增大，腎小管和集合管的重吸收減弱，膀胱逼尿肌緊張性增加。自汗表明膽碱酯酶活性降低，乙酰膽碱積聚，咳痰清稀或嘔吐清水表明能量代謝率低下，副交感神經活動佔優勢，因而呼吸道和消化道分泌排出的水分增多。精神萎靡表明中樞神經系統興奮性降低。脈沉遲無力，面色㿠白，舌淡白胖嫩，表明有效循環血容量減少，貧血，心臟搏動減慢，收縮力減弱，血管緊張性減弱，微循環的毛細血管開放數目減少，血流緩慢，充盈不良。

虛寒證的特點是陽性激素分泌減少，交感神經興奮性降低，副交感神經活動佔優勢。能量代謝率降低，細胞膜鈉泵活性降低，細胞腫脹，微循環出現障礙。

虛寒證以溫補陽氣法治之，所用藥物具有增强心血管功能，從而使內分泌腺血流量增大，陽性激素分泌增加，能量代謝加强，產熱量增加的作用。

⑷實寒證

①概述　實寒證是寒邪壅盛所表現出的病證。

②原理　實寒證是人體在寒冷氣候條件下受病毒感染，或者人體受低溫因素的直接作用，血管收縮，寒冷凝集素增多，血流不暢通，內分泌腺和內臟器官瘀血，激素分泌減少，能量代謝率降低而出現的異常功能狀態。

四肢厥冷表明體表血管收縮，血流量減少，產熱量降低。脘腹疼痛得熱則減，關節疼痛遇冷加重，表明寒冷凝集素增多，內臟和肢體血流不通暢，瘀血。口不渴，小便清長，舌苔潤，表明體內水分充足。精神較少煩躁，表明神經系統的興奮性未見明顯增高。面色蒼白或青晦，舌淡白或青紫，表明血管收縮，毛細血管開放數目減少，或寒冷凝集素增多，瘀血。舌苔白與病毒感染有關，舌苔灰色可能與黴菌感染有關。脈遲弦有力表明心臟自律性降低，血管緊張性增高，心肌收縮力較大，血容量充足。

總而言之，實寒證表現爲在體內物質成分未減少或有所增加，體內物質和代謝產物運行、排泄受阻的同時，存在內分泌腺瘀血、陽性激素分泌減少，能量代謝率降低，產熱量減少的現象。屬於感染性疾病的實寒證多爲受病毒感染所致，機體以非特異性免疫反應爲主，血液中淋巴細胞數量增多。部分實寒證可能與黴菌感染有關。

實寒證以溫散寒邪法治之，所用藥物具有加强心血管功能，提高能量代謝率，增加產熱量的作用。

⑸虛熱證

①概述　虛熱證是體內陰液虧耗所表現出的病證。

②原理　虛熱證是由於機體的物質成分不足而導致體內能量代謝率和產熱量代償性增加所表現的異常功能狀態。

在神經系統方面，虛熱證表現爲中樞神經系統和交感神經系統的興奮性代償性增高。精神虛煩是中樞神經系統興奮性代償性增高的表現。盜汗是交感神經中樞興奮性代償性增高的表現。

在內分泌系統方面，虛熱證表現爲陽性激素的分泌代償性增加，體內分解代謝加强，產熱量增加，因而出現潮熱。

在免疫方面，虛熱證表現爲細胞免疫和體液免疫功能均偏低。

在血液方面，虛熱證表現爲血容量減少，血中維生素含量減少，紅細胞數量減少。血漿中非蛋白含氮化合物、糖類、脂類的含量可代償性增加。

在循環系統方面，虛熱證表現爲心肌自律性增强，心搏加快，但是，心肌收縮力減弱，心輸出量減少，因而脈細數無力。

在能量代謝方面，虛熱證表現爲內臟器官代謝率增高，產熱量增加，而體表組織的代謝率和產熱量的變化不明顯，因而出現五心煩熱，手足心熱的現象。

在呼吸系統方面，虛熱證表現爲呼吸道分泌減少，肺部呈現慢性炎症，尤其是肺結核，因此，可見咳痰帶血。

在消化系統方面，由於交感神經興奮性加强，唾液分泌減少，胃腸道蠕動減慢，分泌減少，對水的吸收增加，因此，出現口燥咽乾，大便乾結的症狀。

在肌肉系統方面，由於體內分解代謝加强，因此，肌肉消瘦。

總而言之，虛熱證的特點是體內物質成分不足，輕度脫水，循環血量不足，因而交感神經和甲狀腺、腎上腺等的機能代償性亢進，內臟器官的代謝率和產熱量代償性增加。屬於感染性疾病的虛熱證多由結核菌感染所致，體內出現變態反應。

虛熱證以養陰淸熱法治之。所用藥物有抑制交感神經、甲狀腺和腎上腺的活動，提高副交感神經的興奮性，降低能量代謝率，增加機體水含量的作用。

(6)實熱證

①概述　實熱證是熱邪熾盛所表現的病證。

②原理　實熱證是人體在炎熱的氣候條件下受細菌感染而出現的病證，病毒感染出現Ⅲ型變態反應時也可表現爲實熱證。

在神經系統方面，實熱證表現爲中樞神經系統和交感神經系統興奮性提高，因而精神亢奮躁動，或神昏譫語。

在內分泌系統方面，實熱證表現爲腎上腺素、糖皮質激素，胰高血糖素等分泌增加。

在免疫方面，實熱證表現爲非特異性免疫功能亢進，血中嗜中性粒細胞和單核細胞數量增多。

在血液方面，實熱證表現爲血容量增加，血漿中的血漿蛋白、非蛋白含氮化合物、糖類、脂類的含量增加。紅細胞和白細胞數量增加。

在循環系統方面，實熱證表現爲心臟收縮力增大，心肌自律性增高，外週血管阻力降低，心輸出量增大，血流速度增快，因而脈洪數有力。微循環表現爲器官血流量增大，血流快速，毛細血管充盈。

在能量代謝方面，實熱證表現爲能量代謝率提高，產熱量增加，因而出現壯熱、喜冷飲的症狀。

在呼吸系統方面，實熱證表現爲機能餘氣量增加，平靜呼氣基綫上移。若呼吸系統受細菌感染，則咳吐黃痰。

在消化系統方面，由於交感神經興奮性提高，陽性激素分泌增加，因而唾液腺、胃腸的消化腺分泌減少，胃腸道蠕動減慢，對水分的吸收加强，胃腸道被食物殘渣所充實，組織充血，出現口渴、腹痛拒按、大便秘結的症狀。

在排泄系統方面，實熱證表現爲腎小管上皮細胞膜上鈉泵的活性增高，對水的重吸收增加，因而小便短赤。

在肌肉系統方面，實熱證表現爲伸肌羣的緊張性增加。

總而言之，實熱證的特點是體內物質成分增加，或者體內物質和代謝產物的運行、排泄受阻，中空器官內容物增多，整體或局部血流量增加，生理功能亢進，能量代謝率提高，產熱量增大。對於感染性疾病來說，實熱證多見於細菌和病毒急性感染初期，血中的嗜中性粒細胞和單核細胞數量增多。

實熱證以清熱瀉火法治之，所用藥物具有抗菌抗病毒，提高吞噬細胞的功能，降低交感神經興奮性，減少陽性激素的分泌，降低能量代謝率和產熱量的作用。

4. 陰陽

陰陽是類證的綱領。表證、熱證和實證歸入陽證範疇；裏證、寒證和虛證歸入陰證範疇。因此，陰陽是八綱的總綱。

在臨牀上，除了作爲總綱的陰陽外，中醫學還確定了陰證、陽證、陰虛證、陽虛證、亡陰證、亡陽證等具體證候。

⑴陰證

①概述　陰證一般指虛寒證，是陽氣虛衰所表現的病證。

②原理　陰證的實質與虛寒證相同。屬於陰證的外科癰瘍與由結核菌、眞菌和病毒等感染引起的遲發型變態反應有關，呈慢性炎症，病變部位出現淋巴細胞、巨噬細胞浸潤及組織壞死。

⑵陽證

①概述　陽證一般指實熱證，是熱邪熾盛所表現的病證。

②原理　陽證的實質與實熱證相同。屬於陽證的外科癰瘍與細菌引起的急性炎症，以及由細菌、病毒、寄生蟲等引起的Ⅲ型變態反應有關，病變部位以嗜中性粒細胞浸潤、出血、組織壞死爲主。

⑶陰虛證

①概述　陰虛證是由於陰液虧損而導致陰不制陽的虛熱證候。

②原理　陰虛證的實質與虛熱證相似。其特點是體內輕度脫水，循環血量不足，細胞免疫和體液免疫功能降低，交感神經活動和陽性激素的分泌代償性亢進，內臟器官的代謝率和產熱量代償性增加。

滋陰藥具有提高副交感神經的興奮性，使陽性激素的分泌減少，降低能量代謝率，調整水代謝的作用。

⑷陽虛證

①概述　陽虛證是由於陽氣虧損而導致陽不制陰的虛寒證候。

②原理　陽虛證的實質與虛寒證相似。其特點是甲狀腺素、胰高血糖素、腎上腺素、糖皮質激素分泌減少，副交感神經活動佔優勢，體液免疫功能減弱，能量代謝率降低，水代謝和微循環出現障礙。

溫陽藥具有增強心血管功能，使內分泌腺血流量增大，陽性激素分泌增加，進而提高能量代謝率，改善機體的水代謝，微循環和免疫功能的作用。

⑸亡陽證

①概述　亡陽證是陽氣暴脫表現的證候。

②原理　亡陽證的實質可能是由於急性心臟功能障礙和血管容量增加所引起的休克，以及代謝性鹼中毒和呼吸性鹼中毒。其特點是中樞神經興奮性降低，交感—腎上腺系統功能衰竭，血壓下降，能量代謝率降低。

回陽救逆藥具有抗休克，增強心血管功能，改善內臟器官和內分泌腺的微循環功能，增加陽性激素分泌，提高能量代謝率的作用。

⑹亡陰證

①概述　亡陰證是陰液暴脫表現的證候。

②原理　亡陰證的實質可能是由於血容量減少而導致的休克，以及代謝性酸中毒和呼吸性酸中毒。其特點是中樞神經系統和交感——腎上腺系統的功能代償性增高，能量代謝率偏高，但血壓下降。

益氣斂陰藥具有抗休克，增强心血管功能，升高血壓，調整中樞神經系統和交感—腎上腺系統的功能，降低能量代謝率，糾正失液失水的作用。

㈡氣血津液辨證

氣血津液是生命活動的物質基礎，宜充足協調，運行正常。

氣血津液的病證一般分爲兩方面。一是氣血津液的虧虛不足，屬於虛證的範疇；二是氣血津液的運行代謝發生障礙，而表現爲氣滯、氣逆、血瘀、水液停聚等，屬於實證的範疇。

1. 氣病辨證

氣的病證一般分爲氣虛、氣滯和氣逆。

⑴氣虛

①概述　氣虛是全身或某臟出現機能衰退的證候。

②原理　氣的生理表現形式是交感神經及其效應器的功能狀態；氣的物理實質是電磁波和能量；氣的化學存在形式是高能物質。

氣虛的實質是交感神經系統興奮性降低，血漿中膽碱酯酶活性降低，副交感神經系統活動佔優勢，能量代謝率降低。

呼吸氣短表明肺供血不良，潮氣量減小，功能低下。神倦懶言，四肢乏力，表明機體能量代謝率低下，功能減弱。頭暈表明大腦供血不良，血中營養物質含量降低。自汗表明膽碱酯酶活性降低，乙酰膽碱積聚。食慾不振表明支配消化道的副交感神經活動佔優勢，消化道的血流量減少，吸收功能減弱。中氣下陷，可見腹部墜脹，或脫肛、子宮下垂等內臟下垂現象。這是交感神經功能低下，副交感神經活動佔優勢所造成的內臟平滑肌和韌帶鬆弛的結果。舌淡而胖嫩，脈濡弱無力，表明心臟收縮力下降，血管緊張性下降，微循環管襻數目減少，長度縮短，張力差，流態呈虛綫，流速慢。這些都是交感神經興奮性降低的結果。

綜上所述，氣虛的實質是交感神經功能低下，因而導致機體能量代謝率下降，機能減退。陽虛與氣虛的差異在於陽虛不僅交感神經功能低下，而且還存在內分泌腺功能低下，陽性激素分泌減少的現象。陽虛由於甲狀腺素、胰高血糖素、腎上腺素和糖皮質激素等分泌減少，因而能量代謝率更低，出現怕冷、手足發涼、出冷汗等症狀。

補氣方藥均有對抗副交感神經遞質乙酰膽碱，提高交感神經興奮性，使組織中cAMP升高，cGMP降低的作用。

⑵氣滯

①概述　人體的局部發生病變，使氣的流通不暢，稱爲氣滯。

②原理　氣滯的實質是植物性神經功能紊亂從而導致內臟平滑肌和血管平滑肌舒縮異常。脹悶是中空器官平滑肌舒張，內容物積聚，血液流通不暢的反映；疼痛則是中空器官平滑肌痙攣性收縮，血流量減少的表現。

由於植物性神經功能與情緒有相關性，因此，氣滯的疼痛與精神因素有關。中空器官平滑肌收縮可使內容物移動，因而氣滯疼痛表現爲位置不固定的竄痛。

脾胃氣滯的實質是支配消化道的植物性神經功能紊亂導致消化道運動減弱，內容物積聚，或消化道平滑肌痙攣，運動亢進。肝氣鬱滯的實質是支配肝和輸膽管道的植物性神經功能紊亂，膽汁分泌和排泄障礙，肝血流不暢。另外，因子宮平滑肌舒縮異常而導致月經不調。乳房作脹是支配乳房的植物性神經功能紊亂，血流不暢的表現。

總而言之，氣滯的實質是植物性神經功能紊亂導致中空器官平滑肌舒縮異常，內容物運行不通暢，血液流通不暢。

理氣行氣藥具有調節胃腸道、輸膽管道、子宮和血管等的平滑肌的作用，因而能糾正因植物性神經紊亂而導致的內臟和血管平滑肌舒縮異常。

⑶氣逆

①概述　氣逆是臟腑之氣上逆的證候。

②原理　氣逆的實質是副交感神經興奮性過高，平滑肌活動過强。

肺氣上逆的實質是支配氣管、支氣管和肺的副交感神經興奮性過高，呼吸道平滑肌痙攣，分泌增加，因而導致咳嗽氣急，呼多吸少。胃氣上逆的實質是支配胃腸道的副交感神經興奮性過高，胃腸道運動亢進，出現蠕動增加，逆蠕動，張力過高，舒張不全等現象，因而表現爲呃逆、噯氣、嘔吐。

降氣藥具有擴張呼吸道，減少分泌，糾正胃腸道運動亢進的作用。

2. 血病辨證

與血有關的病證主要有血虛、血瘀和出血。

⑴血虛

①概述　血虛是失血過多，脾胃功能衰弱，血液生化之源不足，或瘀血阻滯而新血不生所引起的證候。

②原理　血虛的實質是血容量不足，血細胞，尤其是紅細胞減少，血液中血漿蛋白和各種營養物質減少。引起血虛的原因主要是

失血過多，脾功能亢進，消化吸收功能不良，血細胞生成障礙。

面色蒼白，唇、舌、指甲色淡無華，表明血紅蛋白量減少，貧血。面色萎黃表明脾的濾血功能亢進，血液中的膽紅素增加。脈細或細數無力，表明循環血量不足，心臟收縮力減弱。頭暈眼花，手足發麻，表明機體供血不良，血液中的營養物質含量下降。心悸、失眠，表明中樞神經系統的興奮性代償性提高。

補血藥具有促進血細胞生成和血漿蛋白合成的作用。補氣藥能提高交感神經系統的興奮性；使脾臟收縮，濾血減少，循環血量增加；使心血管功能加强。補腎藥能够增强腎上腺、腎和性腺的功能。腎上腺分泌的糖皮質激素、腎臟分泌的促紅細胞生成因子，以及睾丸和腎上腺皮質分泌的雄性激素有促進造血機能的作用。

⑵血瘀

①概述　人體某部位因外傷、氣滯、寒凝等原因導致血流不暢，或局部有瘀血停滯，稱爲血瘀。

②原理　血瘀證是與血液循環障礙有關的病理過程。其主要表現爲血液流變學、微循環和血流動力學三方面的異常。

在血液流變學方面，血瘀證表現在血液具有濃、黏、凝、聚的傾向。濃，指血液的濃度增高，表現爲血球壓積增加，血漿蛋白、血脂等濃度增高。黏，指血液黏稠，表現爲全血和血漿比黏度增加。凝，指血液的凝固性增加，表現爲血漿纖維蛋白原增加，凝血速度加快。聚，指血細胞聚集性增加，表現爲紅細胞和血小板在血漿中電泳緩慢，血小板對各種因素誘導的凝集性增高，紅細胞沉降率加快等。由於血液出現上述變化，因而血瘀患者血液運行不暢，容易導致血栓形成、血管栓塞。

在微循環方面，血瘀證表現爲微血流緩慢和瘀滯，甚至血管內凝血、微血管變形（管襻扭曲、畸形、頂端擴張等）；微血管週圍滲血和出血；微血管縮窄或閉塞等。

在血流動力學方面，血瘀證表現爲某個器官或部位的循環障礙，血管狹窄或閉塞，血流量降低等變化。冠心病患者出現冠脈循環障礙；血栓閉塞性脈管炎的血瘀患者出現肢體循環障礙；缺血性中風的血瘀患者出現腦循環障礙；慢性肝炎的血瘀患者出現肝循環障礙。有些血瘀患者還出現心功能異常，如冠心病、紅斑狼瘡、視網膜中央動靜脈栓塞等的血瘀患者都有心臟功能下降，心搏出量減少等異常。

此外，血瘀證與機體免疫功能異常，纖維組織代謝障礙等也有一定關係。

活血化瘀藥具有擴張外週血管，增加器官血流量，改善血液的濃、黏、凝、聚狀態，抗血栓形成，改善微循環和鎮痛等作用。以活血爲主的藥物有擴張血管，改善微循環的作用；以化瘀爲主的藥物有抑制血小板聚集和抗血栓形成的作用；以去瘀止痛爲主的藥物有擴張血管和鎮痛作用；以軟堅消腫塊爲主的藥物有擴張血管，抑制血小板聚集和抗血栓形成，抗腫瘤，抗早孕，潤腸緩瀉等作用。

⑶出血

①概述　導致出血的原因主要有火熱實邪迫血妄行；氣虛不能攝血；腎陰虧損，虛火內生，傷及脈絡；精神刺激，情志化火；瘀血內阻，妨礙血液正常運行；過勞及外傷等。

②原理　血管收縮功能下降；血小板數量減少，聚集性降低；凝血系統活性減弱，纖溶系統活性增强；血管壁脆性增加以及外傷等是引起出血的主要原因。

火熱迫血妄行導致出血的實質是體內交感神經興奮性增高，陽性激素分泌增加，代謝率增高，心搏加快，外週血管擴張，血流加快。由於植物性神經和內分泌的變化導致血小板聚集性降低，凝血系統活性減弱，纖溶系統活性增强，血管壁脆性增加，因此，容易引起出血。火熱迫血妄行多見於急性感染。

氣虛不能攝血導致出血的實質是體內交感神經系統興奮性降低；心臟收縮力減弱；血管收縮性減弱；脾腫大，滅血作用加强，因而紅細胞和血小板減少。氣虛出血的原因是血管收縮性減弱，血小板減少。脾虛不能統血時，外週血管擴張，靜脈回流減慢，因此，出血多在下部，出現便血、崩漏等。

陰虛火旺之出血的實質是體內輕度脱水，循環血量不足，交感神經活動和陽性激素的分泌代償性亢進。因此，血小板聚集性減弱，凝血系統活性減弱，纖溶系統活性增强，容易導致出血。由於陰虛的血容量減少，故出血量不多。

精神刺激，情志化火而引起出血的實質是精神因素導致交感神經系統興奮性提高，心收縮力加强，肝血竇收縮，血壓升高，肝臟代謝率加快，血小板聚集性減弱，溶血系統活性增强。由於肝火盛時血壓升高，所以出血多在人體上部，血量較多。

止血藥具有促進凝血、抑制纖溶、使局部血管收縮、改善血管壁功能的作用。

治血熱妄行的方劑有抗菌、抗病毒、消炎；抑制白細胞釋放內源性致熱原而解熱；促進血液凝固的作用。

治氣虛不能攝血之出血的方劑有增强交感神經的興奮性，降低脾的滅血功能，促進血細胞和血小板的生成，使血管收縮性加强的作用。

治陰虛火旺之出血的方劑有糾正交感神經和內分泌腺功能代償性亢進狀態，促進止血的作用。

3. 津液病辨證

津液病證包括津液虧損和水液內停兩個方面。

⑴津液不足

①概述　津液不足多由高熱、大汗、出血、嘔吐、泄瀉、多尿等所引起。輕者表現爲傷津，重者表現爲傷陰。

②原理　津液不足的實質是由高熱、大汗、出血、嘔吐、泄瀉、多尿等所引起的脫水。

傷津是輕度脫水，主要表現爲組織間液減少，腎重吸收增強，消化道分泌減少。傷陰是重度脫水，組織間液和循環血量均減少，交感神經活動和陽性激素的分泌代償性加强。

生津養陰藥具有改善脫水狀態，提高副交感神經的興奮性，降低交感神經的興奮性，降低陽性激素的分泌，調節腎的重吸收，使消化道分泌增强的作用。

⑵水液內停

①概述　肺、脾、腎三臟對水液的輸佈和代謝發生障礙，水飲停留於局部或泛溢於全身，可造成痰飲內停和水腫等病證。

②原理　水液內停的實質是體液的運動和代謝障礙所引起的水過多、水腫和積水等病理變化。

肺對水代謝具有調節作用。呼吸時，部分水分通過蒸發由呼吸道排出，肺的呼吸活動與抗利尿激素和腎素的分泌具有相關性，因而對腎的泌尿功能起調節作用。

「脾」對水代謝的調節體現在小腸對水分的吸收以及消化道分泌的5－羥色胺對血管通透性的影響。消化道對蛋白質的吸收可影響血漿白蛋白的含量和血漿膠體滲透壓。血管通透性和血漿膠體滲透壓對血管內外體液的交換有影響。

「腎」對水代謝的調節體現在腎的濾過和重吸收作用以及腎上腺分泌的醛固酮和垂體分泌的抗利尿激素對腎功能的調節作用。

肺、脾、腎功能失調導致水液內停的實質是呼吸活動蒸發的水分減少，肺功能障礙導致抗利尿激素和腎素分泌增多；消化道分泌的5－羥色胺增多，對蛋白質的吸收減少導致血漿膠體滲透壓下降；腎的濾過率降低，重吸收增加。

水液內停的特點是體內副交感神經活動佔優勢，陽性激素分泌減少，能量代謝率降低，細胞膜上的鈉泵活性下降，細胞腫脹。咳嗽痰多表明支配呼吸道的副交感神經興奮性增高，呼吸道的分泌增加。頭暈目眩是神經中樞細胞水腫的表現。心悸氣短是心肺功能障礙的表現。小便不利表明腎的濾過率下降，重吸收增强。口淡無味，舌苔厚膩表明支配唾液腺的副交感神經興奮性增高，分泌大量清稀的唾液，舌的絲狀乳頭數目及分枝增加，其中包藏很多黏液和食物顆粒。食少便溏表明支配消化道的副交感神經興奮性增高，消化道血流量減少，組織的能量代謝率下降，對營養物質和水的吸收作用減弱。肢重或全身水腫是水瀦留的表現。滑脈表明血管內液，即血漿過多。這稱爲稀血症。濡脈表明血漿減少。這是組織液生成過多，組織水腫的表現。

化水除濕藥具有利尿作用。因而可消除水瀦留。

㈢臟腑辨證

臟腑辨證是以臟腑學說爲基礎，對臟腑的病理表現進行分析、歸納，找出疾病的病因和性質，作出正確的診斷，用以指導臨牀治療的一種辨證方法。

1. 心與小腸辨證

⑴心氣虛與心陽虛

①概述　心氣虛是心氣耗損的證候。心陽虛是心陽衰退的證候。

②原理　心氣虛和心陽虛的實質是心肌的自律性、傳導性和興奮性降低，心臟功能減退。心悸是心律不規則的表現。氣短是由於

左心功能不全引起肺淤血和肺水腫所致。自汗是由於膽碱酯酶活性降低，汗腺的乙酰膽碱積聚所致。

心氣虛的實質是支配心臟的交感神經興奮性降低，副交感神經興奮性升高，心肌能量代謝率下降，收縮力減弱，興奮性、傳導性和自律性降低，因而可見面白，舌質淡，苔白等現象。這表明微血管充盈不良，血流緩慢。脈細弱是心臟收縮力減弱的表現。結代脈是心肌傳導性下降的表現。心神經官能症和某些器質性心臟病可見心氣虛的證候。

心陽虛的實質是腎上腺素、去甲腎上腺素、血管緊張素、胰高血糖素，降鈣素和甲狀腺素等激素分泌減少，或心臟的激素受體數目減少，活性減弱，因而激素對心臟的作用減弱。這些激素分泌減少，使肌體能量代謝率下降，因而出現怕冷，四肢不溫。這些激素分泌減少，或心臟的激素受體數目減少，活性減弱，還可導致心臟功能減退，因而可見心胸憋悶，面色蒼白，脈細弱。如果這些激素分泌極度減少，則會導致心陽虛脫。大汗淋漓是汗腺中乙酰膽碱大量積聚的表現。神志不清是腦循環障礙的表現。脈微欲絕表明心臟功能嚴重減退。週圍循環衰竭可見心陽虛的證候。

補氣藥具有强心作用；溫陽藥具有强心和改善末梢循環的作用；安神藥具有鎮靜作用。對心氣虛和心陽虛的治療原則是在强心，擴張外週血管的同時，糾正中樞神經系統由於供血不足而呈現的代償性興奮狀態。

⑵心血虛與心陰虛

①概述　心血虛是心血不足的證候。心陰虛是心陰衰退的證候。

②原理　心血虛的實質是血容量不足；心陰虛的實質是在血容量不足的同時，支配心臟的副交感神經興奮性減弱，甲狀旁腺素和

心房肽分泌減少，支配心臟的交感神經興奮性和甲狀腺素等的分泌代償性增高。

心悸是心跳過速的表現。氣短是心輸出量減少的表現。健忘、失眠、多夢是腦供血不足，中樞神經系統興奮性代償性增高的表現。

心血虛者面色淡白不華，舌質淡，脈細無力是貧血，血容量減少，微循環充盈不良，血流緩慢的表現。貧血可見心血虛證候。

心陰虛者手足心熱，顴紅，心煩，舌質紅，脈細數是循環血容量不足，因而交感神經興奮性和甲狀腺素分泌代償性增高，甲狀旁腺素和心房肽分泌減少，心搏代償性加快的表現。某些器質性心臟病和神經官能症等可見心陰虛證候。

養心血藥物有促進血細胞生成的作用。補心陰藥物有降低交感神經興奮性，減少甲狀腺素分泌的作用。安心神藥物具有鎮靜作用，可使中樞神經系統興奮性降低。

⑶心血瘀阻

①概述　這是由氣滯血瘀引起的心血受阻的證候。

②原理　心血瘀阻的實質是血液呈濃、黏、凝、聚狀態，冠狀動脈狹窄或閉塞，心肌缺血、缺氧。

心前區或胸骨後刺痛或懋悶感是心肌缺血、缺氧的表現。心悸是心律失常的表現。面青、唇紫、四肢發涼、舌質暗紅是微循環障礙，血流不暢，還原血紅蛋白增加的表現。脈細欲絕是心力衰竭的表現。冠心病、心肌梗塞可見心血瘀阻的證候。

活血化瘀、宣痹通陽方藥具有增加冠脈血流量，改善心肌收縮力，調整心率，降低血黏度，抑制凝血，激活纖溶的作用。

⑷痰迷心竅

①概述　痰迷心竅是痰濁阻遏心神所引起的證候。

②原理　「心」是以心臟、甲狀腺、甲狀旁腺和腦爲主體構成的功能單位。痰迷心竅的實質是體內出現水瀦留，呼吸道分泌增加，血液稀釋，腦和心臟等出現細胞腫脹、水腫。痰鬱化火是在出現以上病理表現的同時，甲狀腺功能增强。

腦細胞腫脹、腦組織水腫時，顱內壓力升高，可引起各種神經、精神症狀，如凝視、失語、精神錯亂、定向能力失常、嗜睡、躁動譫語，甚至驚厥、昏迷。喉間痰鳴作響是體內水瀦留，呼吸道分泌增加的表現。脈滑是血液稀釋的表現。痰鬱化火時舌質紅乾，苔黃、脈滑數，表明甲狀腺素分泌增加，體內能量代謝率提高。某些腦血管意外、精神分裂症、感染性疾病、癔病等可出現痰迷心竅的證候。

化濕痰藥具有祛痰和改善水瀦留的作用；清熱痰藥具有祛痰、抗菌、提高副交感神經興奮性、減少甲狀腺素分泌的作用；開竅藥具有興奮和抑制中樞神經系統的雙向調節作用。

治療痰阻心竅的常用方劑有改善腦水腫狀態，調整腦功能的作用；治療痰鬱化熱的常用方劑有改善腦水腫狀態和鎮靜等作用。

(5)心火上炎，移熱於小腸

①概述　這是心熱下移小腸所引起的證候。

②原理　心火上炎的實質是甲狀腺素分泌增加，心臟功能亢進，因而可見舌尖紅，舌體糜爛，心中煩熱，夜寐不安，脈數。交感神經興奮性增高，甲狀腺素分泌增加使得消化道和腎小管上皮細胞膜上鈉泵活性增高，因而消化道對水分的吸收增加，故見口渴思飲；腎小管對水的重吸收增加，故尿黃，尿道灼痛或尿血。某些口腔黏膜病、舌炎、復發性潰瘍、維生素缺乏等可見此證候。

清心瀉火方藥具有降低交感神經興奮性，減少甲狀腺素分泌和利尿等作用。

2. 肝與膽辨證

(1)肝氣鬱結

①概述　這是肝疏泄失常所引起的證候。

②原理　肝氣鬱結的實質是支配肝臟的植物性神經功能紊亂，肝臟微循環和代謝出現障礙，血管和內臟平滑肌功能紊亂、痙攣。由於神經體液調節異常，血漿cAMP/cGMP比值下降，全血比黏度和血漿比黏度增大，血脂增高，肝臟微循環血流緩慢，肝血竇的血容量增大。

情緒抑鬱或急躁易怒與植物性神經功能紊亂有關。情緒抑鬱多爲副交感神經功能亢進；急躁易怒多爲交感神經功能亢進。胸悶不舒，脅肋脹痛是肝臟微循環障礙，血流不暢的表現。由於肝臟的海特（Head）氏帶位於季肋部，因此，肝臟微循環障礙，血流不暢會引起脅肋脹痛。不欲飲食、嘔吐、便溏等症狀是神經體液調節障礙，胃腸道功能紊亂的表現。脈弦表明血管緊張性增加，血流阻力增大。婦女月經不調、痛經或經前乳房作脹是子宮平滑肌痙攣，微循環障礙，血流不暢的表現。慢性肝炎、慢性膽囊炎、更年期綜合徵、月經不調、神經官能症等可見肝氣鬱結的證候。

疏肝理氣方藥具有降血脂，降低血液黏度，鬆弛血管平滑肌，改善肝臟微循環，解除內臟平滑肌痙攣的作用。

(2)肝經實火

①概述　肝經實火即肝火實證。

②原理　肝經實火的實質是支配肝臟的交感神經機能亢進，作用於肝臟的腎上腺素、胰高血糖素、甲狀腺素、糖皮質激素和睾酮等的分泌增加，肝臟微循環血流加速，肝血竇收縮，全身血壓升高；肝臟分解代謝加强，機體產熱量增加。

頭痛眩暈，耳鳴耳聾是高血壓的表現。急躁易怒是交感神經功能亢進的表現。面紅目赤表明機體代謝率提高，微循環毛細血管充盈艮好，血流加速。脅肋灼痛是肝臟分解代謝亢進，肝血竇收縮等異常狀態反射於海特氏帶的結果。吐血、衄血是由於交感神經和陽性激素分泌功能亢進引起血小板聚集性降低，凝血系統活性減弱，纖溶系統活性增强，血管壁脆性增加所導致的結果。口苦是膽汁排泄障礙的表現。脈弦數是動脈硬化，血管緊張性增加，心跳加速的表現。高血壓、甲亢、狂躁型精神病等可見肝經實火的證候。

清瀉肝火方藥具有降血壓、降血脂、降低代謝率、利膽、護肝等作用。

(3)肝陽上亢

①概述　這是由腎水虧損不能滋養肝木，或肝陰不足、陰不潛陽引起的證候。

②原理　由於神經體液調節障礙，因此，肝臟代謝亢進，肝血流量增加，肝靜脈回心血流加速。與此同時，腎上腺、腎和性腺的血流量相對減少。腎血流量減少激活腎牽張感受器和致密斑感受器，使腎素分泌增加，腎小管和集合管對鈉和水的重吸收增加，循環血量增加，血壓升高。

眩暈耳鳴，頭目脹痛是血壓升高的表現。頭重脚輕、面赤，表明體循環身體上部器官血流量增加，身體下部器官血流量減少。口苦是膽汁排泄障礙的表現。急躁易怒，失眠多夢是交感神經功能亢進的表現。腰膝酸軟表明下部的腎上腺、腎和性腺以及下肢的血流量減少，功能減退。舌紅表明身體上部血流量增加，微循環毛細血管充盈艮好，血流速度快。脈弦有力是動脈硬化，血管緊張性增大的表現。神經官能症、高血壓等可見肝陽上亢的證候。

滋肝陰藥具有提高副交感神經興奮性，降低肝臟的分解代謝，使肝血流量減少，腎血流量增加，腎濾過率增大，血壓下降的作用。平肝陽藥具有降壓和鎮靜作用。

⑷肝風內動

①概述　這是由熱極生風、肝陽化風、陰虛動風和血虛生風等引起的證候。

②原理　眩暈是一種運動幻覺，由外源性、週圍性或中樞性的前庭障礙所引起。震顫、抽搐、痲木是肌肉運動異常。肝風內動的實質是肝臟功能異常，運動神經和肌肉功能異常。

熱極生風的實質是急性感染、高熱、新陳代謝紊亂使大腦皮質運動區興奮性增加，錐體外系的機能發生變化，出現驚厥症狀。

肝陽化風的實質是支配肝臟的交感神經興奮性過高，引起高血壓和肝臟代謝紊亂，進而導致大腦皮質運動區和基底神經節的機能異常以及腦血管意外。

陰虛動風的實質是甲狀旁腺素分泌減少，血鈣過低，導致肌肉運動異常。

血虛生風的實質是肝臟合成血漿蛋白質的功能減退，血液中的血漿蛋白質、氨基酸和鈣離子減少，導致肌肉運動障礙。

總而言之，肝風內動的特點是血壓升高，大腦皮質運動區和肌肉功能亢進。腦血管意外、震顫痲痹等病可見肝風內動的證候。

平肝陽藥具有降壓和鎮靜作用。熄風藥具有降血壓、抗驚厥和鎮靜作用。

⑸肝膽濕熱

①概述　這是濕熱之邪蘊蒸於肝膽的病變。

②原理　肝臟受病毒感染出現Ⅲ型變態反應，或膽道受細菌感染，均導致血液中的嗜中性粒細胞增多，釋放內源性致熱原。結果，肝臟或膽道出現滲出性炎症，機體的交感神經和內分泌腺功能亢進，能量代謝率提高。由於肝臟和膽道血流量增加，腎血流量相

對減少，因而腎小球濾過率降低，腎小管重吸收增加，導致水潴留，肝功能障礙或肝外膽道系統阻塞，可出現黃疸。這兩種原因引起的黃疸，血液中的紅細胞數量不減少，因而黃色鮮明。

總而言之，肝膽濕熱的實質是肝臟或膽道急性感染，或者膽道系統受阻，嗜中性粒細胞增多並釋放內源性致熱原，導致機體能量代謝率提高而出現熱象；肝膽的滲出性炎症和腎功能異常而導致的水潴留則體現爲濕。

鞏膜、皮膚發黃如橘皮色是肝臟對膽紅素處理障礙或肝外膽道系統阻塞的表現。脅痛是肝膽病變反射於海特氏帶的表現。尿少而黃赤表明腎小球濾過率降低，腎小管重吸收增加。發熱口渴是交感神經和陽性激素功能亢進的表現。噁心嘔吐，食少腹脹與膽汁的分泌和排泄障礙有關。舌苔黃膩表明血液中嗜中性粒細胞增多，體內存在水潴留現象。脈弦數表明肝臟微循環異常，動脈硬化，血管緊張性增加，心搏加快。急性黃疸型肝炎、急性膽囊炎、膽石症等可見肝膽濕熱證候。

清利濕熱方藥具有抗菌、抗病毒、抗變態反應，利膽、利尿和降壓等作用。

3. 脾與胃辨證

(1)脾胃氣虛

①概述　這是脾氣虛兼胃氣虛的證候。

②原理　脾胃氣虛的實質是支配胃、十二指腸、胰腺和脾臟的交感神經興奮性減弱。

面色萎黃，與脾臟滅血功能亢進有關。倦怠無力與消化道吸收功能減退，胰島素分泌增加導致血鉀降低，以及水潴留有關。食慾減退，噯氣吐酸，胃痛喜按，食後痛減，腹脹便溏，表明：A.支配胃腸道的交感神經興奮性減弱，副交感神經興奮性增高；B.胃腸道血流量減少，消化液分泌增加，運動加快，吸收功能減退；C.胃腸道常處於空虛狀態。舌淡，有齒痕，是支配胃腸道的副交感神經活動佔優勢，5—羥色胺分泌增加導致毛細血管通透性增大因而出現水腫的表現。脈濡弱表明循環血容量減少。

潰瘍病、慢性胃炎、慢性腸炎、慢性痢疾、胃腸功能紊亂、慢性肝炎等病可見脾胃氣虛的證候。

益氣藥具有提高交感神經興奮性，增加cAMP含量的作用；健脾藥具有抑制脾臟的滅血功能，緩解胃腸平滑肌痙攣和利尿等作用。和胃藥具有調節胃腸道的分泌和運動的作用。

⑵中氣下陷

①概述　這是脾胃虛弱兼見腹部墜脹、內臟下垂的證候。

②原理　中氣下陷的實質是交感神經興奮性降低，副交感神經興奮性提高導致韌帶鬆弛，平滑肌韌帶和結締組織鬆弛。因此，可出現胃下垂、子宮下垂、陰吹、脫肛等症狀。

補中、益氣和升陽的藥物具有提高交感神經興奮性，增高血壓，加强韌帶、平滑肌韌帶和結締組織張力的作用。

⑶脾胃虛寒

①概述　這是脾胃虛弱兼見寒象的證候。

②原理　脾胃虛寒的實質是支配胃、十二指腸和胰等器官的迷走神經功能亢進，胰島素分泌增加，胰高血糖素等激素分泌減少，胃腸道和胰腺等器官血流量減少，功能減退。

脘腹隱痛不止，喜熱喜按，口泛清水，表明：A.胃腸道平滑肌痙攣；B.胃腸道血流量減少，組織代謝率下降，產熱量減少；C.小腸上皮細胞膜上的鈉泵活性下降，吸收功能減退；D.消化道分泌清稀消化液增多。

畏寒肢冷是全身代謝率下降，產熱量減少的表現。這是胰高血糖素等分泌減少的結果。

四肢浮腫，或久瀉不止，白帶清稀而多是水的吸收和代謝障礙的表現。四肢浮腫與消化道黏膜的嗜銀細胞釋放5－羥色胺增多，毛細血管通透性增大有關。久瀉不止與支配消化道的迷走神經興奮性增高，消化道運動和分泌功能亢進，吸收功能減弱有關。白帶清稀與支配子宮的副交感神經興奮性增高，子宮血流量減少，能量代謝率下降，組織水腫，子宮腺分泌加強有關。

舌淡苔白而滑潤表明機體能量代謝率降低，存在水瀦留現象。

脈沉細無力表明心肌收縮力減弱，循環血容量減少。

潰瘍病、慢性腹瀉、腸胃功能紊亂、慢性肝炎、婦科白帶過多等病可見脾胃虛寒的證候。

溫運脾陽藥具有提高交感神經興奮性、强心、擴張血管的作用，因而使胃、小腸、胰等器官血流量增加，功能加强。溫胃散寒藥具有調節消化道功能的作用。

⑷濕困脾陽

①概述　這是水濕影響脾陽運化機能的證候。

②原理　由於潮濕的環境因子的影響，因此，支配消化道的副交感神經興奮性提高，消化道的運動和分泌功能加强，對營養物質和水分的吸收功能減弱；消化道黏膜的嗜銀細胞釋放5－羥色胺增多導致毛細血管通透性增大，消化道對蛋白質的吸收減少導致血漿白蛋白含量減少，血漿膠體滲透壓降低，因而出現水腫。體表和器官水腫可導致機體功能障礙。這就是濕困脾陽的實質。

脾虛兼濕的實質主要是副交感神經功能亢進，交感神經功能減退，機體水腫。脾陽虛兼寒濕的實質是除上述變化外，尚存在胰高血糖素分泌減少，胰島素分泌增加，機體能量代謝率降低。

食慾減退，胃脘脹悶，噁心，口黏膩而不渴，或渴不欲飲，表明副交感神經興奮性提高，消化道血流量減少，組織水腫，運動和分泌功能亢進，吸收功能減退。

身沉肢重，頭重如裹，下肢浮腫，舌苔白膩，是體表和內臟器官水腫的表現。

皮膚晦暗發黃與支配脾臟的交感神經興奮性降低，脾臟的滅血功能亢進，紅細胞破壞增多導致非結合型膽紅素增加有關。

舌淡、脈濡表明心肌收縮力減弱，血管緊張性下降，循環血容量減少。

慢性腸炎、痢疾、慢性肝炎、營養不良性水腫等病可見濕困脾陽的證候。

溫運脾陽藥可使消化管和胰等器官血流量增加，功能加強。燥濕藥和化濕藥具有調節消化液分泌的作用。利濕藥具有利尿作用。

⑸脾不統血

①概述　這是因脾氣虧虛不能統攝血液，而致血溢脈外的證候。

②原理　脾不統血的實質是支配脾臟的交感神經興奮性降低，脾臟腫大，貯血量增大，對紅細胞和血小板的破壞增加。

月經過多，便血，皮下有紫癜而色淡與血小板減少，凝血功能障礙有關。

功能性子宮出血，痔出血，血小板減少性紫癜等病可見脾不統血的證候。

益氣健脾藥能提高交感神經的興奮性，强心，使紅細胞和血小板數量增加。止血藥能使血小板數量增加，促進凝血。

⑹胃陰不足

①概述　這是胃陰液不足的證候。

②原理　胃陰不足的實質是神經內分泌失調，交感神經興奮性

增高，副交感神經興奮性降低；胃泌素分泌減少，抑胃肽分泌增加，使得消化道的運動和分泌功能減弱。

胃脘疼痛或嘈雜，飲食減少，表明胃的血流量增加，運動功能減弱。

口乾唇燥，大便秘結表明消化道的分泌功能減弱。

舌紅少苔，脈細數，是內分泌失調，循環血容量不足的表現。

慢性胃炎、急性熱病後期可見胃陰不足的證候。

滋養胃陰藥物具有提高副交感神經的興奮性，增強胃腸道的運動和分泌功能的作用。

⑺胃火熾盛

①概述　這是火邪犯胃，或食煎炒過多導致胃中燥熱的證候。

②原理　由於致病微生物感染，嗜中性粒細胞釋放內源性致熱原，或者其它原因，導致交感神經興奮性增高，陽性激素分泌增加，消化道血流量增加，組織的能量代謝率提高，對營養物質和水分的吸收功能增強。

煩渴多飲或渴欲冷飲是交感神經興奮性提高，消化道代謝率提高，消化液分泌減少，消化道對水分的吸收增強的表現。

消穀善飢表明機體代謝率提高，消化道對營養物質的吸收功能增強。

胃脘灼痛，口臭乏酸，噁心，是胃腸道發炎充血，功能障礙的表現。

便秘是食物殘渣在大腸停留時間增長，水分被吸收過多的表現。

牙齦腫痛或潰瘍糜爛表明口腔黏膜血流量增加或出現炎症。

舌紅，脈滑數，表明心臟搏動加快，循環血容量增加，血流阻力減小，微循環毛細血管充盈，血流加速。

苔黃與細菌感染，嗜中性粒細胞增多有關。

某些傳染病高熱期、口腔黏膜病，內分泌疾病等可見胃火熾盛的證候。

清胃瀉火藥具有抗菌抗病毒，抑制嗜中性粒細胞等釋放內源性致熱原，降低交感神經興奮性，減少甲狀腺素、胰高血糖素、腎上腺素和糖皮質激素等的分泌，調整消化道的功能，使消化液分泌增加的作用。

4.肺與大腸辨證

(1)肺氣虛

①概述　這是肺氣不足和衛表不固所表現的證候。

②原理　肺氣虛的實質是支配氣管、支氣管和肺的交感神經興奮性降低，氣管、支氣管和肺血流量減少，毛細血管開放數目減少，充盈不良，血流緩慢。

氣短喘促，咳痰無力是潮氣量小，呼吸道痙攣的表現。自汗怕冷，面色㿠白，痰多清稀，表明交感神經興奮性降低，膽碱酯酶活性降低，副交感神經活動佔優勢，因而受膽碱能纖維支配的汗腺分泌增加，呼吸道分泌物增加，心血管功能減弱，能量代謝率下降。脈象虛弱，舌淡是心臟收縮力減小，血管緊張性下降，微循環毛細血管開放數目減少，充盈不良，血流緩慢的表現。

慢性氣管炎、肺氣腫、肺結核，肺心病等可見肺氣虛的證候。

補肺益氣方藥具有提高交感神經興奮性，提高cAMP含量，擴張呼吸道，改善肺循環的作用。

(2)肺陰虛

①概述　這是因肺陰虧虛，虛熱內生所表現的證候。

②原理　肺陰虛的實質是支配氣管、支氣管和肺的副交感神經興奮性降低，肺分泌前列腺素、緩激肽和內啡肽等的功能減退，循

環血容量減少，肺分泌血管緊張素、血管活性腸肽和可的松等的功能代償性亢進，交感神經的興奮性代償性增高。此外，甲狀腺素、腎上腺素、糖皮質激素等的分泌也代償性增加。

咳嗽無痰，或痰少而黏，有時帶血絲，表明交感神經興奮性代償性增强，呼吸道分泌減少，凝血功能減弱。

潮熱盜汗，顴紅，手足心熱，表明循環血容量減少，交感神經活動和甲狀腺素等激素的分泌代償性加强，因而汗腺分泌增加，心臟功能代償性加强，顴部皮膚、甲狀腺和手足心的血流量增加，能量代謝率代償性提高。

少苔表明絲狀乳頭萎縮。舌紅，脈細數，表明血容量減少，心搏由於交感神經和陽性激素的作用而代償性加快，微循環毛細血管充盈較好，血流加快。

肺結核、肺炎恢復期可見肺陰虛的證候。

滋陰潤肺藥具有糾正交感神經和陽性激素功能的代償性亢進狀態，降低代謝率，促進呼吸道分泌，促進特異性免疫功能的作用。

(3)肺熱證

①概述　這是熱邪犯肺所致的證候。

②原理　氣管、支氣管和肺受細菌感染，或受病毒感染而發生Ⅲ型變態反應，嗜中性粒細胞增多，釋放內源性致熱原，導致交感神經活動和陽性激素的分泌亢進，機體代謝率增高。這就是肺熱證的實質。

咳嗽，氣喘，咳吐黃痰，或咳吐膿血，胸痛等症狀是氣管、支氣管和肺受感染，氣管收縮，呼吸道炎症分泌物增多，肺血流量增加，發炎或化膿的表現。發熱是內源性致熱原作用於體溫調節中樞，導致機體產熱量增加的結果。

苔黃與細菌感染或病毒感染出現Ⅲ型變態反應導致嗜中性粒細

胞增多有關。脈數是心搏加快的表現，與交感神經活動和陽性激素分泌的亢進有關。

急、慢性氣管炎，肺炎，肺膿瘍等病可見肺熱的證候。

清肺熱藥具有抗菌、抗變態反應、解熱、減少肺血流量的作用。清化熱痰藥具有抗菌、擴張支氣管、調節肺的內分泌功能的作用。

(4)肺燥咳嗽

①概述　這是燥邪犯肺所致的證候。

②原理　由於氣候乾燥，濕度小，通過蒸發由呼吸道排出的水分增加，呼吸道黏膜受損，機體出現輕度脫水。由於呼吸道受損，因此，容易受病原微生物的感染，或受乾燥空氣的刺激而引起炎症介質的釋放，從而導致咳嗽。這就是肺燥咳嗽的實質。

乾咳無痰，口鼻乾燥，是呼吸道通過蒸發排出水分過多，機體出現輕度脫水的表現。胸痛是咳嗽，呼吸不暢所致。

舌尖紅表明肺血流量增加。苔黃而乾與細菌感染以及體液不足有關。脈細數表明血容量減少，心搏代償性加快。

清肺潤燥藥具有調節水代謝和鎮咳作用。

(5)寒飲犯肺

①概述　這是寒邪犯肺所致的證候。

②原理　寒飲犯肺是在寒冷的氣候條件下，支氣管和肺受病毒感染，或受變態反應原刺激所致。其特點是副交感神經興奮性增高，肥大細胞釋放過敏介質，支氣管黏膜水腫，分泌物增多，平滑肌收縮，機體的陽性激素分泌減少，能量代謝率下降。

咳嗽痰多稀白是副交感神經興奮性增高，cGMP含量增高，肺血流量減少，支氣管黏膜水腫，分泌物增多的表現。

形寒肢冷是副交感神經興奮性增高，甲狀腺和腎上腺等內分泌腺功能減退，能量代謝率下降的表現。

苔白滑與病毒感染有關。脈緊是體表血管緊張性增强的表現。

急慢性支氣管炎、肺氣腫、支氣管哮喘等病可見寒飲犯肺的證候。

溫肺藥具有興奮中樞神經和交感神經的作用。化寒痰藥具有抗炎症滲出和祛痰作用。止咳藥具有抑制呼吸中樞，祛痰，平喘等作用。

⑹痰濁阻肺

①概述　這是痰濁停聚於肺所表現的證候。

②原理　痰濁阻肺的實質是呼吸道分泌物增多；由於支氣管痙攣或擴張，分泌物排出不暢，因而通過蒸發從呼吸道排出的水分減少，機體出現水瀦留。同時出現肺寒證時，表明呼吸道受病毒感染，副交感神經興奮性提高，陽性激素分泌減少，能量代謝率下降。同時出現肺熱證時，表明呼吸道受細菌感染，交感神經興奮性增高，陽性激素分泌增加，能量代謝率提高。

咳嗽氣喘，痰多黏稠，胸部滿悶，不能平卧，表明呼吸道分泌物增多，因排出不暢而積聚，因而影響呼吸功能。

苔膩，脈滑表明體內水瀦留，血液稀釋。兼見肺寒證時與病毒感染有關；兼見肺熱證時與細菌感染有關。

慢性喘息性支氣管炎和支氣管擴張症，可見痰濁阻肺的證候。

燥濕祛痰方藥具有祛痰和利尿的作用。

⑺大腸濕熱

①概述　這是濕熱侵襲大腸所致的證候。

②原理　大腸濕熱的實質是腸道受細菌、阿米巴原蟲或化學物質的刺激而充血、水腫、潰瘍、出血、蠕動加快；白細胞增多，細菌感染可見嗜中性粒細胞增多，後者釋放內源性致熱原可導致發

熱；體內出現水代謝障礙。

腹痛、腹瀉、肛門有灼熱感，或大便膿血，裏急後重，表明腸道受細菌、阿米巴原蟲或化學物質的刺激而充血，水腫、潰瘍，出血，蠕動加快，對水分的吸收減少。苔黃膩與細菌感染以及體內水代謝障礙有關。脈濡數是機體脫水，血容量減少，心搏代償性加快的表現。脈滑數表明消化道對蛋白質吸收減少，血漿白蛋白含量降低，血液黏滯度降低，心搏加快。

急性腸炎、菌痢、阿米巴痢疾等病可見大腸濕熱的證候。

清熱燥濕方藥具有抗菌、抗原蟲、抗變態反應、抑制白細胞釋放內源性致熱原、解痙、降壓和利尿等作用。

5. 腎與膀胱辨證

⑴腎陰虛

①概述　這是腎陰不足，虛火內擾而表現的虛熱證候。

②原理　腎陰虛的實質是支配腎和性腺的副交感神經興奮性降低，支配腎上腺、腎和性腺的交感神經興奮性代償性增高，循環血容量減少，腎分泌前列腺素和1, 2 5 －二羥鈣化醇減少，腎上腺皮質分泌醛固酮減少，男性腎上腺分泌雌性激素減少，女性性腺分泌孕激素減少。

頭暈目眩與循環血容量減少有關。耳鳴是醛固酮分泌減少的表現。腰膝痠軟無力表明支配腎和性腺的副交感神經興奮性降低，從脊髓胸⑽11～腰1⑵節發出的支配腰和下肢肌肉的運動神經功能低下，上述肌肉以及腎上腺、腎和性腺血流量減少，出現微循環障礙。低熱、顴紅、口乾、盜汗，手足心熱，舌紅，脈細數，表明循環血容量減少，交感神經活動和腎上腺素、糖皮質激素的分泌代償性加强，心搏加快，代謝率提高。男子遺精早泄與支配生殖器官的交感神經興奮性增高有關，精少與體液不足有關。陽萎與支配生殖器官的副交感神經興奮性降低有關。

某些慢性病、內分泌疾病、代謝性疾病、腎臟病和神經官能症等疾病可見腎陰虛的證候。

滋補腎陰方藥具有提高副交感神經的興奮性，增加腎上腺、腎和性腺的血流量，使其功能得以改善的作用。

⑵腎陽虛

①概述　這是腎陽虧虛所表現的證候。

②原理　腎陽虛的實質是支配腎上腺、腎和性腺的交感神經興奮性降低；腦垂體功能低下，抗利尿激素分泌減少，促激素分泌減少；腎上腺皮質分泌糖皮質激素減少，分泌醛固酮過多；腎上腺髓質分泌腎上腺素和去甲腎上腺素減少；腎分泌促紅細胞生成因子和腎素減少；男性睾丸分泌雄性激素減少；女性腎上腺皮質和卵巢分泌的雌激素和雄激素減少；腎上腺、腎、性腺以及腰部和下肢血流量減少。

腰脊冷痛，下肢不溫，是腎上腺、腎、性腺以及腰部和下肢血流量減少，代謝率低下的表現。

夜尿多是抗利尿激素分泌減少的表現。小便頻而清長是腎小管上皮細胞膜上的鈉泵活性降低，腎小管和集合管重吸收功能減弱；支配泌尿器官的交感神經興奮性降低，副交感神經活動佔優勢，膀胱逼尿肌緊張性增高的表現。尿少浮腫與醛固酮分泌過多有關。

男子陽萎精冷與腎上腺分泌的腎上腺素、去甲腎上腺素、糖皮質激素減少，睾丸分泌雄激素減少，血壓降低，代謝率降低有關。

舌淡，脈沉遲而尺脈無力，表明腎分泌的促紅細胞生成因子減少而導致紅細胞減少；腎上腺分泌腎上腺素和去甲腎上腺素減少而導致心搏減慢，心肌收縮力減弱，血管緊張性降低，腎上腺、腎和性腺血流量減少。

慢性腎炎、腎上腺皮質機能減退、高血壓、性神經衰弱和其它慢性虛弱病可見腎陽虛的證候。

溫補腎陽方藥具有增强心血管功能，使腎上腺、腎和性腺血流量增加，功能加强的作用。

⑶腎虛水泛

①概述　這是腎陽虧損，不能氣化水液所致的證候。

②原理　腎虛水泛的實質是腎血流量減少，腎小球濾過率下降，腎小球基底膜通透性增加，蛋白質濾出增多導致血漿白蛋白濃度下降，出現鈉、水滯留。此外，腎上腺素、去甲腎上腺素和糖皮質激素分泌減少，機體能量代謝率下降。

全身浮腫是鈉、水滯留，血漿膠體滲透壓降低導致組織液生成增多的結果。

腰痠腿軟表明腰部和下肢血流量減少，肌肉收縮無力。四肢發涼是機體能量代謝率低下的表現。

腹脹便溏表明消化道組織水腫，腸上皮細胞膜上的鈉泵活性降低，對水和營養物質的吸收減少。小便短少表明腎小球濾過率降低。心悸與心臟組織水腫有關。喘咳痰多表明呼吸道水腫、痙攣、分泌物增多。舌質胖淡與機體水腫，循環血容量減少有關。脈沉細表明心肌收縮力減弱，循環血容量減少。

慢性腎炎可見腎虛水泛的證候。

補腎陽藥可增加腎上腺、腎和性腺的血流量，使其功能加强。利尿藥具有利尿作用，可以消除鈉、水滯留。

⑷膀胱濕熱

①概述　這是濕熱侵襲膀胱所致的證候。

②原理　膀胱濕熱的實質是尿路（包括尿道、膀胱、輸尿管和腎盂）受細菌感染導致充血、滲出性炎症和出血，或尿路結石。

小便灼痛、尿頻、尿急、尿痛是泌尿道受刺激的表現。尿色混濁是泌尿道受細菌感染而出現滲出性炎症的表現。尿血是泌尿道受損的表現。尿有砂石表明存在尿路結石。

苔黃膩是細菌感染，血中嗜中性粒細胞增多，出現滲出性炎症的表現。脈濡數表明交感神經興奮性提高，心搏加快，循環血容量減少。脈滑數表明交感神經興奮性提高，心搏加快，血液稀釋，黏滯度降低。

泌尿系感染、泌尿系結石、前列腺炎等病可見膀胱濕熱的證候。

清利濕熱藥物具有抗菌和利尿作用。

6. 心與腎合病的辨證

(1)心腎不交

①概述　這是腎水虧損不能制心火所表現的證候。

②原理　心腎不交可分為腎陰虛心火旺和腎陽虛心火旺。

腎陰虛心火旺的實質是循環血容量減少；腎上腺、腎和性腺的血流量相對減少，心臟、甲狀腺和腦的血流量相對增加；腎分泌前列腺素和1,25－二羥鈣化醇減少，腎上腺皮質分泌醛固酮減少，男性腎上腺分泌雌性激素減少，女性性腺分泌孕激素減少；交感神經興奮性提高，甲狀腺分泌甲狀腺素增加，腎上腺髓質分泌兒茶酚胺增加，導致心搏加快，腦興奮性增高。虛煩不眠是大腦興奮性代償性增高的表現。頭暈、健忘與循環血容量減少，大腦營養供應不良有關，心悸是心搏過速的表現。耳鳴與醛固酮分泌減少有關。腰膝痠軟表明腰部和下肢的血流量減少。多夢、遺精、盜汗與交感神經興奮性增高有關。潮熱與甲狀腺素分泌增多有關。舌紅少津表明體液不足，血液濃縮。脈細數表明循環血容量不足，心搏代償性加快。

腎陽虛心火旺的實質是腎上腺、腎和性腺的血流量相對減少，心臟、甲狀腺和腦的血流量相對增加；腎上腺分泌糖皮質激素減少，腎分泌促紅細胞生成因子和腎素減少，男性睾丸分泌雄性激素減少，女性腎上腺皮質和卵巢分泌的雌激素和雄激素減少；交感神經興奮性增加，腎上腺髓分泌兒茶酚胺增加，甲狀腺分泌甲狀腺素增加導致心搏加快。腰膝冷痛表明腰部和下肢血流量減少，組織代謝率降低，產熱量減少。陽萎是雄性激素分泌減少，生殖器官血流量不足的表現。

治腎陰虛心火旺的方藥具有調整心臟、甲狀腺、腦與腎上腺、腎、性腺的血量分佈，降低交感神經興奮性，降低兒茶酚胺的分泌，降低甲狀腺素的分泌，加强腎上腺、腎和性腺功能，使腎分泌前列腺素和1,25－二羥鈣化醇增加，腎上腺分泌醛固酮增加，男性腎上腺分泌雌性激素增加，女性卵巢分泌孕激素增加的作用。

治腎陽虛心火旺的方藥具有降低交感神經興奮性，降低兒茶酚胺的分泌，降低甲狀腺素的分泌，加强腎上腺、腎和性腺的功能，使腎上腺分泌糖皮質激素增加，腎分泌促紅細胞生成因子和腎素增加，男性睾丸分泌雄性激素增加，女性腎上腺皮質和卵巢分泌的雌激素和雄激素增加的作用。

7. 肝與脾胃合病的辨證

⑴肝氣犯胃

①概述　由肝氣鬱滯，橫逆犯胃，導致胃失和降所表現的證候。

②原理　由於支配肝和胃的交感神經均起源於脊髓胸6～9（10）節側角，支配肝和胃的動脈均由腹腔動脈分出，因此，肝和胃的功能障礙可互相影響。肝氣犯胃的實質是支配肝和胃的植物性神經功能紊亂，血液黏度升高，肝和胃血流緩慢，肝臟分泌和排泄

膽汁不暢，胃的運動和分泌功能紊亂。

胸脅脹滿，心煩易怒，脈弦是支配肝的植物性神經功能紊亂，肝血竇血流緩慢，肝靜脈回流血液減少，膽汁的分泌排泄不暢的表現。

胃脘疼痛，食慾不振，噯氣吐酸，嘈雜或嘔噁是胃微循環障礙，運動和分泌功能障礙的表現。

慢性肝炎、慢性膽囊炎、慢性胃炎等病可見肝氣犯胃的證候。

治療所用方藥具有改善肝臟和胃的微循環，抗炎，利膽，調節胃的運動和分泌功能的作用。

⑵肝脾不和

①概述　這是肝失疏泄，兼有脾失健運所表現的證候。

②原理　「肝」是以肝臟爲主體構成的功能單位，「脾」是以脾臟、胰腺和十二指腸爲主體構成的功能單位。

支配肝臟、脾臟、胰腺和十二指腸的交感神經均起源於脊髓胸6～9⑽節側角，供應肝臟、脾臟、胰腺和十二指腸的動脈均由腹腔動脈分出，因此，肝臟的病變可影響十二指腸、胰腺和脾臟的功能。

肝脾不和的實質是支配肝臟、脾臟、胰腺和十二指腸的植物性神經功能紊亂，血液黏性增高，肝臟微循環血流不暢，膽汁的分泌和排泄不暢，十二指腸、胰腺和脾臟血流量減少，十二指腸運動加快，分泌增多，吸收功能減弱，胰腺分泌的消化酶減少。

兩脅脹滿是肝臟微循環血流不暢，膽汁的分泌和排泄不暢的表現。

不思飲食，腹脹腸鳴，大便溏泄是消化道功能紊亂，消化吸收功能減弱的表現。

脈弦是肝臟微循環血流不暢的表現。

治療所用方藥具有抗炎、護肝、改善消化功能的作用。

8. 肺與腎合病的辨證

(1)腎不納氣

①概述　這是肺腎氣虛所表現的證候。

②原理　腎上腺髓質的分泌功能與呼吸功能有相關關係。腎上腺髓質只受交感神經的支配，而交感中樞與吸氣中樞有相關關係。腎不納氣的實質是交感中樞興奮性降低，腎上腺髓質分泌兒茶酚胺減少，吸氣中樞興奮性降低。此外，腎上腺皮質分泌的糖皮質激素也減少。

喘促氣短與呼吸道痙攣，機體代謝率低下有關。呼多吸少與交感中樞和吸氣中樞興奮性降低有關。汗出肢冷與膽碱酯酶活性降低，能量代謝率降低有關。舌淡，脈沉細表明兒茶酚胺分泌減少，心臟收縮力減弱，微循環毛細血管充盈不良，血流緩慢。

支氣管哮喘，肺氣腫，肺功能不足等病可見腎不納氣的證候。

治療所用方藥具有提高交感中樞的興奮性，提高機體代謝率，增強心血管功能，解除呼吸道痙攣等作用。

三、小　結

中醫診斷學的主要內容是四診與辨證。中醫通過望、聞、問、切四診收集患者的自覺症狀和客觀表象的資料，然後在辨證原則的指導下，對這些資料進行分析、歸納，以辨別疾病的性質、輕重和部位。

患者的自覺症狀是患者對體內病變的感知，而患者的客觀表象則是體內病變在體表的反映。中醫學在總結大量臨牀經驗的基礎上形成的四診理論基本上正確地揭示了患者的自身感知，體外表象與體內病變的內在聯繫。對四診原理的研究有助於中醫診斷手段的現代化。

證候是人體病變在自身感知和體外表象方面的綜合表現。中醫辨證就是根據這種綜合表現來判斷疾病的性質、輕重和部位的。

人體健康取決於神經、內分泌、循環和免疫功能的和諧有序。人體的任何病變，無論是病原微生物入侵所引起，還是氣候因素、心理因素或生活方式所引起，都是神經、內分泌、循環和免疫功能失調的結果。不同的證在神經、內分泌、循環和免疫功能方面有不同的表現。

主要參考文獻

1. 李向中主編：中醫學基礎（第二版），人民衛生出版社，1986。
2. 郭振球主編：中醫診斷學，湖南科學技術出版社，1985。
3. 廣東中醫學院主編：中醫診斷學，上海科學技術出版社，1964。
4. 李超主編：簡明中醫學，湖北科學技術出版社，1986。
5. 濟寧醫學專科學校主編：人體解剖學，人民衛生出版社，1981。
6. 李煥章主編：診斷學基礎，人民衛生出版社，1986。
7. 湖南醫學院主編：生理學，人民衛生出版社，1978。
8. 濟寧醫學專科學校主編：病理學，人民衛生出版社，1981。
9. 武漢醫學院主編：病理學（病理生理學分册），人民衛生出版社，1979。
10. 魏文漢主編：病理生理學（上、下册），上海科學技術出版社，1984。
11. 豫北醫學專科學校主編：內科學，人民衛生出版社，1981。
12. 應元岳主編：內科手册（第五版），人民衛生出版社，1985。
13. [加]S.O.Freedman等著，陳澤儀譯：臨牀免疫學，上海科學技術出版社，1982。

14. 周金黃等主編：中藥藥理學，上海科學技術出版社，1985。
15. 王筠默主編：中藥藥理學，上海科學技術出版社，1985。
16. 四川醫學院主編：中草藥學，人民衛生出版社，1976。
17. 上海中醫學院主編：中醫年鑒（1983），人民衛生出版社，1984。
18. 上海中醫學院主編：中醫年鑒（1984），人民衛生出版社，1985。
19. 上海中醫學院主編：中醫年鑒（1985），人民衛生出版社，1986。
20. 陳澤霖等編著：舌診研究（第二版），上海科學技術出版社，1982。
21. 黃世林等著：中醫脈象研究，人民衛生出版社，1986。
22. 盛增秀等：臟象概說，上海科學技術出版社，1980。
23. 匡調元著：中醫病理研究，上海科學技術出版社，1980。
24. 萬叔援等：上海中醫藥雜誌，1:44—46，1983。
25. 趙偉康等：上海中醫藥雜誌，7:43—45，1982。
26. 丁偉璜等：上海中醫藥雜誌，4:46—48，1983。
27. 章育正等：上海中醫藥雜誌，6:44—45，1984。
28. 丁鈺熊等：上海中醫藥雜誌，2:45—46，1984。
29. 毛艮等：上海中醫藥雜誌，8:46—48，1982。
30. 曾昭僉等：四川醫學，2（5）:264—267，1981。
31. 黃松章等：上海中醫藥雜誌，10:46—48，1982。
32. 張鏡人等：上海中醫藥雜誌，4:43—45，1983。
33. 周治萍等：上海中醫藥雜誌，3:46—48，1983。
34. 陳國楨：中西醫結合雜誌，5（12）:732—735，1985。
35. 王琦等：中西醫結合雜誌，5（7）:440—443，1985。
36. 王明輝：上海中醫藥雜誌，10:61—63，1981。
37. 郭一欽等：上海中醫藥雜誌，9:47—49，1984。
38. 黃柄山等：上海中醫藥雜誌，6:28—31，1981。
39. 楊蓁等：上海中醫藥雜誌，8:41—44，1981。
40. 史載祥：上海中醫藥雜誌，8:25—27，1983。

第8章

藥物治療學

中醫的藥物治療學包括治療原則和治療方法。

治療原則建立在整體觀念和辨證的基礎上，直接指導臨牀的立法和處方。治療原則根據病情的不同而異。在治療原則確立後，即可根據具體情況制訂出具體治療方法。

一、治療原則

中醫在治療疾病方面總結出很多寶貴的經驗和原則。這些治療原則在臨牀治療和處方用藥方面起着重要的指導作用。

(一)扶正祛邪

1. 概述

疾病是正邪相爭的表現。因此，扶助正氣，祛除邪氣是解除正邪相爭，促進疾病向痊癒轉化的重要原則。在臨牀中，根據正邪的消長盛衰，採取扶正以祛邪、祛邪以扶正、或扶正祛邪並用的原則。

2. 原理

正氣是機體對病原微生物的侵入和外界環境變化的反應能力。正氣虛的實質是構成機體和參與生命活動的物質不足，生理機能衰退，因而對病原微生物的抵抗能力以及對外界環境變化的適應性降低。

邪氣指的是病原微生物及其所產生的毒素，因運行不暢而積聚在組織中、體腔和空腔器官內的代謝廢物或內容物，以及外界環境的異常變化。邪氣實的實質是病原微生物及其所產生的毒素效應强烈，導致機體產生强烈的、對自身有害的反應；代謝廢物或內容物因運行不暢而積聚在組織中以及體腔或空腔器官內，導致組織器官充血或水腫；外界環境變化異常劇烈，超出機體的適應能力，導致身體機能障礙。

扶正就是補充構成機體和參與生命活動的物質，加强生理功能，使機體對病原微生物的抵抗能力以及對外界環境變化的適應能力提高。

祛邪就是清除病原微生物及其所產生的毒素，減輕機體對前者的過於强烈的、對機體有害的反應；疏通和消除因運行不暢而積聚在組織中以及體腔或空腔器官內的代謝廢物或內容物；解除組織器官的充血或水腫狀態；解除身體因受異常劇烈的環境變化影響而出現的機能障礙。

滋陰、助陽、益氣、補血等法的作用在於補充構成機體和參與生命活動的物質，加强生理功能，使機體對病原微生物的抵抗能力以及對外界環境變化的適應能力得以提高，因此，適用於單純正氣不足，或雖有外邪而以正虛爲主的病證。

汗、吐、下、和、清、消等法的作用在於抑制病原微生物，清除其所產生的毒素，減輕機體對病原微生物及其所產生的毒素的過於劇烈並對機體有害的反應；疏通和消除因運行不暢而積聚在組織中以及體腔或空腔器官內的代謝廢物或內容物；解除組織器官的充血或水腫狀態；解除身體因受異常劇烈的環境變化影響而出現的機能障礙。這些以祛邪爲主的治法適用於邪氣盛，正氣不虛，或雖有正虛而以邪盛爲主的病證。

當正氣虛而邪氣盛，即在構成機體和參與生命活動的物質不足，生理機能衰退的同時，病原微生物產生强烈的效應，或外界環境劇變導致身體機能發生障礙的時候，就要採取扶正祛邪並用的原則。

㈡標本緩急

1. 概述

標是指疾病的現象；本是指疾病的本質。標本的概念具有多重含義。就正邪關係而言，正氣爲本，邪氣爲標；就疾病的發生而言，病因爲本，病證爲標；就病位內外而言，內臟爲本，體表爲標；就發病先後而言，舊病爲本，新病爲標。在治療時，要辨明疾病的現象與本質，採取急則治標、緩則治本或標本同治的治療方法。

2. 原理

疾病的現象是指疾病所表現出的症狀；疾病的本質則指導致疾病的原因和疾病發生的機制。中醫在治療疾病時透過現象看本質，把握疾病的起因和發生機制，進行根本性的治療。

正氣爲本，邪氣爲標，指的是人的體質和抵抗力是疾病發生的主要因素，而外界環境的變化或病原微生物的入侵處於從屬地位。

病因爲本，病證爲標，指的是病因是疾病的本質，病證則是疾病所表現出的現象。

內臟爲本，體表爲標，指的是疾病的本質是神經、內分泌、免疫、循環和內臟器官的功能失調，而體表出現的症狀則是機體功能障礙的反映。

舊病爲本，新病爲標，指的是疾病對機體帶來損害，使機體容易受致病因素的作用，產生新的病變。因此，新病是在舊病的基礎上產生的，而舊病則是產生新病的重要誘因。

一般來說，疾病的本質是機體受病原微生物的侵入，或者受心理因素、環境因素和生活因素的作用，導致神經、內分泌、免疫和循環功能失調，進而引起內臟機能障礙。疾病的症狀則是機體功能障礙的反映。因此，在症狀危急時，必須首先針對症狀進行治療，採用急則治標的原則。待症狀穩定後，再去糾正機體的功能失調。在症狀不急時，採取緩則治本的原則，通過調整神經、內分泌、免疫和循環功能，使內臟器官和整體的功能恢復正常。在機體功能障礙和症狀都嚴重的情況下，採取標本同治的方法，既注意對整體功能進行調節，又針對症狀進行治療。

㈢同治異治

1. 概述

同治指的是異病同治，即不同症象，但病機一致而用相同的治法。

異治指的是同病異治，即症象相同，病因不一，則治法各異。

2. 原理

異病同治的實質是症狀不同，但致病機理相同，因而採取同樣的治法。胃下垂、子宮脫垂和久泄脫肛等是交感神經功能低下，副交感神經活動佔優勢所造成的韌帶鬆弛的表現，因而可用相同的治法。補中益氣方藥具有對抗副交感神經遞質乙酰膽鹼，提高交感神經興奮性，使組織中cAMP升高，cGMP降低，使韌帶張力增高的作用。

同病異治的實質是症狀相同，但致病原因不同，發病機理不同，因而採取不同的治法。同是出血，但引起出血的原因不同，因而採取不同的治法。血熱妄行所導致的出血，其實質是交感神經和內分泌腺功能亢進，因而採用能降低交感神經和內分泌腺功能的方藥治療。氣虛不攝血所導致的出血，其實質是交感神經功能低下導致脾臟滅血過度，血小板減少，因而採用能提高交感神經功能的方藥進行治療。陰虛火旺所導致的出血，其實質是體內輕度脫水，導致交感神經和內分泌腺功能代償性亢進，因而採用能糾正身體輕度脫水的方藥進行治療。

㈣正治反治

1. 概述

⑴正治法　又稱逆治法，就是逆着疾病的症象而治的法則。適用於病變的本質和現象相一致的疾病。在寒病見寒象，熱病見熱象，虛病見虛象，實病見實象時，分別採用「寒者熱之」、「熱者寒之」，「虛者補之」，「實者瀉之」的治療方法。

⑵反治法　又稱從治法，就是順從疾病的症象而治的法則。適用於病變的本質與臨牀表現不一致的疾病。反治法有下列幾種：

①寒因寒用：因有寒象而用寒藥。

②熱因熱用：因有熱象而用熱藥。

③塞因塞用：因閉塞不通而用補藥。

④通因通用：應用通利的藥物，治療通泄的病證。

2. 原理

正治法的實質是在病變的本質與現象相一致的情況下，使用與病變性質相反的藥物進行治療。

以能量代謝和生理機能低下，產熱量減少爲特徵的寒證，用具有提高交感神經興奮性，增强心血管功能，進而使陽性激素分泌增加，能量代謝率提高，產熱量增加的溫熱藥進行治療。

以能量代謝和生理機能亢進，產熱量增加爲特徵的熱證，用具有抗菌抗病毒，抑制嗜中性粒細胞和單核細胞釋放內源性致熱原，降低交感神經的興奮性，使心血管功能減弱，從而使陽性激素分泌減少，使能量代謝率降低，產熱量下降的作用的寒涼藥物進行治療。

以物質攝入減少，排出增多，導致構成機體和參與生命活動的物質成分不足，中空器官內容物減少，整體或局部血流量減少，生理功能低下爲特徵的虛證，用具有增加機體的物質攝入量，減少物質排出量，增强機體生理功能等作用的滋補藥物進行治療。

以構成機體和參與生命活動的物質成分增加，體內物質和代謝產物因運行、排泄受阻而積聚增多，組織增生，中空器官內容物增多，整體或局部血流量增加，生理功能亢進爲特徵的實證，用具有促進體內物質和代謝產物的運行和排出、清除致病原、糾正機體生理功能亢進狀態等作用的疏瀉藥物進行治療。

反治法的實質是在病變的本質與現象不一致的情況下，使用與病變本質的性質相反，但與病變現象的性質相同的藥物進行治療。

寒因寒用的實質是利用具有降低能量代謝率和產熱量作用的藥物治療體內能量代謝和生理機能亢進，產熱量增加，但體表產熱量降低的病證。

熱因熱用的實質是利用具有提高能量代謝率，增加產熱量作用的藥物治療體內能量代謝率下降，產熱量減少，生理機能減退，但體表產熱量增加的病證。

塞因塞用的實質是利用具有增加機體物質攝入量，增强機體生理功能等作用的藥物治療體內物質和代謝產物運行、排泄受阻的病證。脾虛引起的腹脹，是胃腸道血流量減少，平滑肌組織能量代謝率低下，緊張性降低所致。補中益氣法能使胃腸道平滑肌組織能量代謝率提高，緊張性增高，因而可治療脾虛引起的腹脹。

通因通用的實質是利用具有促進體內物質和代謝產物的運行和排出，清除致病原的藥物治療體內物質和代謝產物排出增多的病證。食積內停引起的腹瀉是食物消化不良，食物的不完全分解產物刺激消化道，使消化道的運動和分泌功能亢進所致。用瀉下法清除消化道內停留的食物不完全分解產物，消除致病原後，則機體恢復健康。

二、治　法

中醫治法的內容極爲豐富。可歸納爲汗、吐、下、和、溫、清、補、消八法。

㈠汗法

汗法是通過開泄腠理，發汗祛邪，以解除表邪的治法。

1. 適用範圍

外感表證及具有表證的癰腫、痲疹、水腫早期等均可用汗法。

2. 運用方法

表證有表寒、表熱之分，治法上也有辛溫發汗和辛涼發汗的區別。

⑴辛溫發汗　用於發散表寒、消泄水腫及祛除風濕。

⑵辛涼發汗　用於疏泄表熱和透疹外出。

3. 禁忌

裏證、暑熱禁用汗法。虛證愼用。

4. 原理

汗法是針對表證而設。表證的主要特徵是惡寒。惡寒是視前區—丘腦下部前部的熱敏神經元因受致熱原（pyrogen）的作用閾值升高，調定點上移，散熱中樞受抑制，體表微血管和上呼吸道黏膜微血管收縮，汗腺分泌停止的表現。惡寒之後會出現發熱。

發汗解表方藥具有抗菌、抗病毒、擴張末梢血管、協助發汗、解熱等作用，因而對產熱中樞和散熱中樞有調節功能。

表寒證一般爲感冒或感染性疾病初期，多爲病毒感染所致。此期體溫開始升高，產熱量增加，散熱減少，在畏寒或寒顫的同時，體表血管和上呼吸道黏膜血管收縮。辛溫發汗藥具有提高交感神經功能，提高代謝率，擴張體表和上呼吸道黏膜血管，改善血液循環，抗菌抗病毒，協助發汗的作用，因而可對抗表寒證。

辛溫發汗方藥具有發汗、利尿的作用，使體內多餘的水分得以排泄，故可以治療水腫。

辛溫發汗方藥能提高交感神經功能，具有抗炎，抗變態反應，改善微循環的作用，因而可治療風濕。

表熱證一般是上呼吸道感染已發展至高峯，病原體逐漸增殖，發熱達到高峯，血管收縮和肌肉緊張性增加等反應減弱，因而發熱重，畏寒輕。表熱證多由細菌感染所致，也可以是病毒感染後出現Ⅲ型變態反應的結果。辛涼發汗方藥具有抗菌抗病毒，抑制中樞神經系統興奮性，抑制心臟功能，擴張外週血管，降低機體代謝率，發汗和解熱等作用，故可對抗表熱證。

辛涼發汗方藥能擴張外週血管，發汗，解毒，促進機體對痲疹病毒的免疫反應，故可用於透發痲疹。

㈡吐法

吐法是使用催吐藥使停痰宿食或毒物隨嘔吐排出的治法。

1. 適用範圍

痰涎壅塞咽喉，食積停於胃脘不能消化，誤食毒物尚在胃中等，均可採用吐法。

2. 運用方法

用於痰涎壅塞咽喉，食停胃脘及誤食毒物。

3. 禁忌

虛弱者愼用。失血、產婦、孕婦忌用。

4. 原理

催吐藥物的作用方式有兩種類型。一是直接刺激胃感覺神經，再間接反射性地興奮延髓嘔吐中樞而引起嘔吐。二是藥物吸收入血，直接刺激嘔吐中樞而引起嘔吐。

藜蘆除致嘔外，還有中樞降壓作用，毒性較大，故用於實證。人參蘆無毒，藥力緩和，故適用於虛證。

㈢下法

下法是運用有瀉下、攻逐、潤下作用的藥物以通導大便、消除積滯、蕩滌實熱、攻逐水飲的治法。

1. 適用範圍

下法適用於大便閉結、水飲、瘀血、膨脹以及蟲積等裏實證。

2. 運用方法

可用於寒下、溫下、潤下、逐水、逐瘀和驅蟲。

3. 禁忌

孕婦及月經期一般禁用。無實結證候者勿輕易濫用。

4. 原理

瀉下藥具有軟化糞便、潤滑腸道、刺激腸蠕動而促使排便的作用。

寒下方藥具有降低腸管張力，增大腸管收縮幅度，使腸管蠕動加強，分泌增加，促進糞便的排出，以及抗菌，調整植物性神經和內分泌功能，使體內能量代謝率降低，產熱量減少的作用，因而可用於裏實熱證，解除便秘以及因體內能量代謝率提高，產熱量增加而出現的其它症狀。此外，寒下方藥能增加腸管和盆腔的血流量，促進體內的水分和Na^{+}向腸道內移行，進而使循環血容量減少，血壓下降，因而可對抗衄血、吐血等血熱妄行。

溫下方藥具有調整植物性神經和內分泌功能，增加腸血流量，提高腸道組織的能量代謝率和產熱量，提高腸管張力，促進腸管運動的作用。因此能解除因腸管收縮無力，機能減弱而造成的便秘，以及因腸組織缺血，能量代謝率和產熱量降低而導致的少腹冷痛。

潤下方藥含有大量的油脂，能夠潤滑腸壁，並能刺激腸黏膜，使腸道分泌增多，蠕動加快，產生緩瀉作用。適用於體弱患者。

逐水方藥作用猛烈，能引起劇烈腹瀉，或兼有利尿作用，能促進體內多餘的水分通過大小便排出，因而可用於胸腹積水。

瀉下藥具有降血脂，降低血液的黏度，促進腹腔內血液的吸收，增加盆腔血流量的作用，因此，可用於血瘀證。例如，桃核承氣湯可治血瘀所致的閉經、痛經和宮外孕等。

瀉下藥與殺蟲藥配合，可加速已痲痹或死亡的腸道寄生蟲排出體外。

㈣和法

和法是利用疏通調和藥物，解除半表半裏病邪或調和臟腑氣血的治法。

1. 適用範圍

病在半表半裏，肝脾不和，腸胃不和，以及肝膽鬱滯等可用和法。

2. 運用方法

用於和解表裏、疏泄肝脾、調和腸胃及舒肝利膽。

3. 禁忌

凡邪在表，未入半表半裏，或邪已經入裏者，均忌用和法。

4. 原理

和解法從整體出發，採用「正邪兼顧」、「寒熱雙解」、「表裏同治」的治則。所用藥物具有多效性和雙向調節作用，藥效較爲和緩。

半表半裏證的實質是肝膽病變以及由於植物性神經和平滑肌功能失調而導致的消化道功能紊亂和全身不適。和解方藥具有抗炎清熱、護肝利膽、調節平滑肌功能等作用，因而可治療半表半裏證。

㈤溫法

溫法是利用溫熱藥物祛除寒邪、補益元陽的治法。

1. 適用範圍

溫法適用於陽氣虛弱，寒邪侵入體內的裏寒證。

2. 運用方法

用於回陽救逆、溫中祛寒和溫經散寒。

3. 禁忌

凡陰虛、血虛和血熱妄行等證忌用溫法。

4. 原理

溫法是針對寒證而設。寒證主要表現爲交感神經功能低下；甲狀腺素、兒茶酚胺和糖皮質激素等分泌減少；心臟機能減退，局部或全身血流量減少；組織代謝率低下，產熱量減少，功能衰退。溫熱藥具有增强交感神經和心血管功能，使陽性激素分泌增加，能量代謝率提高，產熱量增加的作用，因而可治療寒證。

陽氣欲脫與組織器官微循環灌流量急劇減少，以致組織代謝發生嚴重障礙有關。回陽救逆方藥具有强心，使肢體和器官的血液灌流量增加，以及興奮腎上腺皮質，提高能量代謝率和產熱量的作用。

脾胃虛寒的實質是副交感神經緊張性增高，交感神經緊張性降低，胃、十二指腸和胰等器官血流量減少，能量代謝率降低，功能低下。溫中祛寒藥能使胃、十二指腸和胰等器官血流量增加，組織能量代謝率提高，功能加强，

溫熱方藥能够增强交感—腎上腺系統和腎上腺皮質的功能，具有抗炎抗變態反應和改善微循環的作用，因此可治療風寒濕痹，如風濕性關節炎等。

㈥清法

清法是利用寒涼藥物清除火熱證的治法。

1. 適用範圍

外感高熱，內臟實熱，血熱妄行等熱證而無結實者，均可用清法。

2. 運用方法

用於清熱瀉火、清熱涼血、清熱解毒、清熱生津及滋陰清熱。

3・禁忌

表邪未解，陽氣被鬱而發熱者，體虛胃弱者及無熱者愼用清法。

4. 原理

清法是針對熱證而設。熱證主要表現爲交感神經功能加强；陽性激素分泌增加；心臟機能加强，局部或全身血流量增加；非特異性免疫功能和細胞免疫功能加强；組織代謝率提高，產熱量增加，功能亢進。

熱在氣分的實質是交感神經功能加强，兒茶酚胺分泌增加，機體能量代謝率提高，產熱量增加，心臟功能加强，循環血容量增加，非特異性免疫功能亢進。清熱瀉火藥具有降低能量代謝率和產熱量、退熱、降血糖、利尿降壓、減少循環血容量和抑制心臟等作用，因此可對抗氣分熱。

熱入營血的實質是交感神經功能加强，陽性激素分泌增加，能量代謝率提高，產熱量增加，中樞神經興奮性提高，心臟興奮性提高，血小板聚集性降低，凝血系統活性減弱，纖溶系統活性增强，血管壁脆性增加。清熱涼血藥具有抗菌、抗炎、鎭靜、解熱、降壓、降低毛細血管通透性、增加血小板數量、縮短凝血時間等作用，因此，可以對抗熱入營血。

熱毒是由細菌或病毒感染所導致的急性炎症。機體能量代謝率提高，產熱量增加，中樞神經興奮性提高，心輸出量增加，局部充血，非特異性免疫功能和細胞免疫功能亢進。清熱解毒藥具有抗菌、抗病毒、抗內毒素、抗炎、增强免疫功能、解熱、降壓、促進凝血、減少毛細血管通透性等作用，因此，可對抗熱毒諸證。

氣分熱盛的實質是交感神經興奮性提高，汗腺分泌亢進，體液減少，消化道分泌液減少，清熱生津藥能提高副交感神經的興奮性，降低消化道和腎小管上皮細胞膜上鈉泵的活性，使消化道分泌液增加，尿量增加，因此，可用於治療氣分熱盛、汗多傷津。

燥熱證、熱病後期或慢性病等可使體液損失過多，循環血容量減少，進而使交感神經和甲狀腺等內分泌腺功能代償性加强，能量代謝率和產熱量代償性增高。滋陰清熱藥可提高副交感神經的興奮性，抑制甲狀腺等內分泌腺的功能，降低能量代謝率，減少體液消耗，因而可以對抗上述證候。

㈦補法

補法是補益人體陰陽氣血不足，消除虛弱證候的治法。

1. 適用範圍

臟腑陰陽氣血虛損諸證均可用補法。

2. 運用方法

用於補氣、補血、滋陰和助陽。

3. 禁忌

外邪在表及一切實證禁用補法。脾虛者愼用補血、滋陰藥。陰虛陽盛者愼用補氣壯陽藥。

4. 原理

補法是針對虛證而設。虛證主要表現爲神經、內分泌、心血管、免疫和內臟器官功能減退，構成機體和參與生命活動的物質成分不足。

氣虛的實質是交感神經興奮性降低，血漿中膽碱酯酶活性降低，副交感神經活動佔優勢，能量代謝率低下。補氣藥具有對抗副交感神經遞質乙酰膽碱，提高交感神經興奮性，使組織中cAMP升高，cGMP降低，非特異性免疫功能增强等作用。補氣藥通過神經、心血管和免疫系統對整體功能進行調節。

血虛的實質是血容量不足，血細胞，尤其是紅細胞減少，血液中血漿蛋白和各種營養物質減少。補血藥具有促進血細胞生成和血漿蛋白合成等作用。補血藥含有多種維生素和礦物質，可以補充血液中維生素和礦物質的不足。補氣藥能提高交感神經的興奮性，使肝臟和脾臟收縮，從而使循環血容量增加。

陰虛證的實質是體液不足，循環血量減少，細胞免疫和體液免疫功能降低，副交感神經興奮性降低，陰性激素分泌減少，交感神經活動和陽性激素分泌代償性亢進，內臟器官的代謝率和產熱量代償性增加。滋陰藥具有提高副交感神經的興奮性，使陰性激素分泌增加，陽性激素分泌減少，降低能量代謝率，加强特異性免疫功能，調整水代謝等作用。

陽虛證的實質是交感神經興奮性降低；陽性激素分泌減少；副交感神經興奮性提高；陰性激素分泌增多；非特異性免疫和體液免疫功能減弱，能量代謝率降低，水代謝和微循環出現障礙。助陽藥具有强心，擴張外週血管，改善微循環；調節內分泌腺功能，使陽性激素分泌增加，陰性激素分泌減少；提高能量代謝率，增强非特異性免疫和體液免疫功能等作用。

⑻消法

消法是使體內有形的積滯、癥瘕、痰飲、停食等消散的治法。

1. 適用範圍

適用於氣、血、痰、飲、食等所形成的積聚而又不宜攻下的病證。

2. 運用方法

用於消食導滯、軟堅散結、化痰、化濕、利水及活血消瘀。

3. 禁忌

虛證慎用或禁用。

4. 原理

消法是用較緩和的藥物解除機體代謝產物和空腔器官內容物積聚及組織增生的治法。

氣滯食積的實質是消化道運動機能減弱，消化液分泌減少。消食藥多含豐富的維生素和消化酶，並能刺激消化液的分泌，具有幫助消化的作用。行氣藥對消化道平滑肌的運動有調節作用。

瘰癧爲淋巴結腫大；癭瘤爲甲狀腺腫；痰核爲囊腫、結節性紅斑、疣等；癥積爲肝、脾腫大，腹部腫塊等。軟堅散結藥具有降血脂，促進血液和淋巴液循環，抑制組織增生和抗結核等作用，因此，可用於治療各種腫塊和結節。

化痰止咳藥具有祛痰鎮咳作用。化寒痰方藥具有祛痰、擴張支氣管、提高能量代謝率的作用。化濕痰方藥具有祛痰、利水除濕的作用。化熱痰方藥具有祛痰、鎮靜、抗菌、解熱、降壓的作用。

祛風化痰方藥具有祛痰、鎮靜、降壓、抗驚厥等作用。

濕證均存在水代謝障礙，以組織水腫或滲出性炎症爲特徵。化濕利水藥具有解除組織水腫和滲出性炎症，以及利尿排水的作用。

血瘀證在血液流變學、微循環和血流動力學等方面存在異常，血液具有濃、黏、凝、聚的特點。活血消瘀藥具有擴張外週血管，增加器官血流量，改善血液的濃、黏、凝、聚狀態，抗血栓形成，改善微循環的作用。

三、小　　結

中醫的藥物治療學包括治療原則和治療方法。

中醫治療原則對於正確理解和處理病原體與機體反應性，疾病的表象與實質，以及病與證等關係具有指導意義。

傳統的治療八法有針對性地治療不同的病證，是藥物治療學的基礎。在中醫學基本理論的指導下，對傳統治法進行現代藥理學研究，對於中醫學現代化具有重要意義。

主要參考文獻

1. 李向中主編：中醫學基礎（第二版），人民衛生出版社，1986。
2. 李超主編：簡明中醫學，湖北科學技術出版社，1986。
3. 《中醫大辭典》編輯委員會編：簡明中醫辭典（修訂本），人民衛生出版社，1986。
4. 姜春華等：中醫治則研究（第二版），上海科學技術出版社，1983。
5. 周金黃等主編：中藥藥理學，上海科學技術出版社，1986。
6. 四川醫學院主編：中草藥學，人民衛生出版社，1976。
7. 上海中醫學院主編：中醫年鑒（1983），人民衛生出版社，1984。
8. 周才一等：上海中醫藥雜誌，3：48－49，1983。

第9章 藥物與方劑

中醫藥學理論是根據陰陽、五行、臟腑、經絡等學說，經過長期的醫療實踐總結出來的。

中醫藥學主要包括藥物的性能、禁忌、用量、用法、分類和配方等內容。本章將用現代科學理論對藥物的性能、禁忌、分類和配方進行分析，以探討其原理和實質。

一、藥　物

本節主要討論藥物的性能、禁忌和分類。

㈠藥物的性能

1. 四氣

⑴概述　四氣又稱四性，指藥物具有寒、熱、溫、涼四種不同的藥性。有一些藥物性較平和，偏寒偏熱不明顯，稱爲平性。

四氣是根據藥物作用於人體後所發生的不同反應和治療效果而作的概括。凡能清熱、解毒、涼血、瀉火，用於治療熱證的藥物多屬寒、涼性；凡能祛寒、溫裏、助陽、補氣，用於治療寒證的藥物多屬溫、熱性。

⑵原理　我們主要從藥物的化學成分和生物效應兩方面來探討四氣的本質。

①藥物的化學成分與四氣的關係　中藥的化學成分很複雜，通常有糖類、氨基酸、蛋白質、油脂、蠟、酶、色素、維生素、有機酸、鞣質、揮發油、生物碱、甙類、無機鹽和微量元素等。其中具有明顯生物活性的成分稱爲有效成分。藥物的寒、熱、溫、涼性質

是其所含各種有效成分的綜合體現。寒性藥物含有較多的寒性成分，熱性藥物則含有較多的熱性成分。下面我們將探討藥物有效成分的化學結構與藥性的關係。

A.生物碱：生物碱的寒熱性與其分子中氮原子的數目和存在狀態有關。

一般來說，生物碱分子中氮原子數越多，寒性越強。例如，存在於苦參中的安娜吉碱（anagyrine）和苦參碱（matrine）的分子中都有兩個氮原子。

安娜吉碱

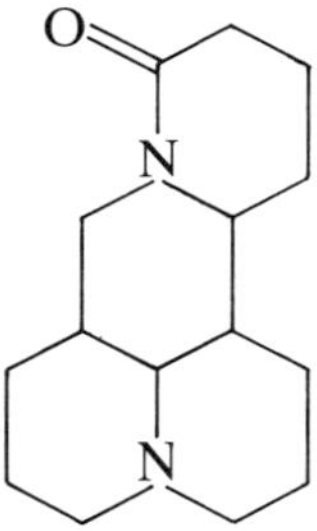

苦參碱

生物碱分子中的氮原子可以以伯胺、仲胺、叔胺和季銨的狀態存在。

RNH_2	**R_2NH**	**R_3H**	**R_4N^+**
伯胺	**仲胺**	**叔胺**	**季銨**

一般來說，生物碱中的氮原子以季銨和伯胺狀態存在時表現爲寒性；含一個氮原子的生物碱中的氮原子以仲胺和叔胺狀態存在時則表現爲熱性。例如，黃連所含的小蘗碱（berberine）爲季銨衍生物；益母草所含的益母草碱（leonurine）中有一個氮原子以伯

胺狀態存在；麻黃所含的麻黃碱（ephedrine）爲含一個氮原子的仲胺衍生物；延胡索所含的延胡索乙素（corydalis B）爲含一個氮原子的叔胺衍生物。

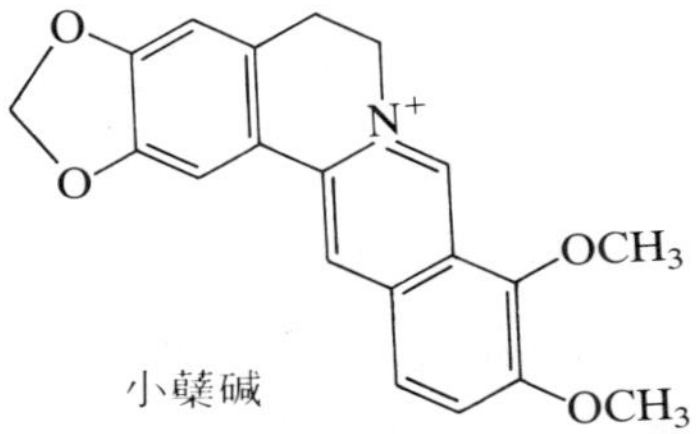

小蘗碱

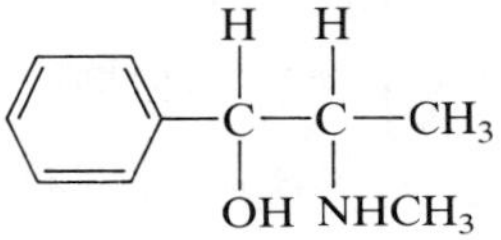

麻黃碱

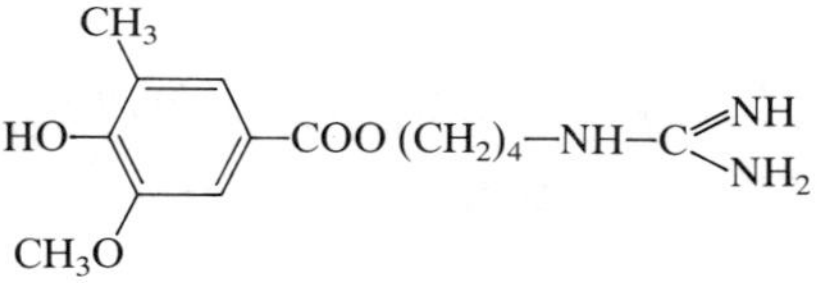

益母草碱

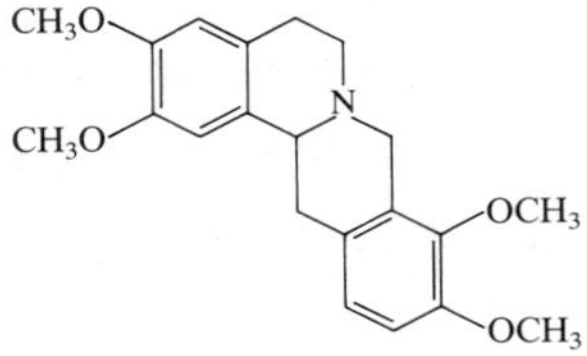

延胡索乙素

B.其它有機成分：除生物碱外，中藥的有效成分還有甙類、揮發油、鞣質、氨基酸和植物色素等。在這些化合物中，一般來說，分子中的羥基（－OH）和碳—碳雙鍵（C＝C）越多，寒性越强。例如，樟腦和龍腦的化學結構相似，龍腦因帶有羥基而性涼，樟腦因不帶羥基而性熱。

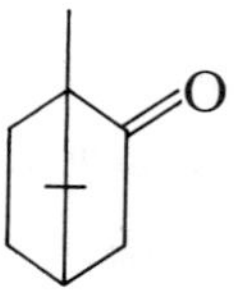

樟腦

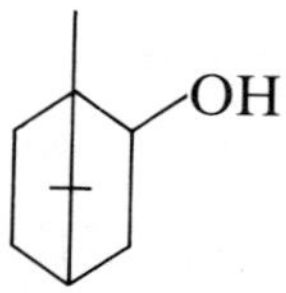

龍腦

生地黃含有梓醇（catapol）和甘露醇（mannitol），性寒而涼血，製成熟地黃後性微溫而補血，可能與梓醇和甘露醇因受熱而被破壞有關。

藥性與有機成分的酸鹼性有關。一般來說，有機成分的酸性越強，藥物的熱性越強，有機成分的鹼性越強，藥物的寒性越強。

C.無機元素和微量元素　藥性與藥物中所含無機元素和微量元素有關。宏量元素有鈣、鎂、鉀、鈉、硫、磷和氯等。一般來說，鈉、鉀、鈣、鎂等鹼性元素呈寒性，鹼性越強，藥物的寒性越強；磷、硫、氯等酸性元素呈熱性，酸性越強，藥物的熱性越強。

對於微量元素來說，鐵、鈷、鉬、氟、溴呈熱性；銅、錳、鉻、碘呈寒性；鋅、硒呈平性。

總而言之，每種藥物的藥性是該藥所含的有機成分、無機元素和微量元素的綜合體現。許多藥物同時含有熱性成分和寒性成分。這些藥物的藥性取決於熱性成分和寒性成分的比例。

②藥物的生物效應與四氣的關係　熱性藥物和寒性藥物對人體產生不同的生物效應。

在神經系統方面，熱性藥物提高中樞神經系統和交感神經系統的興奮性，降低副交感神經系統的興奮性；寒性藥物抑制中樞神經系統和交感神經系統的興奮性，提高副交感神經系統的興奮性。

在內分泌方面，熱性藥物使陽性激素分泌增加，陰性激素分泌減少。寒性藥物則相反。

在免疫方面，一般來說，熱性藥物有抑制變態反應的作用；寒性藥物具有抗病原微生物，促進特異性和非特異性免疫功能的作用。

在血液方面，一般來說，熱性藥物可使血容量增加，血漿中非蛋白含氮化合物、糖類和脂類的含量增加，吞噬細胞活力增強，纖溶系統活性增強，凝血系統活性減弱，血小板聚集性受抑制；寒性藥物則作用相反。

在血液循環方面，一般來說，熱性藥物具有強心，增加心輸出量，使微血管舒張，充盈，流速加快，開放數目增加的作用；寒性藥物則具有相反的作用。

在能量代謝方面，熱性藥物可使能量代謝率提高，產熱量增加；寒性藥物可使能量代謝率下降，產熱量減少。

在呼吸系統方面，熱性藥物可擴張呼吸道，使呼吸功能加強；寒性藥物可使呼吸功能減弱。

在消化系統方面，熱性藥物促進消化酶的分泌，促進消化道對營養物質和水分的吸收，抑制消化道平滑肌收縮，促進括約肌收縮，抑制膽汁和清稀的消化液的分泌；寒性藥物促進消化道平滑肌的收縮，抑制括約肌收縮，促進膽汁和消化液的分泌。

在泌尿系統方面，熱性藥物可使腎小球的濾過功能加強，同時可使腎小管和集合管的重吸收功能加強，使膀胱內括約肌收縮；寒性藥物則作用相反。

在肌肉系統方面，熱性藥物可使肌肉，尤其是伸肌張力增高；寒性藥物則可使伸肌張力降低。

從細胞和分子水平看，熱性藥可使cAMP含量升高，cGMP含量下降，細胞耗氧量增加，合成的功能蛋白增加；寒性藥可使cAMP含量下降，cGMP含量升高，細胞耗氧量下降，合成的結構蛋白增加。

2. 五味

⑴概述　五味指辛、甘、酸、苦、鹹五種味。有些藥物還具有淡味或澀味。

辛味：具有發散、行氣、行血、或潤養等作用。

甘味：具有補益、和中、緩急等作用。

酸味：具有收斂、固澀的作用。

澀味：作用與酸味相同。

苦味：具有泄和燥的作用。

鹹味：具有軟堅、散結、瀉下等作用。

淡味：具有滲濕、利尿的作用。

許多藥物都具有兼味。兼味藥的作用較複雜。

每味藥都具有氣和味，兩者必須結合起來，才能全面認識和使用藥物。

⑵原理　藥物的味與其所含化學成分有密切關係。

辛味：辛味藥物一般含揮發油和兩親性生物鹼等，兩親性生物鹼的定味基是其極性頭，助味基是其非極性尾。碳鏈長度爲$n-C_9$左右時，辣味最强。辛味藥物所含揮發油和兩親性生物鹼等具有興奮中樞神經系統，調節汗腺分泌，調節血管平滑肌和內臟平滑肌等作用，因而能發散、行氣、行血。辛味的補益藥多含樹脂和甙類等物質，對人體有强壯作用。

甘味：甘味藥物一般含有糖類、皂甙類、醇類、有機酸、有機酸鹽、氨基酸、蛋白質、維生素。這些物質是人體所需的營養成分，或對人體機能有促進作用。因此，甘味藥物大多具有補益作用。飴糖主要含麥芽糖，可抑制胃腸道平滑肌的痙攣性收縮，使胃腸道血流量增加，因而能補中緩痛。甘草含甘草甜素，係甘草酸的鉀、鈣鹽，比外尚含甘草甙、葡萄糖、蔗糖等。甘草酸水解後產生葡萄糖醛酸和甘草次酸。甘草甜素有解毒作用，其機制包括葡萄糖醛酸的結合解毒作用，甘草次酸的類腎上腺皮質激素樣作用，甘草甜素的吸附作用等。

酸味：酸味藥物多含有機酸和鞣質，能調節汗腺及消化道和泌尿生殖道平滑肌的活動，對黏膜潰瘍有收斂作用。

澀味：澀味藥物除含鞣質外，有些藥物含難溶性無機鹽，能降低消化道、泌尿生殖道平滑肌的興奮性，抑制汗腺分泌，使黏膜潰瘍收斂。

苦味：苦味藥物一般含生物碱、萜類、糖甙類（包括黃酮甙、蒽醌甙、强心甙、甾甙、氰甙、酚甙等）。一般來說，生物碱的碱性越强越苦，成鹽後仍然苦。萜類一般以含有內脂、內縮醛、內氫鍵、糖甙、羥基等能生成螯合物的結構有苦味。多醇、糖甙和甾醇的羥基與碳原子數的比值R在2～7之間者有苦味。通泄指的是通便、降低機體代謝率的作用。降泄指的是抑制呼吸中樞以止咳平喘的作用。清泄指的是抑制激素分泌，抑制中樞神經，降血壓的作用。燥指的是抑制炎症滲出的作用。堅陰指的是降低交感神經興奮性，提高副交感神經興奮性的作用。

鹹味：鹹味藥物含鈉、鉀、鈣、鎂、鋁、碘等無機物和其它活性成分，具有抑制組織增生、抗結核和瀉下等作用。

淡味：淡味藥物的有效成分多帶羥基，具有利尿作用。

一種藥物通常含有多種有效成分，因而可有兼味。氣相同而味不同的藥物，或味相同而氣不同的藥物，由於所含有效成分不同，因而有不同的作用。

3. 歸經

⑴概述　將藥物的作用與臟腑經絡的關係聯繫起來，說明藥物對特定臟腑經絡病變的治療作用，稱爲歸經。

《內經》有「五入」和「五走」的論述。「五入」即：酸入肝、苦入心、甘入脾、辛入肺、鹹入腎。「五走」即：酸走筋、辛走氣、苦走血、鹹走骨、甘走肉。

大多數藥物歸經的確定主要是以藥物的治療作用爲依據。

某些藥物能夠引導其它藥物的藥力到達病變部位或特定經脈，

稱爲引經藥。

⑵原理　歸經理論主要是從醫療實踐總結出來的，具有一定的科學性。

五味與歸經具有一定關係。

酸味藥物多含有機酸、鞣質和其它活性成分。一些酸味藥物具有鎮靜、調節植物性神經功能、調節內臟和血管平滑肌活動、擴張血管、降低血壓、降低膽固醇、促進膽汁分泌等作用。這就是酸入肝的實質。一些酸味藥物具有抗驚厥、抗痙攣、抗風濕等作用。這便是酸走筋的實質。

苦味藥物一般含生物碱、萜類、糖甙和其它活性成分。有些苦味藥能直接或通過內分泌和植物性神經間接調節心臟功能，並對血容量、血壓、血糖、血細胞的生成，凝血系統和纖溶系統的活性，以及毛細血管通透性具有調節作用。這就是苦入心、苦走血的實質。

甘味藥物含有糖類、皂甙、有機酸、氨基酸、蛋白質、維生素等。一些甘味藥物具有調節消化道的運動和分泌，調節胰液的分泌，促進消化吸收功能，使紅細胞數量增加，增强免疫功能，調節水代謝的作用。這是甘入脾的實質。一些甘味藥物含有豐富的氨基酸、蛋白質、維生素，可使肌肉豐滿有力。這是甘走肉的實質。

辛味藥物含有揮發油或兩親性生物碱等。一些辛味藥物具有擴張呼吸道，改善呼吸功能，調節汗腺分泌等作用。這是辛入肺的實質。一些辛味藥物具有興奮中樞神經系統，調節血管平滑肌和內臟平滑肌的作用。這是辛走氣的實質。

鹹味藥物含有無機鹽和其它活性成分。無機鹽有調節腎臟泌尿的作用。這是鹹入腎的實質。一些鹹味藥物含有鈣和磷等構成骨的元素。這是鹹走骨的實質。

引經藥的作用途徑可能是調節經絡所經部位的組織和器官的血流量，激發特定器官的細胞膜上藥物受體的活性。桔梗能載藥上浮，其實質可能是使咽喉、氣管、支氣管的血流量增加。牛膝能引藥下行，其實質可能是使下肢血流量增加。

4．升降浮沉

⑴概述　升降浮沉是指藥物的作用趨向。作用趨向不同的藥物可對不同的病證趨向起調整作用。

一般向上向外的作用稱爲升浮；向下向內的作用稱爲沉降。藥物的這些作用與其氣味厚薄、質地輕重、炮制方法、配伍組方等因素有密切關係。

就氣味厚薄而言，辛、甘、溫熱者主升浮；苦、酸、鹹、寒涼者主沉降，在辛、溫藥中，氣薄者多能解表升陽；氣厚者多能溫裏散寒。在苦、鹹、寒藥中，味厚者多能清熱瀉下；味薄者多能通降下行。

就藥物的質地輕重而言，植物的花、葉，質地較輕，多能升浮；植物的子、實和礦物，質地較沉重，黏膩，多能沉降。但也有例外，如旋覆花是花而性下降，牛蒡子是子，但能上升。

就藥物的炮製方法而言，酒製則升；薑製則散；醋製收斂；鹽製走腎下行。

就藥物的配伍而言，升浮藥在大隊沉降藥中也能隨之下降；沉降藥在大隊升浮藥中也能隨之上升。

⑵原理　病理反應具有不同的趨向。一般來說，身體上部發生病變，病理產物由上部的孔道排出爲向上；身體下部發生病變，病理產物由下部的孔道排出爲向下；病理變化由體表發展到內臟器官爲向內；內臟器官的病理變化影響到體表，病理產物由體表排出爲向外。藥物對病理反應的趨向具有調整作用。

升浮藥具有提高中樞神經和交感神經系統的興奮性；使陽性激素分泌增加；升高血壓，使身體上部血流量增加；提高韌帶和內臟平滑肌張力，使下垂的內臟器官復位；使體表血流量增加，汗腺分泌加强；抑制變態反應；提高能量代謝率和產熱量等作用。沉降藥具有抑制中樞神經和交感神經系統的興奮性，提高副交感神經系統的興奮性；使陰性激素分泌增加；降低血壓，使身體下部血流量增加；抑制消化道的逆蠕動，抑制呼吸中樞而止咳平喘；抗病原微生物、抗炎、解熱、減輕炎症滲出；加速水分排泄，減少血容量；加速糞便排出等作用。

藥物升降浮沉的性質與氣味、質地、炮製的關係是藥物所含不同有效成分的體現。

辛味藥物因含揮發油和兩親性生物碱等成分而具有興奮中樞神經系統，興奮呼吸中樞，興奮交感神經系統，興奮腎上腺皮質，興奮性腺，强心，收縮血管，升高血壓，使腦動脈、冠狀動脈、皮膚血管的血流量增加，解熱發汗，抑制變態反應，抑制消化道過快蠕動，促進吸收功能等作用。

甘味藥物因含糖類、皂甙類、醇、有機酸、氨基酸、蛋白質、維生素等成分而具有興奮中樞神經系統，興奮呼吸中樞，興奮垂體—腎上腺皮質系統，興奮性腺，强心，升高血壓，增加冠狀動脈血流量，促進造血功能，抗利尿，抑制變態反應和强壯等作用。

溫熱性藥物一般具有興奮中樞神經系統和交感神經系統，促進陽性激素分泌，强心，升高血壓，提高代謝率和產熱量等作用。

這就是辛、甘、溫熱藥主升浮的實質。

苦味藥物因含生物碱、萜類、糖甙類等成分而具有抗病原微生物，抗感染，抑制中樞神經系統，鎮靜，抑制產熱中樞，抑制呼吸中樞，抑制陽性激素分泌，抑制心臟功能，擴張血管，降低血壓，降低血糖，降低毛細血管通透性，利尿，瀉下，解毒解熱，促進消化道的運動和分泌，促進膽汁分泌，增强吞噬細胞的吞噬能力，抑制組織增生，止血等作用。

酸味藥物因含有機酸和鞣質等成分而具有抑制多種細菌，鎮靜，擴張血管，降低血壓，降低膽固醇，促進消化道的運動和分泌，促進膽汁分泌，利尿，收斂，止血等作用。

鹹味藥物因含鈉、鉀、鈣、鎂、鋁、碘等無機物和其它活性成分而具有鎮靜，抗驚厥，抑制甲狀腺功能，降低基礎代謝率，降血壓，降血脂，降低末梢血管血液的血細胞總數，利尿，瀉下，解熱，促進擔汁分泌，抑制組織增生等作用。

寒涼性藥物一般具有抑制中樞神經系統和交感神經系統，抑制陽性激素分泌，抑制心臟功能，降低血壓，降低代謝率和產熱量等作用。

這就是苦、酸、鹹、寒涼藥主沉降的實質。

在辛溫藥中，氣薄藥物所含揮發油和兩親性生物碱是由分子量較小的物質構成，如麻黃所含的麻黃碱和薄荷所含的薄荷醇（menthol）。氣厚藥物所含揮發油和兩親性生物碱是由分子量較

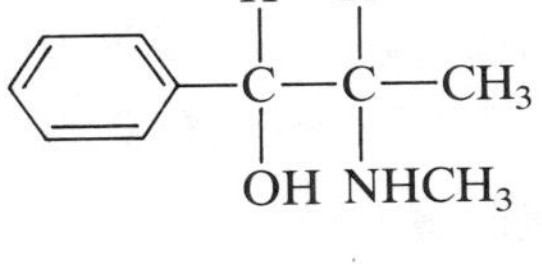

麻黃碱

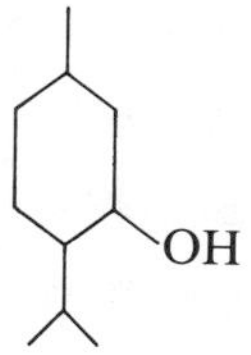

薄荷醇

大的物質構成，如附子所含的烏頭碱（mesaconitine）和乾薑所含的薑辣素（gingerol）。氣薄的藥物能擴張體表血管，增加皮膚血

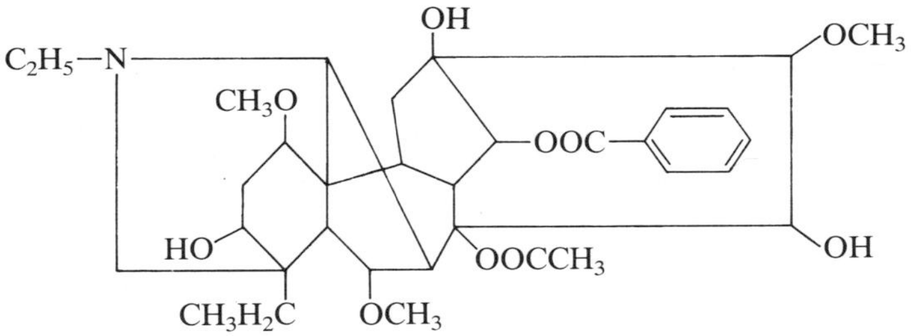

烏頭鹼

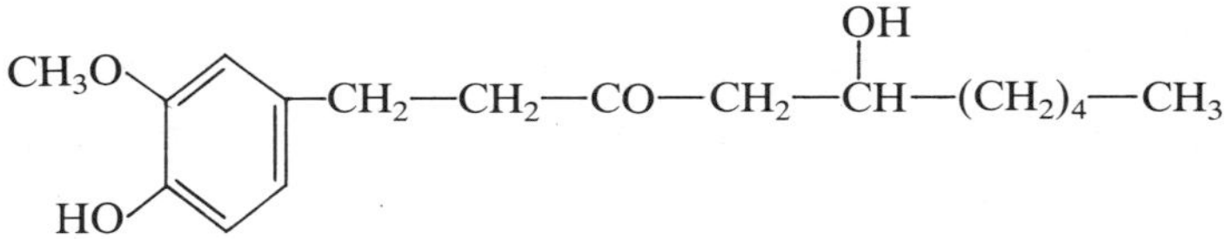

薑辣素

流量，促進汗腺分泌，因而能解表。氣厚的藥物能增加內臟器官微血管的灌流量，提高內臟器官的組織代謝率和產熱量，因而能溫裏。

在苦、鹹、寒藥物中，味厚藥物因含大脂環生物鹼、大內脂、甙元為內脂和內縮醛的糖甙或大量無機鹽而具有抗病原微生物，降低代謝率和產熱量，瀉下等作用。味薄藥物因含鹼性較弱的生物鹼、帶羥基的有機成分、脂肪以及少量無機鹽等而具有利尿和緩瀉作用。

藥物的質地與其所含化學成分有一定的關係。植物的花、葉質地較輕，多含揮發油；植物的子、實質地較重，多含大分子物質，所含成分親水性較強；礦物的質地也較重，含無機鹽。揮發油有發汗、升血壓等升浮作用；親水性較強的大分子物質和無機鹽有降血壓、解熱、瀉下等沉降作用。

就藥物的炮製而言，乙醇能強心，升高血壓，增加身體上部血流量而使藥物作用於身體上部器官，因而酒製則升；薑能擴張體表血管，使藥物作用於體表，因而薑製則散；醋能使消化道血流量增加而使藥物作用於內臟，因而醋製收斂；氯化鈉通過腎臟排出體外，可使腎和下肢血流量增加，使藥物作用於下部器官和下肢，因而鹽製走腎下行。

藥物配伍後，藥物的作用相互制約，升浮藥在大隊沉降藥中，其升浮作用可被抵消，因而隨之下降；沉降藥在大隊升浮藥中，其沉降作用也可被抵消，因而也隨之上升。

㈡藥物的禁忌

藥物的禁忌包括配伍禁忌、妊娠用藥禁忌和服藥禁忌。這裏主要討論妊娠用藥禁忌和服藥禁忌。

1. 妊娠用藥禁忌

⑴概述　對妊娠有害的藥物可分為禁用藥和慎用藥兩類。

禁用藥大多是毒性較強或藥性較烈的藥物。慎用藥大多是烈性或有小毒的藥物。

禁用藥絕對不能用；慎用藥則根據孕婦病情斟酌使用，但如非必要，應盡量避免使用。

⑵原理　禁用藥和慎用藥大多有毒，生物活性較強，可引起子宮平滑肌收縮，血流量發生劇烈改變，導致流產或早產，或對胎兒發育有損害。

2. 服藥禁忌

⑴概述　在服藥期間禁食某些食物，稱為食忌。

⑵原理　某些食物可使病情加重，或抵消藥物的作用，因此應

忌食。

生冷、黏膩、不易消化、有刺激性的食物對消化吸收功能有影響，因而在服藥期間不宜食用。

辛辣、油膩性食物可使機體能量代謝率和產熱量增加，使熱性病加重，因而熱性病患者不宜服用。

生冷食物可降低機體能量代謝率和產熱量，使寒性病加重，因而寒性病患者不宜服用。

癰腫瘡瘍和皮膚病，機體免疫功能亢進，食用魚、蝦、蟹等，異體蛋白進入體內後發生變態反應，使病情加重，因而不宜食用。

㈢藥物的分類

1. 解表藥

⑴概述　凡能發散表邪、解除表證的藥物稱爲解表藥。

本類藥物中氣味辛溫者，有發散風寒的作用，適用於風寒表證，稱爲辛溫解表藥；氣味辛涼者，有發散風熱的作用，適用於風熱表證，稱爲辛涼解表藥。

此外，部分解表藥還有透發痲疹、退腫、消散瘡瘍等功效，用於痲疹初起，透發不暢；瘡瘍未化膿，紅腫疼痛和水腫，並有惡寒發熱的表證者，以及風濕在表，肢體疼痛者。

⑵原理　表證是感染性疾病初期出現的病證。表證的病理反應主要表現爲體表、呼吸道黏膜和腦部血管出現舒縮變化，體溫調節中樞因受內源性致熱原的作用而出現障礙。

解表藥具有調節體表、呼吸道黏膜和腦部血流量，發汗，解熱，抗菌抗病毒等作用。

辛溫解表藥含有揮發油、生物碱等成分，具有興奮中樞神經系統，興奮交感神經系統，强心，擴張皮膚血管，刺激汗腺分泌，利尿，抑制變態反應等作用。

辛涼解表藥含有揮發油、糖甙、生物碱等成分。其化學成分的分子多帶羥基或雙鍵。具有抗菌抗病毒、解熱、鎮靜、降血壓等作用。

2. 瀉下藥

(1)概述　凡能引起腹瀉或滑利大腸，促進排便的藥物稱爲瀉下藥。

瀉下藥可分爲攻下藥、潤下藥和峻下逐水藥三類。

(2)原理　瀉下藥有促進大便排出的作用。

攻下藥中的大黃、番瀉葉、蘆薈含蒽甙衍生物，具有增加大腸張力而促進其運動，抑制大腸上皮細胞膜的鈉泵活性，使水分滯留腸腔而促進排便的作用。其瀉下作用不影響小腸對營養物質的吸收。芒硝含硫酸鈉。硫酸根離子在腸內不易被吸收，保持高滲狀態的腸內容物阻止水分從腸道內吸收，甚至吸引體內水分至腸腔內，使腸內容物容積增加，刺激腸壁，使腸道運動加强而致瀉。大黃還具有抗菌、降血壓、降膽固醇、止血、利膽、利尿和抗腫瘤等作用，因而可解除實證的各種症狀。

潤下藥的緩瀉作用是由於含大量脂肪油所致。

峻下逐水藥具有瀉下和利尿作用。這類藥物大多含有强烈刺激黏膜的成分，多數存在於油脂成分內。能引起整個消化道運動增加，分泌亢進，導致水瀉，並影響小腸對營養物質的吸收。這類藥物還有加强腎臟活動，利尿消腫等作用。

3. 祛風濕藥

(1)概述　凡能祛除風濕，治療痹證的藥物，稱爲祛風濕藥。

(2)原理　祛風濕藥具有抗炎、抗變態反應、鎮靜、鎮痛、擴張血管、降血壓、利尿、鬆弛骨骼肌等作用。

祛風濕藥的抗炎、抗變態反應作用是通過興奮交感——腎上腺系統，興奮垂體——腎上腺皮質系統而實現的。

4. 化濕利尿藥

⑴概述　凡具有芳香化濕、利水滲濕作用的藥物，稱爲化濕利尿藥。

⑵原理　濕證均有一定程度的水代謝障礙。

芳香化濕藥含揮發油成分，具有調節消化道運動，刺激消化液分泌，利尿，解除消化道組織水腫和抗菌等作用。

利尿滲濕藥所含有效成分親水性較强，多帶羥基和碳—碳雙鍵，或含無機鹽，具有利尿、利膽、抗菌、護肝等作用。

5. 溫裏藥

⑴概述　凡具有熱性或溫性，治療裏寒證的藥物，稱爲溫裏藥。

⑵原理　溫裏藥含有分子量較大的揮發油和兩親性生物碱等成分。具有興奮中樞神經系統，興奮交感神經系統，增加陽性激素分泌，强心，改善內臟（尤其是消化系統）和體表的微循環，提高組織的代謝率和產熱量，加强內臟功能等作用。

6. 清熱藥

⑴概述　凡藥性寒涼，以清解裏熱爲主的藥物稱爲清熱藥。

清熱藥由於藥性不同，可分爲清熱瀉火藥、清熱解毒藥、清熱燥濕藥、清熱涼血藥四大類。

⑵原理　清熱藥具有抗病原微生物，增强機體免疫功能，抗變態反應，解熱，鎮靜和降血壓等作用。一般來說，清熱藥具有降低機體代謝率和產熱量的作用。這種作用可能是通過抗病原微生物，解毒，抑制嗜中性粒細胞和單核細胞釋放內源性致熱原，抑制產熱中樞，抑制交感神經系統，抑制陽性激素分泌，減少整體或局部血流量等途徑實現的。

清熱瀉火藥具有抗菌，抑制中樞神經系統，抑制交感神經系統，降低機體代謝率和產熱量，利尿，減少血容量，降血壓等作用。

清熱解毒藥具有抗病原微生物感染，抗炎，抗腫瘤等作用。這些作用與直接抑殺病原體，增强機體免疫功能，拮抗內毒素所引起的功能障礙，增强腎上腺皮質功能有關。

清熱燥濕藥具有抗病原微生物，抑制炎症滲出，利尿，利膽等作用。

清熱涼血藥具有抑制交感神經系統，抑制陽性激素分泌，降低機體代謝率和產熱量，降血壓，提高凝血系統活性，抑制纖溶系統活性，抑制毛細血管通透性，使血容量和血細胞減少等作用。部分清熱涼血藥有抗病原微生物的作用。

7. 理氣藥

⑴概述　凡能調理氣機，清除氣滯的藥物，稱爲理氣藥。

⑵原理　氣機指的是血管平滑肌、內臟平滑肌和骨骼肌在神經體液因素的調節下正常的舒縮活動。

「氣滯」的實質是血管平滑肌、內臟平滑肌和骨骼肌的舒縮功能發生障礙。

理氣藥含有揮發油和生物碱等成分，能直接或通過神經系統間接對平滑肌和骨骼肌起調節作用。

行氣理脾藥對消化管平滑肌具有雙向調節作用，並對消化液的分泌有調節作用。

舒肝解鬱藥對肝血管平滑肌、膽道平滑肌，以及乳房、子宮和消化管的平滑肌有調節作用，使肝血流暢通，膽汁排泄暢通，乳房、子宮和消化管的平滑肌功能恢復正常。

降氣平喘藥能擴張呼吸道，並對呼吸肌的緊張性有調節作用。

8. 理血藥

⑴概述　凡能制止出血，疏通血脈，消散瘀血的藥物，稱爲理血藥。理血藥一般可分爲活血化瘀藥、止血藥、補血藥、涼血藥四大類。本節主要討論活血化瘀藥和止血藥。

⑵原理　活血化瘀藥具有以下作用：①調節全身或局部血液循環，特別是微循環，維持正常的循環功能；②改善血液的理化性狀，調整凝血和抗凝系統的功能，改善血液的「黏、聚、滯」狀態，因而具有抗凝、溶解血栓和防治動脈粥樣硬化的作用；③改善毛細血管通透性，增強吞噬細胞功能，抑制炎症反應，促進炎症的局部化及吸收；某些活血化瘀藥還具有抑制細菌、眞菌和病毒的作用；④促進損傷組織的修復和細胞的再生；調節免疫功能，改善機體反應性；⑥抑制腫瘤和組織異常增生，調節結締組織的代謝等。

止血藥具有以下作用：①通過增加血小板數目，激發血小板聚集性，增加血液中的凝血酶等途徑作用於凝血過程，縮短凝血時間；②使局部血管收縮；③改善血管壁功能，增強毛細血管抵抗力，降低血管通透性；④抑制纖溶系統的活性。

除了止血的作用外，各類止血藥還具有獨特的作用。涼血止血藥具有降低代謝率和產熱量，利尿，減少血容量，降血壓，降低毛細血管通透性等作用。化瘀止血藥具有降低血液黏滯性的作用。收斂止血藥具有促進創面肉芽生長和癒合，減輕滲出等作用。

9. 化痰止咳平喘藥

⑴概述　凡能化解痰涎的藥物，稱爲化痰藥。這類藥物因能減輕或制止咳嗽氣喘，故亦稱止咳平喘藥。

本類藥物根據其性質和作用，可分爲溫化寒痰藥、清化熱痰藥、止咳平喘藥三類。

⑵原理　總的來說，化痰止咳平喘藥能使呼吸道分泌增加而具

有祛痰作用；能調整呼吸中樞而具有鎮咳作用；能擴張呼吸道平滑肌而具有平喘作用。除了這些共同的特點外，不同類型的藥物具有不同的作用特點。

溫化寒痰藥能夠增加氣管、支氣管、肺的血流量，使其組織的能量代謝率得以提高，解除呼吸系統組織的水腫狀態。

清化熱痰藥具有抗菌，增強免疫功能，解熱，降血壓，使氣管、支氣管和肺的血流量減少，組織能量代謝率降低的作用。

止咳平喘藥因能調節呼吸中樞的興奮與抑制過程而產生止咳作用，能擴張呼吸道而產生平喘作用。

此外，部分化痰藥可治療與痰有關的癲癇、驚厥、中風以及瘰癧、痰核、癭瘤等。癲癇、驚厥、中風等可能與腦組織存在微循環和水代謝障礙，細胞腫脹，因而興奮性發生變化有關。部分化痰藥具有抗驚厥，調節腦組織的微循環和水代謝，解除腦細胞腫脹的作用，因而能治療癲癇、驚厥、中風。瘰癧相當於淋巴結結核、慢性淋巴結炎。癭瘤相當於甲狀腺腫大和腫瘤。治療瘰癧、痰核可能與部分化痰藥具有抗菌，改善水代謝，促進淋巴液回流，抑制組織增生的作用有關。部分化痰藥含有豐富的碘，並能抑制組織增生，因而可治療甲狀腺腫大。部分化痰藥還具有抗癌作用。

10. 補益藥

⑴概述　凡能補益人體氣血陰陽的不足，用以治療虛證的藥物，稱爲補益藥。可分爲補氣藥、補陽藥、補血藥、補陰藥四類。

⑵原理　補益藥能夠補充身體所需成分，增強身體機能。

補氣藥具有增強中樞神經系統和交感神經系統功能，提高cAMP含量，提高能量代謝率，使可興奮組織生物電增強的作用，並能對機體產生整體調節。主要表現在能提高機體的適應性；使脾、十二指腸、胰、肺、心臟等器官的cAMP含量提高，功能加强；增强吞噬細胞的非特異性免疫功能，增强細胞免疫功能等方面。另外，人參具有刺激腎上腺皮質和性腺，使其功能加强的作用。這可能與人參含有人參皂甙，而人參皂甙的甙元具有甾體結構，因而為製造腎上腺皮質激素和性激素提供大量原料有關。

補血藥主要具有促進血細胞生成，調節血糖和血脂含量，提高細胞免疫功能等作用。

補陰藥具有增强副交感神經功能，增加陰性激素分泌，提高cGMP含量，降低能量代謝率，增强細胞免疫和體液免疫功能，利尿，降血壓等作用。

補陽藥具有增加陽性激素分泌，提高能量代謝率的作用。由於補陽藥多溫補腎陽，因此，補陽藥的作用主要表現在增强垂體、腎上腺、腎和性腺的功能，使腎上腺素、去甲腎上腺素、糖皮質激素、促紅細胞生成因子、抗利尿激素和腎素的分泌增加，使機體代謝率和整體機能得到加强。

11. 鎮痙安神藥

⑴概述　凡以平肝熄風、鎮靜、解痙為主要作用的藥物稱為鎮痙藥。具有鎮靜、安神作用的藥物稱為安神藥。

⑵原理　鎮痙藥具有降血壓、鎮靜、催眠、抗癲癇、抗驚厥、調節平滑肌和骨骼肌的緊張性、解熱、鎮痛等作用。這些作用是通過降低中樞神經系統的運動中樞和植物性神經中樞的興奮性而實現的。

重鎮安神藥多含無機物，具有中樞抑制作用。琥珀含有琥珀酸。琥珀酸的化學結構與γ—氨基丁酸相似，具有中樞抑制作用。

養心安神藥含有蛋白質、維生素、糖甙等對身體有補益作用的物質，具有鎮靜、催眠、抗驚厥、降血壓等作用。其作用特點是補充身體所需物質，抑制中樞神經系統的代償性興奮。

12. 開竅藥

⑴概述　凡氣味芳香，善於走竄，以通關開竅爲主要作用的藥物，稱爲開竅藥。

⑵原理　開竅藥多含揮發油成分，具有調節腦和心臟的微循環，改善中樞神經系統和心臟功能的作用。

竅閉證的實質是伴隨肌張力增高的意識障礙。寒閉證的代謝率低於正常狀態，熱閉證的代謝率高於正常狀態。

開竅藥通過調節腦和心臟的微循環，使中樞神經系統和心臟發揮正常功能，從而解除意識障礙和肌張力增高。

13. 消導藥

⑴概述　凡能消導食滯，促進食慾的藥物，稱爲消導藥。

⑵原理　消導藥含有胃激素、消化酶、維生素、有機酸等物質，具有促進胃腸功能，幫助消化等作用。

14. 驅蟲藥

⑴概述　凡能驅除或殺滅腸道寄生蟲的藥物，稱爲驅蟲藥。

⑵原理　驅蟲藥含有有毒成分，具有痲痹和殺滅蛔蟲、鈎蟲、蟯蟲、絛蟲、薑片蟲等腸道寄生蟲的作用。

15. 收斂藥

⑴概述　凡以收斂固澀爲主要作用的藥物，稱爲收斂藥。

⑵原理　收斂藥含有鞣質、有機酸，或含有無機鹽。具有調節泌尿生殖道、消化道、呼吸道、血管的平滑肌的功能；抑制汗腺分泌；抑制黏液分泌；抑制傷面滲出和炎症滲出等作用。

16. 外用藥

⑴概述　凡以敷貼、塗搽、熏洗、發泡、點眼、吹喉、滴耳等爲主要用藥方法的藥物，稱爲外用藥。

外用藥分別具有解毒消腫，去腐排膿，生肌斂瘡，殺蟲止癢等功能。

⑵原理　外用藥有如下幾方面的作用：①殺滅病原體；②抗菌、抗病毒；③局部刺激，調節用藥部位血流量；④收斂止血，使創面或黏膜減少出血和滲出；⑤促進骨折癒合；⑥保護和潤滑皮膚，⑦局部麻醉。

17. 湧吐藥

⑴概述　具有催吐作用的藥物稱爲湧吐藥。

⑵原理　湧吐藥的作用方式，一是直接刺激胃感覺神經，反射性地興奮延髓嘔吐中樞引起嘔吐，二是藥物吸收入血，直接刺激嘔吐中樞而引起嘔吐。

湧吐藥可促使胃內容物和呼吸道分泌物經口腔排出。嘔吐能使多餘的水分排出體外，使身體上部器官血流量減少，使大腦的興奮性降低，機能得到改善，因而可以治療癲狂。

二、藥物配伍與方劑

㈠配伍關係

⑴概述

兩種以上藥物配合使用，稱爲配伍。藥物的配伍有一定規律，《神農本草經》將各種藥物間的關係總結爲單行、相須、相使、相惡、相畏、相殺、相反等七種，稱爲「七情」。

①單行：單味藥獨自發揮作用。

②相須：兩種性能相同的藥物合用，可產生協同作用，增强療效。

③相使：兩種性能不相同的藥物合用，可互相促進，提高療效。

④相畏：兩種藥物合用，一種藥物能抑制或減輕另一種藥物的

烈性或毒性。

⑤相殺：兩種藥物合用，其中一種藥物能減輕或消除另一種藥物的中毒或不良反應。

⑥相惡：兩種藥物合用，能互相抑制，降低或喪失藥效。屬配伍禁忌。

⑦相反：兩種藥物合用後，能發生毒副作用。屬配伍禁忌。

2. 原理

兩種藥物合用，由於藥物的化學成分發生反應，或者由於兩種藥物具有協同作用、拮抗作用、減毒作用、增毒作用等而形成不同的配伍關係。

單行：單味藥物發揮自己獨特的效用。

相須：兩種作用方向相同，但作用途徑有差異的藥物合用後可產生協同作用，增强療效。人參能提高中樞神經系統和交感神經系統的興奮性，黃芪能提高血中cAMP含量，作用方式不同，但效應是一致的，因而產生協同作用。

相使：兩種主要作用不同的藥物合用後，一種藥物的次要作用能相互增强另一種藥物的主要作用，使兩種藥物的主要作用都得到加强。補氣藥黃芪的主要作用是提高血中cAMP含量；利水藥茯苓的主要作用是抑制腎小管對鈉離子的重吸收，促進泌尿。但是，黃芪還具有利尿作用，茯苓還具有興奮交感神經的作用。因此，這兩種藥物合用後，補氣作用（即興奮交感神經，提高血中cAMP含量）和利尿作用都得到加强。

相畏：兩種藥物合用後，由於所含化學成分發生反應，或者由於產生拮抗作用，因此，一種藥物能抑制或減輕另一種藥物的烈性或毒性。生薑能減輕生半夏和生天南星的毒副作用。

相殺：兩種藥物合用，其中一種藥物具有解毒作用，能減輕或消除另一種藥物的中毒症狀。綠豆可緩解巴豆的中毒症狀。防風能促進砷的排出，因而可解除砒霜中毒。

相惡：兩種藥物合用，產生拮抗作用，使藥效減弱或消失。天花粉具有降低機體代謝率的作用，而乾薑却有提高機體代謝率的作用，兩者作用相反。人參具有興奮交感神經的作用，而萊菔子却具有興奮副交感神經，使平滑肌活動加强的作用，兩者的作用相互拮抗。

相反：兩種具有毒性的藥物合用，或者一種具有毒性的藥物與另一種作用相反的藥物合用，產生更大的毒副作用。烏頭和半夏均有毒，兩者合用，毒性更大。甘遂具有瀉下、利尿作用，有毒，而甘草則具有促進水鈉瀦留的作用。兩者合用後，甘草抵消了甘遂的逐水作用，使甘遂只表現出毒性作用。

㈡配伍禁忌

1. 概述

在配伍關係中，「相惡」和「相反」屬於配伍禁忌，不能配伍使用。前人將藥物的配伍禁忌總結爲「十八反」和「十九畏」。

①十八反：

烏頭反半夏、瓜蔞、貝母、白蘞、白及；

甘草反大戟、甘遂、海藻、芫花；

藜蘆反人參、沙參、丹參、苦參、玄參、細辛、芍藥。

②十九畏：

硫磺畏樸硝；水銀畏砒霜；狼毒畏密陀僧；

巴豆畏牽牛子；丁香畏鬱金；牙硝畏三棱；

川烏、草烏畏犀角；人參畏五靈脂；肉桂畏赤石脂。

2. 原理

十八反和十九畏是從醫療實踐中總結出來的，具有一定的參考價值。

烏頭具有提高機體代謝率的作用，有毒。半夏也具有提高機體代謝率的作用，也有毒。因此，烏頭與半夏合用則藥效强烈，毒性增大。瓜蔞、貝母、白蘞、白及無毒，具有降低機體代謝率的作用。這些藥物與烏頭合用時，可抵消烏頭的藥效，使烏頭僅表現出毒性作用。

甘草具有促進水鈉瀦留的作用。大戟、甘遂、芫花均具有瀉下、利尿作用，並且均有毒。海藻具有利尿作用。甘草與大戟、甘遂、芫花、海藻合用時，會抵消它們的利尿作用，並使前三者僅呈毒性作用。

藜蘆具有催吐和中樞降壓作用，有毒。人參具有增强心血管功能的作用。藜蘆與人參合用，則會削弱人參的作用，並顯示毒性。沙參、丹參、苦參、玄參、細辛、芍藥均有降壓作用，與藜蘆合用，可使藜蘆的降壓作用加劇，毒性增大。

硫磺有毒，內服可導致瀉下，樸硝也具有强烈瀉下作用。兩者合用，可產生化學反應，毒性加强。

水銀含汞，砒霜含砷。兩者合用可產生三汞化砷或三汞化二砷，毒性加强。

狼毒和密陀僧均治痰證，但兩者均有毒，合用則毒性加劇。

巴豆和牽牛子均有强烈瀉下作用，並且均有毒。兩者合用，瀉下作用劇烈，毒性增大。

丁香能使消化系統血流量增加，而鬱金則能使消化系統血流量減少，兩者具有拮抗作用。

牙硝內服後產生高滲鹽溶液，刺激腸黏膜，使腸道蠕動亢進而致瀉。三棱有促進消化道平滑肌收縮的作用。兩者合用，可使瀉下作用加劇，產生不良反應。

川烏、草烏因含烏頭碱，對心臟有毒性作用，並能使血管擴張。犀角有强心和擴張血管作用。川烏、草烏與犀角合用，可使心血管機能出現紊亂，毒性增大。

五靈脂具有擴張血管，解除平滑肌痙攣，加速血液流動的作用。人參具有强心，擴張血管的作用。兩者合用，可能容易導致出血傾向。

赤石脂有保護消化道黏膜，止胃腸道出血的作用。肉桂具有擴張血管，使胃腸道血流量增加的作用。兩者的作用相拮抗。合用可產生不良反應。

從以上分析中可以看到，十八反和十九畏具有一定的科學根據。一些動物實驗也證明了這一點。

但是，近年來，文獻考察，臨床應用和動物實驗方面的工作表明，十八反和十九畏並不是絕對的配伍禁忌。有人用「十八反」和「十九畏」中的藥物配伍用於治療慢性病和疑難病獲得一定療效。不過，這些藥物多有毒，應用時必須謹慎，並且要嚴格掌握用量。

㈢方劑的組成原則

1. 概述

方劑是在中醫理論指導下，在辨證立法的基礎上，根據病情需要，選擇藥物，酌定劑量，按一定的配伍原則組成的處方。

在傳統上，方劑的組成包括君、臣、佐、使四部分。

君藥是方劑中治療主證，起主要作用的藥物。

臣藥是協助主藥或加强主藥功效的藥物。

佐藥是協助主藥治療兼證或抑制主藥的毒性和峻烈之性或是反佐的藥物。

使藥是引導各藥直達病變部位或調和各藥的藥物。

2. 原理

中醫方劑的組成具有特定的結構。方劑的這種結構可以適應複雜的病證。

君藥是方劑中治療主要病症的藥物。可由一味或作用方向相同的幾味藥物構成。

臣藥是與君藥作用方向相同，但作用途徑有差異的藥物，可以加强君藥的作用。

佐藥是治療次要病證，或減輕君藥的毒性和過强的藥效，或與君藥性質相反的藥物。

使藥是使特定內臟器官血流量增大，使藥物充分作用於該器官，或者緩和各種藥物的毒副作用的藥物。

三、小　結

本章用現代科學理論對藥物的性能、禁忌、分類和配方等進行分析，以探討其原理和實質。

藥物的性能與其所含化學成分的結構和生物效應有關。

有毒或生物效應强烈的藥物對妊娠有害，屬妊娠用藥禁忌。某些食物與特定藥物同服可影響藥物的療效，或產生不良反應，屬於服藥禁忌。

中藥可按功用進行分類。每類藥物具有共同的藥理學特徵。

藥物具有多種不同的配伍關係。方劑的組合原則是增效，減毒，避免配伍禁忌，利用藥物相反相成的性質，注意主藥與次藥的有機配合。

主要參考文獻

1．李向中主編：中醫學基礎（第二版）人民衛生出版社，1986。

2．李超主編：簡明中醫學，湖北科學技術出版社，1986。

3．《中醫大辭典》編輯委員會編：簡明中醫辭典（修訂本）；人民衛生出版社，1986。

4．楊思澍等編：中醫師手册，北京科學技術出版社，1986。

5．成都中醫學院主編：中藥學，上海人民出版社，1977。

6．四川醫學院主編：中草藥學，人民衛生出版社，1976。

7．北京醫學院等主編：中草藥成分化學，人民衛生出版社。1980。

8．周金黃等主編：中藥藥理學，上海科學技術出版社，1986。

9．王筠默主編：中藥藥理學，上海科學技術出版社，1985。

10. 曾廣植等著：味覺的分子識别，科學出版社，1984。

11. 上海中醫學院主編：中醫年鑒（1983），人民衛生出版社，1984。

12. 張國山等：中草藥，12（6）：9－10，1981。